AF247055

9, LEQUIEN? ET TOUBON, RUE DU PONT-DE-LODI, 5

BIBLIOTHÈQUE POUR TOUS

ILLUSTRÉE

ROMANS, HISTOIRE, VOYAGES, LITTÉRATURE, SCIENCE, ETC.

PUBLIÉE PAR J. LEMER

CHAQUE OUVRAGE COMPLET : **50** CENTIMES.

LE

JÉSUITE

PAR

SPINDLER

TRADUIT

PAR CARLE LEDHUY

I

On aime à passer le seuil d'une maison où règnent l'industrie et l'application au travail, quand on s'aperçoit que ce mouvement continuel a pour but de consolider le bien-être réel de la vie, et qu'il ne s'attache pas exclusivement au luxe et à l'ostentation. Le maître de la maison est un homme estimé et chéri, s'il emploie les fruits de son infatigable activité à amener le bonheur et la joie parmi les siens, et à rendre agréable pour lui-même son intérieur, embelli par une fortune dont il est le créateur ; sa riante demeure devient un paradis pour le propriétaire, un séjour de paix pour ses amis, un lieu d'asile pour l'homme persécuté.

Celui qui, en l'an 1720, eût vu l'intérieur de la maison habitée alors par le sénateur Mussinger, dans une ville impériale très-commerçante, que l'auteur ne nommera pas, donnerait son approbation à cette espèce d'introduction. Ce magnifique bâtiment avait été dès son origine destiné à être un monument de l'orgueil. Un spéculateur avait posé les fondements de cette maison. Il ne put en voir l'achèvement. Convaincu de beaucoup de friponneries, son procès devait lui être fait ; il évita cette honte en se brûlant la cervelle. La demeure somptueuse, mais inachevée et vide, du malheureux fournisseur fut achetée bientôt par un favori de la fortune, le sénateur Mussinger.

La maison de commerce de Mussinger était la première de la place et florissait au loin, aussi bien à l'étranger qu'à l'intérieur ; tous les ans elle rapportait des fruits en abondance. La plupart de ses concitoyens enviaient l'heureux sénateur.

Si les relations du commerçant florissaient, le père de famille n'était pas heureux dans sa maison. Sa femme, mariée avec lui depuis dix-huit ans, lui avait apporté beaucoup de sacs d'argent, mais nulle affection, et le temps n'avait contribué en rien à unir les âmes des époux que l'esprit de calcul des parents avait conjoints. La discorde n'y régnait pas précisément, mais la paix, qui supporte et pardonne, n'y existait certainement pas non plus.

Le sénateur, homme vif, ayant la cinquantaine, d'un tempérament colérique, dont le front se couvrait de sueur, et dont la cravate devenait trop étroite à la moindre occasion, formait le contraste le plus frappant avec sa femme, qui unissait à un orgueil offensant, résultat d'une mauvaise éducation, une froideur et une paresse, qu'on ne trouve que dans les régions hyperborées, ou sous la zone torride. Dame Jaqueline, élevée et gâtée dans l'abondance, ne connaissait ni les soins, ni les peines, ni même la surveillance commode d'une maîtresse de grande maison. Un jour se passait pour elle comme l'autre et dans le même luxe ; c'est-à-dire à dépenser beaucoup d'argent, à satisfaire les goûts les plus baroques, et à causer des heures entières avec des commères.

Pendant ce temps, le sénateur travaillait tantôt comme le plus pauvre ouvrier, tantôt comme l'huissier le plus actif, dans le cercle de son commerce, et se donnait à peine les heures de repos nécessaires.

Ni lui, ni sa femme, ne se doutaient pas de la source de bonheur et de joie qu'ils auraient pu trouver dans leur fille, l'unique enfant de cette union mal assortie.

La nature avait formé dans cette aimable créature le mélange le plus heureux des penchants les plus contraires. La véhémence du père prédominait à la vérité ; mais une tranquille quiétude rétablissait bientôt l'équilibre. La jeune fille avait sa tête et sa volonté à elle : n'était-elle pas enfant unique, un enfant gâté par ses père et mère ? Mais à la promptitude, à une colère violente même, succédaient aussitôt la réflexion, l'intérêt, le repentir et l'expiation la plus touchante. Le charme de cette jeune fille, élevée de cette manière étrange, était si grand dans ces moments de réconciliation, que ses amies et les domestiques supportaient volontiers l'impétuosité de son emportement, dans l'espoir d'en être récompensés au centuple par le cœur repentant de cet ange.

Justine, jeune fille de dix-sept ans, développée de bonne heure, sentit bien, d'une manière vague et désagréable, qu'elle suivait une ligne à elle entre ses père et mère désunis. Cependant la jeunesse, ce temps charmant où l'on n'a de confiance qu'en soi, où l'on jette ses regards impatients vers l'avenir, ne se met pas en peine des désagréments qui peuvent l'entourer ; elle se crée un monde à elle, et fuit les personnes maussades, pour celles qui sont aimables. De là vint que Justine habita bientôt comme une étrangère dans la maison paternelle, et ne vécut que dans le cercle de ses compagnes de jeunesse. Néanmoins il s'était opéré quelque changement dans la situation de Justine depuis sa confirmation. Jamais elle n'avait vu son père aussi ému que dans le moment où, après cette cérémonie sainte, elle était venue dans son cabinet de travail se jeter à ses pieds, et le prier de joindre sa bénédiction à celle du ciel. La voix du sénateur avait tremblé tandis qu'il prononçait sa bénédiction ; il avait pressé sa fille contre son cœur, et ajouté, avec un léger reproche adressé à lui-même : Sois persuadée, mon enfant, que je t'aime de toute mon âme, et comme il convient à un père chrétien. Mais je dois combattre cette affection, de crainte que mon cœur ne se brise quand tu viendras à quitter ma maison pour n'y revenir jamais. Tu es assez âgée, Justine, pour savoir que le mariage est la destination de toute jeune fille, et par conséquent aussi la tienne. Tu es déjà fiancée ; ton futur habite New-York en Amérique ; c'est le jeune négociant Birsher, et, à ce que m'écrivit naguères son père, il ne se passera pas un an et demi avant que ce gendre ne vienne te chercher. Tous tes efforts doivent donc tendre à posséder la langue anglaise, et je veux m'occuper de te procurer, à cet effet, une maîtresse de cette langue.

La déclaration du père avait achevé ce que la confirmation avait commencé ; l'enfant était devenue très-vite grande fille : elle était fiancée !

Justine se retira dès-lors de la foule de ses amies ; elle n'en vit plus qu'un petit nombre qui s'imaginaient, comme elle, devoir bientôt se marier, et s'occupa plus que par le passé à acquérir, dans la solitude et le silence, les connaissances dont elle manquait. La langue anglaise seule lui offrait des difficultés. Ses consonnes sifflantes et ses lettres palatales déplaisaient à l'écolière, et plus d'un maître céda à l'impétuosité de Justine, qui rejetait sur la négligence de ceux-ci sa propre faute. Le nombre des femmes possédant l'idiome britannique n'étant pas grand dans la ville, Justine les eut bientôt passées en revue. Les maîtres du sexe masculin ne firent pas espérer un meilleur résultat. Le hasard vint à son secours.

Un jour de grandes occupations, le sénateur surveillait sur le bord du fleuve l'embarquement de nombreuses marchandises, aidé dans cette grave occupation par deux employés robustes et adroits. L'un de ces commis, Berndt, revisitait en tenant dans sa main les lettres de connaissement et les billets d'acquit des droits ; l'autre, Nothaft, peignait des signes et des chiffres sur les caisses et ballots ; de tous côtés se mouvaient des gens affairés, depuis le portefaix chargé d'un énorme fardeau, jusqu'au petit garçon qui tenait la chaudière à goudron. Un seul s'appuyait inoccupé, et les bras croisés, contre une pile de ballots. Son repos au milieu de cette activité dut surprendre le sénateur. Mussinger s'arrêta involontairement devant le jeune homme, dont l'habillement, quoiqu'en assez mauvais état, annonçait un apprenti ou commis du corps des marchands.

— Eh ! jeune homme, eh ! lui dit le sénateur, pourquoi si désœuvré ? La paresse quand on est jeune vous fait dans la vieillesse conduire à l'hôpital. Si vous n'avez rien autre à faire ici, retournez à votre bureau, au lieu de bâiller aux corneilles, et ne volez pas à votre patron le pain que vous mangez.

Le rouge monta au front de l'étranger ; il ne fit pas attendre sa réponse, prononcée avec un accent étranger :

— Faites d'abord attention à qui vous parlez, dit-il avec assez d'amertume ; personne ne travaillerait plus volontiers que moi, si je pouvais trouver de l'occupation.

— Peut-on en manquer ici ? demanda Mussinger surpris.

— Je suis étranger.

— De quel pays ?

— De l'Angleterre. Je me nomme James White. Mon père était un baronnet tory. Son destin voulut que ses armoiries, *la main sanglante d'Ulster*, devinssent des armes parlantes. Il arma sa main pour le prétendant ; le bourreau de Georges la lui coupa, avant de lui trancher la tête. Il y a quatre ans et demi que ma mère s'enfuit avec moi en Allemagne. Depuis un an elle y est descendue dans la tombe. Elle mourut avant d'avoir senti le besoin ; mais à sa mort je me trouvai sans ressource. La pauvreté me conduisit chez le recruteur ; la charité d'un vieillard, qui me veut du bien, me sauva de l'état militaire ; mais je vis encore de ses bienfaits, et j'en ai honte.

— C'est juste ; il est beau de répandre des bienfaits, mais il est plus noble de ne pas en abuser. Connaissez-vous quelque chose au commerce ?

— Non, monsieur, je devais étudier la théologie ; je sais le latin, la rhétorique, la philosophie, un peu d'espagnol, et la langue maternelle à fond.

— Ainsi vous êtes un théologien gâté ? mais un protestant, j'espère ?

Le jeune homme s'inclina sans répondre.

— Pouvez-vous et voulez-vous donner des leçons d'anglais ?

— Je le puis, et je n'aurai pas honte de le faire.

— Suivez-moi. Faites-en l'essai avec ma fille. Vous aurez la nourriture comme mes commis, mais vous logerez hors de chez moi ; je vous promets un salaire raisonnable, et selon vos facultés.

— J'y consens ; il faut néanmoins que j'en prévienne mon protecteur.

— C'est juste ; quel est-il ?

— Docteur en droit ; il s'appelle Leupold : étranger d'origine, il réside depuis dix-huit mois dans cette ville, où il s'occupe exclusivement de ses études.

— Ainsi, un gratte-papier et un pervertisseur de lois ? murmura le sénateur entre ses dents ; je ne suis pas curieux de faire sa connaissance. Cependant vous pouvez aller le consulter, mon petit monsieur. Il n'y trouvera probablement rien à redire, car je suis le sénateur Mussinger !

Là-dessus l'orgueilleux négociant quitta le malheureux baronnet, qu'il oublia bientôt dans le tumulte des affaires.

Son teneur de livres, toujours sombre et taciturne, vint à sa rencontre dans le grand bureau, et lui présenta un paquet de lettres qu'il ouvrit et lut aussitôt, selon sa coutume. Cependant il accompagna cette lecture de tant de mouvements brusques et de tant de paroles de colère, mal réprimées, que les commis qui travaillaient dans le comptoir y devinrent attentifs. Enfin, après avoir parcouru toutes les lettres du paquet, le sénateur se leva soudain, ferma violemment les tiroirs, et sortit en tempêtant.

— Que notre Père au ciel ait pitié de nous! soupira Berndt avec un regard de dévotion, et en joignant les mains, car il faisait partie de la société des philadelphes; que va-t-il se passer ici aujourd'hui?

L'autre commis, Nothaft, jeune homme assez libertin, se mit à rire d'un air goguenard, et murmura les paroles d'un air alors très en vogue :

La cruche allait à la fontaine
Trop souvent,
J'y vois des trous... Elle était pleine...
Quel accident !

— Silence, donc! cria le teneur de livres; mais le jeune étourdi continua, sur un ton plus bas, cependant :

Marchands, apprêtez-vous; car le protêt
Est en route!
Bientôt, hélas! on criera : c'en en est fait,
Banqueroute!

— Vous tairez-vous? dit de nouveau le teneur de livres en colère; que signifient ces vers dans le comptoir d'un négociant honorable? Encore une de ces expressions, et vous pouvez dire adieu à votre place. Il faut, du reste, que vous vous attendiez à ce que je ne souffre plus que vous continuiez à vous conduire comme par le passé. Tous les soirs vous jouez et bambochez, et le dimanche vous ne sortez pas du café; la queue de billard ne quitte pas vos mains. Votre camarade est par trop sage; vous, vous êtes par trop fou. Un chartreux devient un mauvais négociant, un libertin en fera un pire. Que Dieu vous assiste dans votre commerce, si jamais vous parvenez à voler de vos propres ailes!

— C'est ce qui m'arrivera, répartit sèchement Nothaft, sans se fâcher; le négociant doit savoir risquer quelque chose, et je suis homme à cela; j'agirai comme le patron qui, de sa boutique d'épicier, s'est élevé au point de devenir le premier négociant de la ville.

Le teneur de livres se tut en faisant la mine, soit qu'il fût révolté de l'endurcissement du commis, soit que le sénateur, rentré de nouveau dans son cabinet, lui eût intimé l'ordre de venir l'y rejoindre. Là-dessus la porte fut fermée, la coulisse qui se trouvait derrière le grillage fut poussée, et les deux commis se trouvèrent séparés de leurs chefs, comme les apprentis, dans l'antichambre, l'étaient d'eux-mêmes.

— Ils tiennent conseil, dit Nothaft à voix basse à son voisin; mais cette tête à perruque de teneur de livres a beau bavarder et se gendarmer, il n'en est pas moins vrai que nous sommes mal en espèces, très-mal. Dernièrement, j'ai jeté un regard dans le tiroir de correspondance du patron, qui était resté ouvert par hasard...

— Oh! fi! le curieux serviteur de Baal, interrompit Berndt.

Mais Nothaft poursuivit :

— Nigaud! est-ce ma faute si j'ai de bons yeux? Bref, nous devons payer et nous ne voulons pas, parce que nous ne pouvons pas. Nos actions dans les Indes vont mal. Nous avons, à ce qu'il paraît, gaspillé et perdu énormément d'argent, des assureurs de nos propres vaisseaux ont fait banqueroute, voilà beaucoup de malheurs à la fois. Et puis la vie qu'on mène dans cette maison! toujours noces et festins!

— C'est bien vrai, dit Berndt en soupirant; on nous donne scandale sur scandale; c'est toujours à bouche que veux-tu. Point d'ordre, point de religion! Nous sommes obligés de nous lever de table après les légumes et le rôti, les foies d'oie et les nids d'oiseaux des Indes nous passent devant le nez. Ainsi, mon cher collègue, nous commençons à branler dans le manche? Merci de l'avis, je vais songer de suite à me pourvoir ailleurs.

— En dessous main, mon cher, ajouta Nothaft : il ne faut pas rompre avant le temps. Sachons attendre; un commis

adroit trouve toujours à tirer ses petits profits de ces banqueroutes.

— Que le malheur reste encore éloigné jusqu'à ce que le ciel m'ait fait accueillir dans une autre maison! dit Berndt d'un air contrit; cette éternelle ripaille me répugne autant qu'au bon Dieu, et nous ruine, au lieu de nous faire gagner de l'argent.

— Bigot et grippe-sou, répartit Nothaft, ne te lamente pas, attends avec patience, comme moi, qu'une bonne occasion nous permette de quitter cette galère, où on est bien payé pourtant.

— Prie et travaille! dit la sainte Écriture, répliqua Berndt avec humilité : je me souviens du temps où tu te trouvais très-bien dans ce bureau, et encore mieux à la table du patron. Tu avais encore alors la tête remplie de grands projets, et tu osais jeter des yeux de convoitise sur la demoiselle. Mais depuis qu'elle a troublé ta joie...

— Fi, Berndt, me rappeler cela! s'écria Nothaft; comme cette fille hautaine se gonflait dans son orgueil! Mon père est cependant sénateur dans sa petite ville, aussi bien que le sien l'est ici. Et mon père a peut-être plus d'argent que le sien n'en avait, quand il vendait encore du raisin de Corinthe à la livre et de l'huile de Provence à la burette. Je l'aurais épousée. Parbleu! oui, je l'aurais fait; mais elle portait le nez diablement haut. Mais que Dieu lui donne un désenchantement prochain, nous changerons bientôt de rôle : quand elle pleurera, je rirai.

Berndt poussa le coude de son compagnon, car le sénateur et le teneur de livres sortaient du cabinet; ils avaient l'air résolu, et un apprenti fut envoyé commander, au nom de l'homme d'affaires, des chevaux de poste pour Amsterdam. Le patron remit encore au fidèle employé un portefeuille bien fermé, prit congé de lui, et, comme midi sonnait, il se rendit avec ses commis à la salle à manger pour dîner.

Les mets communs étant mangés, et les commis ayant reçu le signal de se lever de table, on apporta, avant de servir le dessert, une gélatine délicieuse, d'où s'exhalait l'odeur suave de la canelle et le fumet du vin de Bordeaux. La femme du sénateur jetait des yeux de convoitise sur ce mets attrayant; Justine découpait avec son couteau un noyau d'amande pour en faire un écureuil, le maître de la maison tenait ses regards sombres fixés sur la nappe, frappait avec sa fourchette contre les vases d'argent placés sur la table, enfin il rompit le silence :

— Que diriez-vous, dit-il en s'efforçant de prendre le ton de la plaisanterie, que diriez-vous, si toute cette argenterie et ces belles porcelaines allaient s'envoler tout à coup, et qu'elles fussent remplacées par de la poterie de terre commune, remplie à peine d'aliments suffisants?

— Folies, que tout cela! répondit la femme en mangeant avec tranquillité : pourquoi ces questions?

— Pour vous préparer à un malheur possible, répartit Mussinger; il est encore incertain si nous resterons riches, ou si nous deviendrons des mendiants.

— Est-ce aujourd'hui le premier avril, demanda sa femme, pour que monsieur le sénateur se croie autorisé à nous importuner de pareils enfantillages?

Il poursuivit avec plus de chaleur :

— C'est ta demande qui est un enfantillage, Jacqueline. Un négociant ne plaisante pas ainsi avec son bilan. Il est vrai que je suis menacé d'un malheur. Des maisons avec lesquelles j'étais en relation ont failli; des corsaires ont pris mes vaisseaux, la dernière tempête, dont nous avons été instruit, a fait périr des navires marchands sur lesquels j'avais aventuré des capitaux importants. Le dernier courrier nous a apporté de la Hollande une charge de lettres de change. Je suis ruiné si mon teneur de livres ne réussit pas à amadouer mon créancier et à l'engager à une prolongation.

— Pauvre père! répartit Justine avec compassion.

Mais sa mère fronça les sourcils :

— Père insensé, dit-elle, qui dépouilles femme et enfant! Fallait-il mettre en péril ta fortune entière, et la risquer sur quelques misérables bâtiments? Fi, tu es un prodigue qu'on devrait mettre à l'hospice des aliénés, s'il en était encore temps. Mais ce que tu viens de nous communiquer est sans doute une mauvaise plaisanterie; car sans cela je te parlerais sur un ton différent. Si tu disais vrai, il faudrait que ma dot me fût restituée jusqu'au dernier liard, et avec les intérêts, encore. Je ne me laisserais pas réduire, par amour pour toi, à manger du gruau, comme la femme d'un journalier.

Le visage du sénateur se couvrit d'une pâleur mortelle.

— C'est juste, Jacqueline. Ton attachement pour moi vient de se manifester de nouveau d'une manière évidente. Malheureusement il ne pourra le faire aussi clairement devant les tribunaux; car mes paroles n'ont été qu'un badinage pour éprouver tes sentiments.

— Tu devrais avoir honte, s'écria la femme en rougissant de colère. Je l'avais pensé de suite. Me faire perdre l'appétit à ce point! Me remuer ainsi la bile! Homme impie, abominable! Justine, mon essence!

Justine, déjà instruite de ce qu'elle devait faire en pareilles circonstances, fut bientôt à côté d'elle avec le flacon. Le sénateur s'était levé brusquement, et élargissait sa cravate. Tout-à-coup il aperçut sous la porte le jeune homme qu'il avait engagé le matin comme maître de langue. Il arriva à point nommé pour servir de médiateur.

Le sénateur n'aimant pas à montrer sa colère devant d'autres personnes que les habitants de la maison, réprima de suite sa passion.

— Vous voilà, mon jeune ami, lui dit-il; soyez le bienvenu. Il paraît que votre père d'adoption a consenti?

— Il me permet de m'essayer dans cette occupation nouvelle pour moi, répondit James avec modestie.

La femme du sénateur avait à son entrée oublié son évanouissement commencé. Justine, non moins curieuse et surprise, regardait le jeune homme qui, dans son costume simple et presque mesquin, se tenait devant son père avec plus d'aisance, qu'elle n'en avait encore vu chez des jeunes gens plus riches et plus âgés.

— Un jeune Anglais, dit Mussinger, en le présentant aux dames; il doit donner des leçons de sa langue à Justine. Je souhaite de l'application à l'écolière, et du zèle au maître. Allez, jeune homme, faire votre compliment à ma femme et à ma fille, et puis vous pourrez commencer de suite vos leçons et faire connaître votre savoir.

James s'approcha d'un air aisé de la mère, et saisit, en s'inclinant, ses deux mains qu'il secoua; il s'avança ensuite vers Justine, et voulut la baiser poliment sur la joue. La jeune fille indignée et honteuse se rejeta en arrière, et le repoussa. La mère fit la moue; mais le père se prit à rire :

— Jeune homme, dit-il, nous ne sommes pas dans votre patrie, où cet usage est établi. Ici on baise la main aux dames, et le bout des doigts aux demoiselles.

Après s'être excusé avec un certain embarras, mais sans perdre contenance, James fit ce qui lui avait été enseigné, et rentra par là dans les bonnes grâces de la mère; il ne réussit cependant qu'à moitié auprès de Justine qui trouvait dans les manières du nouveau maître quelque chose qui lui déplaisait et dont elle ne pouvait se rendre compte. Avec une répugnance mal déguisée, elle conduisit le jeune homme à sa table de travail, lui montra les livres qui jusqu'ici lui avaient servi de guides, et l'instruisit du peu de progrès qu'elle avait fait; James, après avoir regardé et écouté superficiellement, prétendit que Mademoiselle ne manquait pas de science, comme elle le prétendait, mais bien de bonne volonté.

Le visage de Justine se rembrunit de nouveau, et elle s'asseyait en silence, quand son père répéta l'ordre de commencer la leçon aussitôt. Appuyé alors sur le dossier de la chaise de sa femme, le sénateur suivit le début du jeune Anglais, et il vit bientôt qu'il savait à fond sa langue. En même temps il fut satisfait de la manière amicale, confiante, avec laquelle il exposait à son écolière les avantages de la langue anglaise; le sénateur espérait le meilleur résultat de cette méthode, qui s'éloignait de la routine ordinaire, et il se retira en le comblant de louanges. La leçon fut continuée sous la surveillance de la mère, qui tomba cependant bientôt dans les bras du sommeil, comme c'était son habitude

II

Justine, faisant peu d'attention aux paroles de son maître, avait observé d'un œil vigilant, sa mère, et, à ce qu'il paraissait, attendu le moment de la sieste; car aussitôt que les yeux de Jacqueline se furent fermés, elle prit le livre des mains de James occupé de ses explications, le mit de côté et dit d'un ton bref :

— Laissons cela maintenant, monsieur. Je n'ai pas envie d'apprendre, et voilà tout. Puisque mon père le désire, et que vous tenez peut-être à gagner quelque argent dans la maison, je veux bien faire semblant de prendre la chose au sérieux. Mais épargnez-vous toute peine inutile, car je ne puis souffrir votre langue, et je n'ai par conséquent aucune envie de la parler. Adieu donc, monsieur, jusqu'à demain.

James regarda avec surprise sa trop franche écolière, se mordit les lèvres, et répondit d'un air mortifié :

— Vraiment! mademoiselle, je me serais attendu à des paroles plus aimables de votre bouche. Je me retirerai; permettez cependant que j'attende le réveil de madame votre mère, afin de prendre mon congé en forme. Souffrez jusque-là ma présence.

— Je ne voulais pas vous offenser, monsieur, répliqua Justine un peu honteuse; pardonnez-moi, si j'ai mal choisi mes expressions.

— Je dois être surpris, interrompit James promptement réconcilié, que monsieur votre père, malgré votre répugnance, persiste à vous faire apprendre cette langue.

— Heim! dit Justine en souriant et en tenant ses yeux attachés sur le livre, on veut me marier à New-York, et mon père pense...

— A New-York, dans l'Amérique septentrionale? répéta James; si loin de la maison paternelle? Alors il faudra bien que vous appreniez l'anglais.

— Non pas, répartit Justine en souriant, mais d'un ton décidé; mon futur époux peut apprendre l'allemand, et ses amis s'instruiront dans la langue française, pour s'entretenir avec moi. Je saurai bientôt assez d'anglais pour parler aux domestiques, quand je serai dans ce pays.

— Vous vous trompez, mademoiselle, quant au premier point, répliqua James; on trouverait inconvenant à New-York de se servir en société d'une autre langue que de celle des colons anglais. Dans l'intérieur, vous trouveriez bien l'idiome hollandais; mais...

— Mais voyez donc, interrompit Justine agacée par la contradiction, vous parlez vraiment comme si vous aviez entendu de vos propres oreilles ce que vous soutenez.

— C'est aussi ce que j'ai fait, dit James, dont le visage se rasséréna, j'ai passé la plus grande partie de mon enfance sur le continent de l'Amérique, à New-York, et parfois aussi dans l'intérieur du pays.

— Comment? demanda Justine, devenue tout à coup plus douce et plus confiante; oh! racontez-moi quelque chose de ma seconde patrie. On m'en a déjà dit tant de bien, que je suis devenue curieuse. Rapprochons-nous, et parlez bas, afin que ma mère ne se réveille pas trop tôt.

A ces dernières paroles, elle avait appuyé ses deux bras sur le bord de la table, et regardait son maître avec une attention si marquée et des yeux si curieux, que celui-ci fut obligé de tourner ses regards sur ses manchettes, afin de ne pas perdre le fil du discours.

— Mon père, dit-il en recommençant à plusieurs reprises, avait un commandement à la citadelle de New-York; mon oncle était détaché dans un poste avancé du côté des tribus indiennes. L'occasion ne manquait donc pas, à moi enfant de huit ans, d'apprendre à connaître la vie d'une ville américaine, et à la campagne. Dans la première j'eus peu de plaisir. La manière d'être y était empesée et uniforme point de gaîté, mais beaucoup de bigoterie, d'oppression militaire. Les jours ouvriers on travaille outre mesure, car la richesse est le but où tend tout le monde. Au milieu du bourdonnement des affaires se font entendre le bruit du tambour et la voix du commandement. Le dimanche, le jour du Seigneur est observé avec plus de rigidité qu'en Angleterre même. Le plaisir se couvre de cendres et s'enveloppe dans un sac, et les sons uniformes de la cloche ennuient les habitants de la ville jusqu'à ce que, fatigués du jour de fête, ils aillent trouver leur lit.

— Ahi! soupira Justine, voila un triste tableau. On vit avec plus d'agrément dans nos villes. Mais la vie de campagne répare peut-être tout cela, et M. Bisher me fera sans doute le plaisir de la préférer à celle de la ville.

— Quand je dois parler de la campagne en Amérique, répartit James, une douce et sainte mélancolie s'empare de moi, car elle me plut beaucoup. Il pourrait bien se faire néanmoins qu'une demoiselle jeune et gaie, comme vous, ne partageât pas ce sentiment. Dans les environs de New-York on ne trouve pas de jolies maisons de campagne; on n'y rencontre que de pauvres jardins, sans ombre, sans abri, car l'autorité militaire ne souffre, dans la circonférence de la ville et de la citadelle, ni buisson, ni maison. Mais lorsqu'on a passé l'eau, et qu'on pénètre dans l'intérieur, alors un cœur courageux et un œil hardi commencent à éprouver du plaisir. Les champs cultivés par des colons opprimés sont en petit nombre; mais des forêts primitives aux arbres gigantesques, pleines de gibier, et dont la hache n'a entamé que les bords, s'étendent autour de vous. Quel spectacle sublime, que de chevaucher sur une pareille route, sous un feuillage épais et que n'ont jamais traversé les rayons du soleil ! Que ce silence éternel autour de vous est fait pour élever l'âme ! Pendant des heures entières je suis resté couché dans l'herbe, écoutant les coups de bec du geai et les aboiements des renards; prêtant l'oreille sous ces arbres millénaires. Cependant on aime à hâter sa marche, parce que le crépuscule s'approche, que les bêtes sauvages sortent de leurs tanières, et qu'il y a peut-être encore loin jusqu'au blockhaus solitaire où le voyageur fatigué doit passer la nuit. On atteint le bout de la forêt, et bientôt un spectacle enchanté captive le regard. Un des fleuves gigantesques qui traversent l'Amérique, interrompt le chemin. L'œil porte à peine jusqu'à la rive opposée, et les ondes du fleuve orgueilleux roulent majestueusement devant vous. Un point noir se distingue dans l'écume des flots. Les voyageurs redoublent les cris de hu o ! car le point noir est un bac qui traverse avec impétuosité le courant, et qui va vous transporter à l'autre bord, par-dessus l'or ré pandu par le soleil couchant sur l'humide élément. Alors on passe une bruyère et des terrains mouillés, et l'on se rapproche d'une nouvelle forêt qu'on voit dans l'éloignement. A droite s'élèvent des rochers, et de leurs flancs se précipitent des torrents et des cascades. A gauche s'étend la plaine, mal cultivée, mais qui produit avec abondance ce que la nature y a planté en grasses herbes de pâturages et en plantes inutiles, mais magnifiques. Des troupes d'oiseaux criards fendent l'air en se dirigeant vers les rochers; car le soleil couchant a fait lever un orage, qui s'approche vite, plus vite que cet Indien nu, à la peau rouge, qui, suivi de son chien, son fusil et sa gibecière sur l'épaule, retourne en courant de sa chasse, et demande aux étoiles du ciel et aux pointes des rochers le chemin qui doit le ramener aux habitations de sa tribu.

James termina ici, en reprenant haleine, cette description pittoresque d'une promenade au travers des bruyères et des forêts du Nouveau-Monde, à laquelle l'avait entraîné la puissance enchanteresse des souvenirs; il leva un regard presque timide sur Justine, sur le visage de laquelle il craignait de trouver une expression de mécontentement, causée par la longueur de sa narration. Mais quelle ne fut pas sa joie, en voyant briller dans les yeux de Justine l'intérêt le plus attentif.

La jeune fille lui fit un signe de tête d'approbation, plaça en même temps d'un air de confiance sa main sur la sienne, et dit :

— Mais, comme vous racontez bien, mon bon monsieur; je voyais pendant que vous décriviez. Mais votre tableau me suffit. Ces sites magnifiques, dont je pressens la beauté, ne sont, au fond, pas faits pour une faible femme qui, dans sa chambre commode et dans une campagne bien tenue, aime à entendre ou à lire une description du désert, sans ressentir l'envie de la voir de ses propres yeux. Ces forêts... ces bruyères et ces torrents... et puis ces blockhaus solitaires, éloignés à plusieurs journées de toute autre habitation !... je frissonne.

— C'est justement dans les cabanes qu'on rencontre le bonheur patriarcal, répartit James avec chaleur; je me rappelle encore quelques uns des habitants de ces habitations. Familles heureuses et contentes dans leur isolement, au sein de leur tranquille propriété. Là, le lien le plus intime unit les époux, les enfants, les petits-enfants : un lien d'amour; car l'amour ne demande que l'espace le plus circonscrit; un petit coin, où les personnes heureuses trouvent assez de place pour s'embrasser et se dire : je t'aimerai toujours, jusqu'à la mort.

Autant le discours précédent du maître avait paru plaire à Justine, aussi peu elle trouva de goût à celui ci. Elle avait regardé le jeune homme avec surprise... Elle avait cherché à l'interrompre, et fait tomber enfin, dans son impatience, le gros dictionnaire; de sorte que sa chute réveilla en sursaut la femme du sénateur.

— La leçon est finie, monsieur, dit Justine avec une raide inclination à James; cependant n'oubliez pas que je vous attends demain matin. J'ai eu subitement une envie très-prononcée d'apprendre votre langue, et j'espère que votre assistance me sera d'un grand secours.

James, quoique ne sachant pas s'il devait en croire ses oreilles, après tout ce qui s'était passé, promit de revenir, baisa dans les formes voulues la main charnue de madame Mussinger, s'inclina devant Justine, qui lui rendit son salut avec indifférence, et prit congé comme un homme bien élevé.

— Pourquoi n'est-il pas resté pour souper? fut la première demande du père lorsqu'il monta chez les dames.

— Oh ! je t'en prie, reprit sa femme, en se levant avec les airs d'une grande dame; n'attache pas trop cet étranger à la maison. Cela ne vaut rien, de planter un noble au milieu d'une famille bourgeoise.

— Tu oublies, ma femme, que dans ce moment tu fais toi-même preuve de l'orgueil le plus insupportable.

— Si cela me plaît, répartit flegmatiquement la femme du sénateur. Ta sagesse de matelot et de portefaix ne m'offense pas, et je ne renonce pas pour cela à ma fierté.

Le sénateur sentit sa patience à bout, et s'éloigna promptement, en fermant la porte derrière lui, avec violence.

— Cet homme s'irrite pour des riens, dit la mère avec une froide moquerie, en allant chercher sa boîte aux chiffons de soie qu'elle avait coutume d'effiler le soir en société; cela vaut-il la peine de prendre le parti d'un homme que je chasserai de chez moi, quand il me plaira.

— C'est de lui que je veux apprendre l'anglais, répartit Justine d'un ton bref et impérieux, et en tournant sur le talon du côté de la fenêtre.

— Oh ! oh ! ma petite poupée! dit la mère en souriant, et en tâchant de lui caresser la joue. Mais la fille se retira brusquement et répliqua avec décision :

— Je veux que l'on traite mon maître avec affabilité, sans cela j'userai de représailles.

La mère ne savait pas où elle en était; elle céda encore cette fois-ci, comme elle l'avait déjà fait mille fois, afin de ne pas perdre un bon allié contre l'humeur guerrière de son époux; elle sortit donc, sans gronder sa fille obstinée, pour se rendre à sa soirée, et elle laissa l'entrée de la maison libre pour James. Elle se contenta de lui montrer son antipathie en ne lui adressant jamais la parole, ni à table, ni pendant les heures des leçons, auxquelles elle assistait toujours. Le matin, Justine apprenait avec zèle, et paraissait une écolière très-appliquée. Pendant les après-midi, on profitait du sommeil de la mère. Justine donnait d'abord le signal du silence, puis celui des narrations, et l'Amérique du nord fut pendant quelques jours l'axe autour duquel tournèrent tous les discours de James. Enfin Justine dit un jour, au moment où le jeune Anglais voulait recommencer son thème favori :

— Silence, c'en est assez; je connais cette vie-là, comme mon sac à ouvrage, et je dois convenir qu'elle ne me plaît pas. Il faudra que monsieur Birsher prenne la résolution de s'établir dans un autre pays, où il y ait des gens plus vifs, plus gais, un ciel plus doux, et beaucoup de joie, beaucoup de chants. Je veux au-dessus de moi un ciel toujours serein, bleu, inondé des rayons du soleil; des myrthes, des lauriers, des roses partout.... Ah ! si je pouvais décrire le pays qui m'apparaît quelquefois en songe, et dans lequel je voudrais passer ma vie !...

— Le myrthe vous attend déjà, répondit James avec un léger soupir; le pays dont vous venez de parler, et que vous avez vu en songe, existe réellement. Dirigez-vous vers le Sud, dans la belle partie de l'Amérique. Les pays méridionaux offrent tout ce qu'on peut désirer. Au-dessus de leurs montagnes et de leurs plaines, le ciel le plus resplendissant est suspendu; l'immense palmier croit dans les champs au milieu d'une quantité innombrable de plantes aromatiques, qui embaument l'air à plusieurs milles à la ronde. L'homme n'y arrache pas avec peine sa vie au sol; c'est en jouant qu'il la gagne.

— Oh ! dit Justine agréablement émue; mais dites-moi, ce beau pays appartient-il à votre roi?

— Mon roi, répartit le jeune homme avec douleur, mon roi ne possède pas d'autre pays que sa patrie céleste, et celle-là, du moins, aucun usurpateur ne pourra la lui ravir. Cependant ces contrées n'appartiennent pas non plus à la couronne. C'est l'Espagne, c'est le pape qui y règnent.

— Dieu nous soit en aide! s'écria Justine involontairement.

— Je sais, répondit tranquillement James, qu'en Angleterre, ainsi qu'en quelques pays de l'Allemagne, on fait prendre aux enfants dès le berceau la papauté en horreur.

La jeune fille regarda son maître avec de grands yeux et répartit ensuite :

— C'est vrai, Monsieur, c'est bien vrai. Dans tous les cas, je ne puis juger que comme l'aveugle des couleurs. Je n'ai jamais connu de catholique, jamais je n'ai assisté aux cérémonies du culte romain.

— Alors vous n'avez pas vu la chose la plus belle qu'ait jamais inventée l'esprit humain, pour manifester d'une manière digne et brillante son admiration du Très-Haut, s'écria James avec enthousiasme ; vous n'avez pas assisté à ce spectacle plein de mystères. Oh ! qui pourrait se vanter d'avoir jamais su ce qu'est la prière, s'il n'a assisté une fois au culte romain, à ce sacrifice sublime qui enlace d'un lien sacré toutes les âmes ! Voilà le vrai culte pour des cœurs sensibles, qui, dans leur ferveur, veulent s'attacher aux ailes de la Divinité : c'est le culte que fait naître le ciel méridional et la terre où le Seigneur se fit homme. Dans nos pays septentrionaux, où le cœur est froid et stérile, où l'esprit médite au lieu de croire, tout est différent, et sous sa forme de glace l'esprit finit aussi par se pétrifier !...

— Je m'étonne qu'un protestant anglais puisse rendre une justice aussi éclatante à l'Eglise ennemie, répliqua Justine ; mais il y a assez longtemps que nous parlons de Babylone, mon bon Monsieur, et ma mère se prépare à se réveiller.

Cet entretien, qui avait pris une si singulière tournure, se termina là ; néanmoins il se prolongea secrètement dans l'esprit de Justine, et la jeune fille ne put s'empêcher de faire de temps en temps des réflexions sur ce sujet.

Son caractère vif et gai lui faisait rechercher des impressions agréables, et ses prêches insipides, la froide prière que sa mère récitait machinalement tous les soirs, n'étaient point faits pour augmenter sa confiance dans son dogme.

III

Cependant tout allait à la maison d'un train pressé, incertain, mystérieux. On voyait sortir des créanciers irrités et menaçants et entrer des juifs, gens qu'on n'avait jamais aperçus autrefois dans le bureau du sénateur. Des provisions de marchandises étaient vendues à tout prix ; de petites créances dues à Mussinger étaient exigées avec dureté ; de faibles sommes entraient, de grosses charges sortaient. L'envie avait tenu les yeux ouverts sur l'heureux Mussinger. Un bruit sourd se répandit à la bourse : on y disait que la maison de Mussinger allait mal, qu'il allait faire faillite ? Beaucoup de gens en relations commerciales avec lui se retirèrent ; d'autres qui ne pouvaient se dégager aussi vite, tenaient sous main des propos menaçants ; un petit nombre prévint le sénateur ; aucun ne lui offrit une main d'ami.

Enfin le teneur de livres revint dans la nuit avec des chevaux de poste, comme il était parti. Le sénateur fut éveillé, et descendit auprès de lui dans le cabinet. On s'entretint à la lueur d'une lampe et derrière une porte bien fermée, jusqu'à ce que l'aurore pénétrât par les ouvertures des volets et que les rues devinssent vivantes.

Alors le sénateur sortit seul de sa maison et prit le chemin de l'entrepôt public des marchandises ; son habillement était dans un désordre comme on ne lui en avait jamais vu dans la rue ; absolument tel qu'il l'avait mis à la hâte à minuit ; les souliers en pantoufles, les bas tombants, la cravate négligemment nouée, les cheveux défrisés. Sa marche était hâtive et il passait comme au vol à côté des gens qui apportaient des comestibles à la ville. Près de la maison de Grue tout était encore tranquille et solitaire. Des bateliers isolés étaient étendus sur le rivage, ou dormaient sur le pont de leurs navires. Le sénateur ne s'arrêta pas auprès des personnes qui le saluaient, mais il courut toujours à l'aval du fleuve, jusqu'à ce qu'il eût derrière lui les dernières maisons de la ville, et le dernier contrefort du quai, et qu'il eût atteint l'allée de marronniers qui s'étendait à un quart de lieue le long du fleuve et servait de promenade aux citadins. Des bancs de pierre étaient établis entre les arbres, et un parapet peu élevé fermait la place du côté du fleuve dont les eaux profondes venaient battre la balustrade. Ce lieu était, à cause de sa fraîcheur, fort recherché en été, mais seulement aux heures du soir ; car les oisifs, au lever de l'aurore, aiment à rêver dans leur lit, et les laborieux se soucient peu d'admirer le lever du soleil. Il arriva donc que ce jour-là il n'y avait qu'un seul homme à la promenade ; il était assis derrière un gros arbre dont le tronc ne différait guère en couleur de la redingote grise que l'homme portait. Un livre reposait sur ses genoux ; mais l'attention, avec laquelle il lisait, ne l'empêcha pas de voir le sénateur qui approchait sans rien voir devant lui que le but de ses désirs. Arrivé à quelques pas du lecteur, il jette promptement sa canne, sur le parapet, et va se précipiter dans le fleuve, mais l'étranger l'a déjà saisi par les épaules et le retire.

Le sénateur, les yeux fermés et la poitrine haletante, était couché dans les bras de son sauveur inconnu, et se laissa conduire par lui, sans faire la moindre résistance, au banc le

plus rapproché. Là il s'appuya contre un arbre, et mit ses deux mains sur le visage. Après un court silence, l'autre dit d'une voix douce et sonore :

— Vous vouliez commettre une action précipitée, mon cher monsieur ; mais Dieu a d'autres desseins sur vous. Calmez-vous donc, oubliez que le diable vous a tenté, et retournez avec courage aux occupations qui vous intéressent.

Le sénateur tressaillit, ouvrit les yeux, et répondit d'une voix oppressée à l'étranger, sur le visage duquel on pouvait lire un sentiment de compassion :

— Pourquoi m'avez-vous retenu, monsieur ? Tout serait fini à présent, et mon honneur ne serait pas doublement perdu, comme cela va arriver, quand on saura dans la ville la tentative que je viens de faire.

— Si vous n'avez pas d'autre souci, répondit l'étranger, vous pouvez vous tranquilliser. Je suis un homme discret, mon devoir me prescrit de garder les secrets que l'on me confie, et jamais je ne troublerai par une indiscrétion votre paix ni celle de votre famille.

Le sénateur regarda avec crainte autour de lui.

— C'est vrai, dit-il ensuite ; nous sommes seuls en ce lieu, et si vous vouliez garder le silence.... me connaissez-vous ?

— Je pourrais dire que non, pour vous tromper, répondit l'autre ; mais je hais le plus innocent détour. Je vous connais, monsieur le sénateur ; cependant, je le répète, mon état vous garantit de toute indiscrétion.

— Puis-je demander ?... dit Mussinger en le regardant avec attention.

— Je m'appelle Leupold, je suis docteur en droit, et j'ai pratiqué depuis bien des années auprès de divers tribunaux. Je sais garder le silence, d'autant plus qu'il s'agit ici de la réputation d'un homme dans la maison duquel mon fils adoptif a été accueilli.

— Je m'en souviens, répartit le sénateur agréablement surpris de se voir lié à sa nouvelle connaissance par un certain lien de confidence. Sous d'autres rapports que ceux où je me trouve, je serais charmé de faire votre connaissance, monsieur le docteur. Vous me pardonnerez, à cause de cela, si je ne suis pas comme je devrais être.

— De pareilles révolutions ne passent pas si vite. Retournez chez vous, monsieur le sénateur. Une poudre calmante et le repos rappelleront mieux vos esprits.

— Chez moi ? à quoi pensez-vous ? Chez moi ? où je n'ai en perspective que la honte. Laissez-moi fuir aussi loin que mes pieds pourront me porter. Je suis un homme ruiné. Je ne pourrai pas supporter la moquerie de mes ennemis, ni les reproches des miens. Il faut que je parte, que je passe les mers.

Il se leva avec précipitation pour se sauver, dans l'état de désordre et de trouble où il était : le docteur le retint.

— Songez à ce que vous faites ! lui dit-il ; je ne connais ni vos malheurs, ni vos affaires. Mais la position de ceux qui vous appartiennent deviendra mille fois pire, si vous faites cette démarche, et la honte qui vous suivra sera mille fois plus grande. Le sort nous a rapprochés d'une manière si étrange, que j'aurais presque envie de prétendre à votre confiance. Ainsi...

— Pourquoi vous ferais-je un mystère d'une chose que dans trois jours la ville entière doit connaître ? Le terme s'approche, et je ne puis pas payer. Un créancier impitoyable, qui a refusé tout atermoiement, arrive ici après-demain pour me perdre. Mon agent a pu à peine m'en rendre compte auparavant. Je ne puis le satisfaire, pas produire la sixième partie des prétentions fondées sur ses billets. Les sources sont épuisées et mes coffres offrent un désert vide d'argent. Le Sénat repousse le banqueroutier hors de son sein, ma famille tombe dans la misère. A présent vous savez tout ce qu'un négociant n'avoue qu'à la dernière extrémité. Considérez ma position, annoncez-la à son de trompette ou cachez-la, l'un ou l'autre m'est égal. Mais laissez-moi partir.

— Si vous voulez courir à votre perte, et ne plus avoir confiance en Dieu, ni à la fortune, ni à votre propre énergie... partez ! dit le docteur d'un ton de mécontentement et en se détournant avec humeur.

Cette courte réponse rendit ses esprits au sénateur. Il regarda avec surprise son nouvel ami, et, après avoir placé sa main sur l'épaule de l'homme gris, il demanda après un long silence :

— Que disiez-vous là ? En qui dois-je avoir confiance ? en Dieu ? mon bon monsieur, je ne suis pas un piétiste, et je ne suis pas d'aujourd'hui. Laissons cela à la fortune ? Je m'y suis bien trouvé pendant longtemps; mais si un seul support se brise, les autres ne tardent pas à en faire autant. A mon énergie? Que voulez-vous dire par là?

Le docteur se mit à sourire.

— Ne me faites pas de fantômes, répartit-il d'un ton presque badin; je ne prescris que des remèdes doux. Ne perdez pas si vite toute espérance. D'heure en heure la fortune change, et à l'heure prochaine elle versera peut-être sa pluie d'or par votre cheminée. Mettez un masque. Si le malheur est écrit sur votre front, vous ne trouvez plus d'ami, tandis que les dehors de la confiance vous acquièrent peut-être au dernier moment l'ami le plus actif. Armez-vous contre l'adversaire qui approche, non pas avec le couteau et l'injure, mais avec la parole douce et persuasive et un front qui promette beaucoup. L'affabilité répandue sur le visage renverse la résolution la plus ferme. Tout homme possède de la vanité. Cherchez le talon d'Achille. Flattez son amour-propre. Quand vous aurez profité du moment favorable, les lettres de change seront atermoyées, le délai sera accordé et l'espérance luira; tous nos royaumes ne sont-ils pas fondés sur elle? Ce qui est possible peut s'effectuer, et le malheur fait sans cesse place à la fortune. Ne cessez jamais de compter sur vous et sur ma discrétion.

Le docteur, après avoir salué avec politesse le négociant, s'en alla d'un pas mesuré du côté de la ville. Mussinger le suivit des yeux pendant quelque temps, puis il se leva, et, en regardant le ciel, il murmura:

— Allons! le conseil mérite d'être suivi, et dans tous les cas le funeste fleuve ne changera pas son cours d'ici à trois jours.

Là-dessus il enfonça son chapeau sur ses yeux, retourna gravement à la ville, et à son air indifférent personne n'aurait pu deviner dans quelle situation il s'était trouvé une demi-heure auparavant.

— Mon cher, dit-il, dans son cabinet, à son teneur de livres, après quelques moments de réflexion, il m'importe beaucoup que vous ne soyez pas vu ici par le négociant d'Amsterdam. Je me trouverai placé sur un terrain plus favorable, et je pourrai mieux diriger mes batteries si je puis dire que, occupé d'autres affaires vous n'êtes pas encore revenu et ne m'avez pas remis sa réponse. Vous ne m'aurez annoncé rien autre dans votre lettre que son arrivée en personne, afin de régler ses affaires avec moi; rien autre, vous me comprenez? Je gagne du répit par cette ignorance, et une nouvelle ressource pourra se présenter.

— Dieu le veuille! soupira le fidèle employé; mais dans quel lieu monsieur veut-il que je me rende?

— Vous pourrez aller à Steinstadt, et traduire devant la justice cet apothicaire, notre débiteur négligent. Mais afin de donner quelque éclat à ce voyage, vous tâcherez de répandre ici le bruit que vous allez en mon nom acheter les houillères que le comte de Steinstadt a mises en vente.

— Ainsi soit-il, dit le teneur de livres, et il sortit pour faire ses préparatifs. Le sénateur monta cependant chez ses femmes, et leur annonça que monsieur Van Der Hocken d'Amsterdam arriverait sous peu de jours, et serait invité à se loger dans la maison de son correspondant. Qu'à cet effet il fallait mettre dans le meilleur état le plus bel appartement de la maison, disposer tout à la cuisine et à la cave, pour recevoir comme elle le méritait une visite si honorable.

Madame Mussinger fit la moue et murmura de ce trouble importun dans le ménage; néanmoins, comme elle ne pouvait rien changer à cet ordre, elle remit avec indifférence les clés à Justine, et laissa la jeune fille tout arranger à sa guise. D'un autre côté, les commis, les apprentis et les courtiers firent courir le bruit de cette spéculation sur les charbons, et le sénateur eut le plaisir de revoir de bons visages à la bourse, de s'apercevoir de la renaissance de son crédit.

— Van Der Hocken logera chez lui, se disaient à l'oreille les petits marchands et les courtiers; il l'attend donc avec une bonne conscience; il fait faire des offres pour les houillères; elles doivent être payées au comptant, attendu que son excellence a besoin d'argent pour aller à Spa. Ainsi M. Mussinger est revenu sur l'eau.

C'est un brave homme, un honnête homme! entendait-on répéter de tous côtés, et principalement par ceux qui l'avaient le plus décrié.

Les négociants, plus tranquilles et plus solides, haussaient cependant les épaules, branlaient la tête, parlaient de bourdes et de noix creuses, et attendaient l'avenir.

Plus inquiet et plus impatient qu'eux tous, le sénateur attendait le jour critique, et une peur excessive le saisit, car il s'était déjà passé deux fois vingt-quatre heures de-

puis son entretien avec le docteur, et, à part les bourdesrien n'était changé dans ses affaires; la pensée d'une banqueroute inévitable le suivait partout, ainsi que celle des paroles du docteur qui retentissaient sans cesse à ses oreils les : « Aide-toi, le ciel t'aidera; fais choir celui qui veut te faire tomber. »

IV

Des paroles venaient de se faire entendre au vestibule, et des pas lourds sur l'escalier. Justine, effrayée, courut sur le carré, et souhaita, d'une manière fort embarrassée, la bienvenue à un homme gros et gras, en habits de voyage, qui montait tout essoufflé les degrés. Il était suivi d'un portefaix chargé d'une énorme malle. En bas, tout le personnel du comptoir prêtait l'oreille et tendait le cou pour regarder.

— Mon très-digne ami, monsieur Van Der Hocken, d'Amsterdam, dit le père d'un air affairé à Justine, et en lui faisant signe de faire une profonde révérence.

Le Hollandais essaya, de son côté, de s'incliner; il regarda Justine avec aménité, cligna de ses petits yeux, et dit encore en soufflant:

— Jolie enfant que votre fille, une très-jolie enfant, une séduisante Eve!

En disant ces mots, il s'avança vers la jeune fille, comme pour l'embrasser. Mais elle, après un instant d'hésitation, sortit en courant. Van Der Hocken se mit à rire à gorge déployée, et retint le sénateur qui voulait courir après Justine.

— Laissez la jeune sauvage sauter et courir, dit-il en riant toujours; il faut que le vin fermente, que la bière écume avant de devenir d'excellentes boissons. J'ai déjà beaucoup d'affections pour la demoiselle, et je pense qu'elle en prendra aussi pour moi. Cependant, ajouta-t-il, veuillez, avant tout, me donner une chambre et m'excuser auprès de madame. Au thé je lui présenterai mes hommages. D'ici-là, mes jambes fatiguées auront le temps de se reposer.

Le sénateur poussa la porte d'un air obséquieux, et Van Der Hocken contempla avec satisfaction son logement.

— Monsieur, vous m'avez logé comme un ambassadeur au congrès, dit-il en souriant; item notre connaissance personnelle commence admirablement bien; je désire seulement que tout le reste se passe de même, mon cher monsieur.

Le sénateur voulut profiter du moment. Il se plaça donc devant la bergère où se reposait son hôte, et commença à parler du teneur de livres qui n'était pas présent, de la lettre superficielle de celui-ci, de la joie qu'il éprouvait de donner l'hospitalité à son ami, de la dureté des temps, des entreprises hasardeuses d'un spéculateur, et enfin de la nécessité de s'entr'aider, comme chrétiens, et de se ménager. Mais, quand il fut arrivé à ce point, son hôte fronça fortement les sourcils, remua la tête d'un air mécontent, il répartit d'assez mauvaise humeur :

— Mon très-cher sénateur, de pareilles considérations ne sont point faites pour la première entrevue. J'ai pour maxime: se reposer d'abord, et travailler ensuite. A demain, après déjeûner, les affaires. Mes lettres de change sont en règle. Soyez seulement prêt de votre côté.

Mussinger prit congé avec un mécontentement caché, et se promena à grands pas jusqu'au crépuscule, sur le balcon de sa maison, afin de gagner assez d'assurance pour siéger vis-à-vis de son convive. Tout à coup il s'arrêta, et se dit :

— Ne suis-je pas un imbécille d'espérer encore, sans pouvoir justifier cet espoir par quoi que ce soit au monde? Pourquoi n'ai-je pas dit de suite à cet homme opiniâtre ce qu'il doit apprendre demain? que je suis bien plus mal dans mes affaires, que ne le lui ai mon teneur de livres, dont il paraît prendre les efforts pour les détours d'un homme qui ne veut pas payer. Ne devant attendre mon salut que de sa miséricorde, il faut que je m'humilie devant lui, comme devant un souverain. C'est une démarche pénible... la plus pénible de ma vie! mais si je la fais en vain, ce sera ma dernière; aussi vrai que Dieu m'assiste, je me brûlerai la cervelle aux yeux de ce Hollandais.

Plein de ces pensées, il descendit dans son cabinet, chargea ses pistolets de voyage avec la résolution du désespoir, et les plaça non loin de sa chaise tournante, dans un tiroir de son secrétaire. Après avoir fermé soigneusement la porte, il donna congé aux commis pour toute la journée du lendemain dimanche, et se rendit au salon, où il trouva déjà réunis sa femme, les amies de celle-ci. Justine et Van Der Hocken. Le thé fut servi selon l'usage hollandais. Le négociant d'Amsterdam mit son plus grand plaisir à se faire servir par la fille de la maison, à faire monter le rouge de la virginité sur le front de Justine, par des plaisanteries que se permettent souvent de vieux garçons.

— Ce serait une fille, dit-il entr'autres, faite pour ramener la vie dans mon ménage désolé ; si j'avais un fils, ou si mademoiselle voulait me prendre moi-même pour époux. Nos raides poupées d'Amsterdam seraient obligées de se cacher devant la vive madame Van Der Hocken.

— Que monsieur ne s'inquiète pas ! dit la femme du sénateur, ma fille est promise ; elle doit épouser M. Birsher de New-York.

— Oh ! oh ! répartit Van Der Hocken, je ferai bien tête à Birsher. Quoique moins jeune que le fils, je suis aussi riche que le père, et le chemin d'Amsterdan n'est pas aussi long que celui de l'Amérique.

— Mille remerciments, monsieur, dit Justine d'un ton un peu moqueur.

La mère l'applaudit par un signe de tête. Le père s'assit à côté du Hollandais, et dit avec le plus de douceur possible, pendant que les dames se pressaient autour de la théière et des tartines de beurre :

— Vous avez le don inappréciable de plaisanter avec grâce. Un autre aurait pu croire que ma fille vous donnait réellement dans l'œil.

— Et c'est la vérité, répartit Van Der Hocken, j'aime de tout mon cœur cette petite boudeuse, et je donnerais beaucoup pour la tenir dans ma petite cage.

— Eh ! répliqua le sénateur, dans l'âme duquel renaissaient toutes sortes d'espérances et de projets, nous avons été jusqu'ici de bons amis, sans même nous connaître...

Il demeura court ; un de ses yeux regardait avec embarras son jabot, l'autre le Hollandais, qui, tout en allumant sa pipe, lui dit tranquillement :

— Eh bien ! monsieur, poursuivez, expliquez-vous.

— Je pensais, continua le sénateur, en gardant avec impatience sa souple condescendance, je pensais que je ne pourrais refuser aucune de vos demandes, si leur accomplissement dépendait de moi.

— Vous comprendrais-je ? demanda Van Der Hocken d'une voix basse, peut-être pas même la demande de voire fille ?

— Votre sagacité, monsieur, dit le sénateur.

— Point de compliments, je vous prie, interrompit le Hollandais. Mais, Birsher est là qui nous embarrasse. Comment s'en défaire ?

— Eh ! mais, répondit Mussinger, il faudrait attendre qu'une occasion se présentât.

— Pour rompre une parole donnée ? répartit Van Der Hocken d'un ton sérieux et de reproche. La promesse d'un négociant doit être sacrée, comme un serment. Il faut qu'on la tienne, quand même une occasion se présenterait, et un poursuivant dix fois plus riche que Van Der Hocken d'Amsterdam, qui ne vous pardonne cette bassesse de caractère qu'en considération de votre aimable fille.

Le sénateur offensé allait éclater, mais son hôte le tint en bride en lui disant à l'oreille :

— Ne divulguez pas cette démarche à votre famille ni aux étrangers. Ayez-en honte devant moi seul, et ne vous étonnez plus qu'un honnête homme tarde à vous faire crédit, lorsque vous prostituez les promesses les plus solennelles.

Le sénateur tressaillit, et, pour ne pas faire voir sa confusion au négociant d'Amsterdam, il se détourna d'un air fâché, et oublia les devoirs d'un maître de maison. Van Der Hocken ne fit pas attention à sa colère, et alla se mêler au jeu de société qu'avaient commencé les dames. Il déploya bientôt une gaîté qu'on ne lui aurait pas soupçonnée, une liberté qui ne déplut pas aux joueuses, et une bonhomie qui lui rendit le cœur de Justine plus propice. Il préférait l'entretien de la jeune fille à tout autre, et se donnait beaucoup de peine pour la captiver.

Le sénateur contempla cette cour assidue et délicate avec un nouvel espoir et beaucoup de regret, jusqu'à ce qu'eut sonné dix heures, et que la décence ordonna de conduire son hôte à son appartement, et de laisser les dames seules.

Van Der Hocken souhaita poliment la bonne nuit à tout le monde, et demanda en plaisantant à Justine le baiser des fiançailles.

La demoiselle s'y refusa en riant.

Van Der Hocken s'était proposé de ne pas se retirer sans toucher à ce doux fruit.

— Si vous ne voulez pas m'embrasser comme fiancé, mademoiselle la prude, dit-il, avec gaîté, permettez du moins que je vous donne un baiser de père. Je pourrais bien l'être, je pense, n'est-ce pas ?

— Bonne nuit, mon papa, répondit la jeune fille, en condescendant à la plaisanterie, et en lui offrant le front et la joue.

Van Der Hocken ne tarda pas de profiter de la permission, et quitta, rayonnant de plaisir, la chambre. Le maître de la maison, ému de sentiments bas, et le flambeau à la main, conduisit son hôte à son appartement. Les deux hommes gardaient le silence et avaient l'air sérieux. Le sénateur ouvrit de ses propres mains les rideaux de damas de l'alcôve, ferma les croisées, montra toutes les commodités de l'habitation, et voulut se retirer en disant :

— Dormez bien, monsieur ; mais Van Der Hocken l'arrêta par ces paroles :

— Nous quitterons-nous avec rancune, mon cher hôte ? Faisons la paix. Je vous ai dit ma façon de penser, et vous vous êtes repenti ; qu'il n'en soit plus question. Songez que l'inimitié ne vaut rien. Vous m'avez engagé vous-même à venir loger chez vous, et j'ai accepté avec confiance. Soyez bienveillant envers moi, comme je le suis envers vous.

Le sénateur ne peut pas refuser la main qui lui était offerte, mais son orgueil offensé ne put pas pardonner. Il s'inclina avec raideur, et répartit :

— Vous plaisantez, sans doute, monsieur ? J'ai tout oublié, et je demande la même faveur. A quelle heure désirez-vous qu'on vous réveille demain ?

— Je n'incommoderai personne, répliqua Van Der Hocken, assez mécontent des paroles du sénateur ; la vaste rotondité de mon corps me réveille de bon matin, et ne me permet pas de garder le lit. Je désirerais qu'on m'apportât le déjeûner à huit heures, afin que nous puissions commencer notre affaire à neuf.

— C'est très-bien, dit Mussinger d'un air glacé, tout se passera selon vos ordres. Bonne nuit.

Van Der Hocken se coucha tranquillement ; mais le sénateur ne trouva pas de repos dans sa chambre. Il la quitta même une fois pour se rendre, en pantoufles et la chandelle à la main, à la chambre à coucher de sa fille. Il avait déjà courbé le doigt pour frapper, mais il recula épouvanté, et retourna sur ses pas.

— Pourquoi faire connaître mon secret à ma fille ? se dit-il, son obstination et ses angoisses ne me perdraient-elles pas ? il n'est pas bon qu'un père remette sa fortune aux mains débiles de ses enfants. Si le Hollandais, en dépit de sa ponctualité et de son obstination, est un homme sensible, comme je serais tenté de le croire d'après le discours qu'il me tint avant de se mettre au lit, le tableau de ma position le touchera ; sinon... Eh bien ! à la grâce de Dieu !

Le sénateur éteignit sa lumière en poussant un gros soupir, et s'endormit enfin vers le matin, épuisé qu'il était des tourments qui l'assaillaient depuis quelques jours et des insomnies passées.

Lorsqu'il s'éveilla, Van Der Hocken l'avait déjà demandé plusieurs fois. Comme un homme dont les idées ne sont pas bien claires, il se laissa arranger les cheveux par un domestique ; il ne mit pas beaucoup de soin à sa toilette, et aux premières sonneries des cloches de l'église, il se rendit auprès de son hôte.

Van Der Hocken, échauffé par une nuit passée presque sans sommeil, ne le reçut pas avec la meilleure humeur, et parut disposé à remettre à un autre moment cette affaire désagréable. Le sénateur cependant, dont le sein était oppressé d'un poids énorme, et qui voulait à tout prix être soulagé du tourment de son incertitude, pressa avec modération, mais avec un ton si décidé, que Van Der Hocken mit enfin son habit, tira son portefeuille de sa malle, et suivit son hôte au bureau, en s'écriant :

— Allons, soit ! au surplus le jour est favorable pour terminer rapidement une affaire, nous ne serons pas dérangés ; votre famille et vos commis sont à l'office, nous serons donc seuls, ce qui me plaît assez, car je n'aime pas beaucoup les témoins aux paiements.

— Ni moi non plus, répartit Mussinger en claquant des dents ; il ouvrit ensuite le volet de la fenêtre donnant sur la cour, et offrit une chaise à l'étranger. Van Der Hocken s'occupait d'ouvrir la serrure de son portefeuille ; Mussinger feuilletait d'une main tremblante son grand-livre.

Le Hollandais ayant mis en ordre une bonne partie de lettres de change, et refermé le porte-feuille, regarda avec des yeux attentifs son débiteur inquiet. Celui-ci s'en aperçut et dit d'une voix à peine intelligible :

— Nous aurons bientôt terminé, Monsieur. Tenez, voyez dans mon livre ce que je vous dois, et dans ma caisse ce que je possède !

Il ouvre avec le pied le couvercle de la caisse; elle était presque vide.

Le visage de Van Der Hocken se rembrunit considérablement.

— Que signifie cela, Monsieur, dit-il, d'un ton incisif.

— Je suis déjà un mendiant qui se donne des airs de grandeur, répondit Mussinger, et si votre pitié ne m'accorde pas un délai d'un an, je vais aussi figurer au carcan.

— C'est la faute de votre fureur de spéculer, poursuivit Van Der Hocken d'un ton de reproche sévère; votre raison de commerce paraissait solide, et n'était en effet qu'une bulle de savon, pour induire en erreur d'autres commerçants.

— Monsieur, dit le sénateur en se contenant avec peine; mais d'un air de soumission, ne soyez pas injuste, votre humanité,... mon malheur...

— Bah! s'écria le Hollandais, tout dissipateur prétexte le malheur et en appelle à un cœur sensible. Il faut qu'un négociant possède un cœur de rocher, s'il ne veut pas être ruiné. Et qui me garantira que cette palinodie n'est pas une comédie qui finira par une banqueroute frauduleuse? l'occasion se présente justement....

— Monsieur, je vous renvoie votre insulte! s'écria Mussinger en l'interrompant avec fureur.

— Qu'est-ce! répartit Van Der Hocken avec violence; vos propositions d'hier peuvent bien inspirer cette pensée; et en un mot, votre caisse vide ne fait pas mon affaire. Voici vos lettres de change. Regardez-les, et apprenez à me connaître; ce n'est pas pour rien que j'ai fait ce long voyage; je ne voudrais pas en vain...

— Eh bien! interrompit le débiteur désespéré, puisque rien ne peut émouvoir vos sentiments humains: eh bien! que votre volonté soit faite. Je connais ces lettres de change, et vous ne vous serez pas donné une peine inutile. Vous allez voir comment je règle mes comptes.

Il repousse d'une main les papiers que lui présente Van Der Hocken, de l'autre il tire un des pistolets du tiroir du secrétaire.

A ce mouvement inattendu et menaçant Van Der Hocken fut saisi d'un effroi mortel, et se levant soudain de sa chaise, il balbutia:

— Monsieur, auriez-vous l'intention...

V

Nothaft, le commis, au lieu d'aller à l'église avait passé son temps dans un tripot; après des pertes notables, il revenait à la maison, dans l'intention de chercher ses derniers écus et de tenter de nouveau la fortune au jeu. Déjà deux fois il avait sonné à la porte cochère, sans que personne fût venu lui ouvrir. La servante de garde tenait une conversation importante dans la mansarde, sur le derrière de la maison, avec la bonne de la maison voisine. Le valet était allé faire une visite clandestine à sa maîtresse. L'impatience s'empara du commis, et comme s'il avait envie de sonner le tocsin, il tira sans interruption et avec force le cordon de la sonnette. Ses efforts furent couronnés de succès. Il entendit des pas s'approcher, et la serrure s'ouvrit lentement et comme à regret.

— Marmotte sourde et paresseuse! s'écria Nothaft irrité. Mais il s'effraya au-delà de toute expression, en voyant devant lui non pas la servante qu'il attendait, mais son patron.

Maudissant son étourderie, et craignant la colère du sénateur, il s'inclina avec embarras et balbutia des excuses on ne peut plus mauvaises.

Par un hasard singulier elles contentèrent aujourd'hui le patron ordinairement peu endurant.

— C'est bien, mon cher Nothaft, répartit-il d'un ton bas; il n'y a pas de mal. D'ailleurs, ajouta-t-il en refermant la porte avec soin, d'ailleurs, je suis bien aise que vous soyez de retour. L'office divin serait-il déjà terminé? demanda-t-il ensuite avec précipitation.

Nothaft fut intérieurement épouvanté de la pâleur mortelle répandue sur le visage de Mussinger, et du vague incertain de ses paroles; il répondit donc d'un ton abattu:

— Non, Monsieur, un malaise qui m'est survenu à l'église m'a empêché d'entendre la fin du service. C'est pourquoi...

Il sonna justement dix heures.

— Dix heures seulement? demanda le sénateur d'une voix languissante; comme le temps marche lentement! je croyais qu'il était midi passé. Venez au comptoir.

— Dois-je ouvrir les volets? dit Nothaft, lorsqu'ils furent dans la chambre obscure.

— Non pas, répondit Mussinger avec précipitation, il fait plus clair dans l'autre pièce. N'est-ce pas, Nothaft, vous n'êtes pas sujet à vous effrayer?

— Je ne connais pas la crainte, répartit Nothaft, en devenant attentif.

— Tant mieux, ajouta le sénateur, vous saurez alors me donner un bon conseil. J'en ai été saisi vivement.

— De quoi donc, Monsieur le sénateur?

— Ne parlez pas haut. Il y a une demi-heure, peut-être même une heure, qu'il est arrivé un malheur dans la maison.

— Un malheur! ici, dans la maison?

— Oui, oui, mais parlez bas. Là, dans le cabinet...

Le sénateur poussa la porte, en détournant la tête.

— Dans le cabinet? demanda Nothaft, qui sentit un frisson parcourir son corps. Qu'y a-t-il?

— Le Hollandais.... balbutia Mussinger; oh! c'en fut bientôt fait de lui.

— Du Hollandais?

— C'est dans mes bras qu'il est mort, je crois. Entrez, et voyez s'il en est ainsi, ou si peut-être...

Nothaft était déjà dans le cabinet. Van Der Hocken était étendu sans vie sur le parquet, le visage défiguré; ses vêtements étaient en désordre. Il avait cessé de respirer, son pouls ne battait plus. Le commis toucha le cadavre et le trouvant froid, ne s'y arrêta pas longtemps. Il jeta des regards perçants et rapides dans toute la pièce, et revint aussitôt auprès de Mussinger.

Celui-ci, les mains jointes entre les genoux, et la tête baissée, était assis dans un coin de la chambre.

— Eh bien? fut la seule demande qu'il fit.

Nothaft haussa les épaules.

— Il est mort, dit il; il n'entendra plus chanter le coucou. Mais comment tout cela est-il arrivé si promptement, Monsieur le sénateur?

Mussinger poussa un profond soupir.

— Nous comptions ensemble, dit-il à voix basse et d'un air inquiet; nous avions tout terminé..... cela le prit de suite..... il tomba....... C'est sur mes genoux qu'il rendit l'âme.

— En vérité? répartit Nothaft d'un ton singulièrement traîné. C'est encore un bonheur que cela lui soit venu *après* le règlement des comptes.

— Que voulez-vous dire par là? demanda vivement le sénateur en sortant de son apathie; que faut-il faire dans cette circonstance?

— Monsieur plaisante sans doute avec moi, répondit le commis; il faut qu'on appelle la justice, que les effets du mort soient mis sous le scellé; c'est clair.

— La justice! demanda Mussinger en frissonnant et d'un air distrait; ah! oui..... c'est vrai; il faut le faire..... et le scellé aussi doit être...

— Monsieur le sénateur, répartit Nothaft, d'une manière mordante, vous qui faites partie du grand conseil, vous devez mieux savoir cela qu'un simple commis.

— Vous avez raison, mon fils, bien raison, répliqua le sénateur comme s'il se fût rappelé quelque chose. Mais il serait alors nécessaire.... Croyez-vous?

— Aussi vite que possible, interrompit Nothaft; un retard pourrait causer des désagréments.

— Malheureusement, malheureusement, dit en soupirant le sénateur; ainsi courez bien vite, mon cher, et soyez discret envers tout le monde, afin que cela se passe le plus tranquillement possible.

— J'y cours, monsieur, répartit Nothaft en saisissant avec empressement son chapeau. Mais si vous vouliez bien accepter un conseil, je vous engagerais à ôter le pistolet qui est là sur le parquet.

Le sénateur tressaillit.

— Un pistolet? balbutia-t-il. Il faut que par hasard..... Mais voyons donc.

Soutenu par son commis, il entra dans le cabinet; mais tournant aussitôt le dos à l'endroit où était étendu le Hollandais, il regarda avec des yeux fixes l'arme que Nothaft ne tarda pas à ramasser.

— Mettons-le avec l'autre, dit celui-ci d'une voix basse et avec précipitation; il pourrait faire un mauvais effet, si vous le permettez, je vais aussi arranger la cravate de ce malheureux. On dirait presque que des doigts s'y sont fourrés pour la resserrer.

Le sénateur tournait sans se mouvoir le dos à son commis pendant que celui-ci remettait en ordre les vêtements du Hollandais.

— Je voulais ouvrir sa cravate, dit-il à demi-voix ; mais il est possible que dans mon émotion je l'aie resserrée davantage.....

— Oui, oui, répartit Nothaft en terminant sa besogne ; il arrive souvent que la main est plus maladroite que la tête.

— Bien, voilà qui est bâclé. A présent je vais courir de toutes mes forces. Si vous avez encore quelque chose à prendre ici, faites-le de suite. Il serait convenable que Messieurs de la justice trouvassent le cabinet fermé.

Le sénateur reprit de l'activité, et commença à bouleverser avec un empressement inquiet les papiers et les livres placés sur le secrétaire, sans trouver, dans sa distraction déplorable, les objets qu'il semblait chercher.

Nothaft se plaça derrière lui, et ses yeux tombèrent sur un paquet de lettres de change, vers lequel s'allongeait la main gauche du sénateur, tandis que sa droite le repoussait. Le commis le prit :

— Vous cherchez sans doute ces papiers qui portent votre signature ? demanda-t-il d'un air empressé : les voilà ! Tenez ! monsieur... six... sept... neuf traites sur vous, mises en cours et endossées par Van Der Hocken.

— Endossées ? s'écria le sénateur, en tendant la main après les papiers.

— Endossées à l'ordre de Georges Birsher de New-York, continua Nothaft en les lui remettant : et... ma foi... acquittées par le même.

— Birsher ! dit le sénateur stupéfait en contemplant les lettres de change.

Nothaft sourit d'un air significatif.

— Mettez-les dans votre poche, monsieur. Les lettres de change que vous tenez dans la main prouvent que vous avez payé... on aurait pu se passer au besoin *de l'acquit*. L'encre est par trop fraîche. Se trouverait-il, par hasard, d'autres documents dans le portefeuille que j'ai aperçu sur le Hollandais ?

—Eh ! que me fait à moi le portefeuille de Van Der Hocken ? dit Mussinger en se ravisant.

Nothaft, pour s'excuser, fit une humble révérence et le pressa de sortir. Le sénateur obéit comme un enfant à ses paroles, ferma le cabinet, sans se retourner une seule fois, et se rendit, appuyé sur le bras du commis, à sa chambre, où il se mit au lit en tremblant de tout son corps. Justine, revenue de l'église et apprenant l'indisposition de son père, accourut auprès de lui, et lui apparut comme un bon génie. Mussinger, ne pouvant ou ne voulant pas lui parler, chercha par des monosyllabes à tranquilliser sa fille. Celle-ci s'épuisa en conjectures sur l'état du sénateur, jusqu'à ce que la sonnette de la maison fût encore tirée avec force, et qu'un tapage inusité se fît entendre. La porte de la chambre fut ouverte avec violence, et madame Mussinger, pâle comme la mort, et plus lente que jamais, entra en chancelant.

— Qu'est ce que cela signifie ? s'écria-t-elle, sans se soucier de l'état de son mari, la maison est pleine de gens de justice ! Ah ! quel malheur ! on dit que le Hollandais s'est pendu.. Ah ! quelle honte ! Donne les clés, homme impie qui nous causes tant d'effroi avec tes singuliers amis...

— Justine, va ouvrir, répartit le sénateur en frissonnant et en remettant les clés à sa fille ; mets ces lettres de change sur toi, lui dit-il en même temps à l'oreille ; conserve-les avec soin.

Justine, que l'effroi avait également fait pâlir, cacha les papiers dans son sein et sortit promptement. La mère, au contraire, resta pour continuer à tourmenter son mari.

— Quel horrible spectacle ! soupira-t-elle, en se laissant tomber dans le fauteuil auprès du lit. C'est à ne plus tenir dans cette maison. Le Hollandais, revêtu de son manteau blanc, va revenir ici comme un spectre. O seigneur, ne nous juge pas ! Plût à Dieu que je n'eusse jamais vu ce jour !

Nothaft entra et s'approcha vivement du sénateur :

— Tout est arrangé, dit-il avec importance et familiarité ; ces messieurs sont déjà en bas, ils vous font faire leurs compliments de condoléance, et l'on va porter le défunt dans son appartement.

— Que Dieu nous protège ! dit en gémissant la femme du sénateur, avec l'affliction extravagante des personnes à sentiments émoussés, tandis que Mussinger se cachait le visage dans les coussins. Allez, Nothaft, et faites du moins en sorte qu'il ne soit pas monté par les valets de la justice. Je mourrais, si un archer mettait les pieds au premier que j'habite.

— N'ayez pas peur, madame, répartit Nothaft ; ce monsieur est mort comme tant de millions d'autres chrétiens, et le trépas n'ôte pas l'honneur. Ces messieurs vont dresser un inventaire, et mettre sous le scellé les effets de Van Der Hocken, jusqu'à ce qu'on ait trouvé les héritiers. Monsieur le sénateur, j'ai aussi jugé nécessaire d'envoyer un messager à Steinstadt, afin de faire revenir le teneur de livres, attendu que votre état ne vous permet pas de rester à la tête de vos affaires.

— Pourquoi pas ? demanda Mussinger avec effort, mais avec emportement ; cet accident m'a beaucoup saisi ; cependant il y a loin de là à une maladie. Une petite dose de magnésie remédiera à tout cela.

— Avec l'aide de Dieu, dit Justine qui entrait dans le moment, dont le visage portait les traces de la secousse qu'elle avait subie. Elle remit les clés du comptoir au sénateur, et chercha ensuite le médicament dans la petite pharmacie domestique, et le remit à son père. Puis ajouta :

— Je vais envoyer chercher le docteur Widerlem... on a oublié de le faire dans le trouble où nous sommes... il saura bientôt vous rétablir.

— Je ne suis pas malade, dit Mussinger en se redressant de mauvaise humeur ; je ne veux pas de ces bavardages. Je m'occuperai de mes affaires, comme par le passé.

— Le facteur vient d'apporter ces deux lettres, interrompit d'une voix doucereuse Berndt, qui entrait et tenait les missives.

— Donnez, dit d'un ton d'autorité le sénateur, et en faisant signe aux commis de se retirer. Ils obéirent ; dame Jaqueline, pour arriver sans danger à sa chambre, et dans la crainte de l'ennui d'être garde-malade, se joignit à eux en bâillant et en boudant.

Le sénateur donna les lettres à sa fille, et lui dit à voix basse :

— Tiens, mon enfant, les yeux me papillottent. Il importe cependant beaucoup de se faire passer pour plus fort qu'on ne l'est devant cette race de commis. A toi je ne cache rien. Fais-moi donc la lecture de ces lettres, et soutiens-moi dans ma faiblesse.

Justine obéit avec empressement, et ouvrit la première :

— Elle est d'Amsterdam, dit-elle ; le sénateur tressaillit.

— « Monsieur, poursuivit-elle en lisant, après la malheureuse différence constatée qui existe entre les billets signés par vous en forme de lettres de change, je m'empresse de vous annoncer que je suis prêt, sur la caution d'un ami qui se trouve actuellement auprès de vous, à vous faire crédit en tout temps. Ne sommes-nous pas, nous autres négociants, dans la main de Dieu, et sujets à faillir ? Bienheureux néanmoins celui qui trouve un répondant aussi respectable que M. Birsher de New-York. »

— Que signifie cela ? demanda vivement le sénateur, lorsque Justine s'arrêta dans sa lecture ; le diable peut comprendre ce que veut dire l'auteur de cette lettre. Regarde à la souscription.

Justine le fit, parut surprise, se frotta les yeux, et dit enfin à voix basse :

— Je n'y comprends rien, mais c'est écrit là : il y a *Van Der Hocken.*

— Van Der Hocken ! s'écria le sénateur ; extravaguons-nous tous deux ?

— La date est de quatre jours, répartit Justine d'une voix tremblante et incertaine.

— O ! ma tête, ma tête ! dit Mussinger en gémissant et en se tenant le front des deux mains. Je deviens fou, enragé ! voyons cette lettre... Que Dieu nous assiste, c'est l'écriture de Van Der Hocken... O ! mon Dieu ! mon Dieu !.. Dans sa terrible émotion il était près de pleurer : Cette lettre, dit-il en soupirant, et ces lettres de change, l'endossement, l'acquit... je n'en souviens seulement à présent... de la main de Birsher !... O ma pauvre cervelle !

— Mon père, qu'avez-vous, qu'y a-t-il ? demanda Justine en sanglotant et dans des angoisses terribles.

Le sénateur, au lieu de répondre, lui arracha l'autre lettre de la main.

— Donne, donne, dit-il hors de lui, peut-être ce papier va-t-il me rendre complètement aliéné.

Il l'ouvre avec précipitation et malgré l'opposition de Justine ; il le parcourt avec des yeux avides... un rire convulsif lui ébranle la poitrine. Il dit d'une voix faible :

— Encore cela ! un jour plutôt et... malheureux, malheureux que je suis ! et il retombe évanoui sur son lit.

Justine frémit et ramassa la feuille tombée par terre. Un correspondant de Hambourg y annonçait un grand bouheur. La loterie de Hambourg venait d'être tirée, et le sénateur avait gagné le gros lot.

VI

Il fut confirmé par la lettre venue d'Amsterdam, lettre dûment soumise aux commissaires, que l'étranger mort dans la maison du sénateur n'était pas Van Der Hocken; et il parut résulter de l'inventaire et de l'examen des effets du défunt, consistant en lettres de crédit et de recommandations, en riches vêtements et bijoux de prix, que l'événement malheureux avait frappé M. Birsher père, de New-York. Cette présomption fut surtout justifiée par une riche parure de femme, renfermée dans un joli étui, sur lequel étaient imprimés en caractères d'or les mots : « A mademoiselle Justine Mussinger, ma très-chère belle-fille, en présent de noce. »

La vue de cette parure, qu'un commissaire galant fit voir à Justine, révéla complétement à celle-ci les rapports dans lesquels elle avait dû entrer avec le défunt. Ses dernières paroles revinrent à sa mémoire, et son âme en éprouva une tristesse plus vive qu'elle n'en avait jamais ressentie.

Cependant le sénateur se rétablit complétement, et comme par miracle, le jour de l'enterrement de son hôte. Son tempérament vigoureux avait surmonté tous les symptômes d'une forte maladie de nerfs, mais l'ennemi mis en fuite ne s'en vengea pas moins. Ce peu de jours dépouilla son caractère emporté de son acrimonie et de son assurance. Son maintien, sa démarche, son teint, ses paroles, tout avait changé.

Cette conduite, qui se manifesta dès le jour de l'enterrement, ne manqua pas d'exciter l'attention. Le terrible accident, arrivé d'une manière si subite, avait fait beaucoup d'éclat; les événements qui l'avaient précédé, ainsi que le lieu, l'heure et toutes les particularités étaient faits pour être interprétés de toutes les façons. Un bruit déshonorant avait été subitement répandu par des milliers de langues, et avait pénétré même jusque dans le grand conseil. La plupart des sénateurs néanmoins, jaloux de leurs priviléges et de la réputation intacte de leurs collègues, s'efforça de détruire toute idée, toute suspicion qui aurait pu nuire à l'existence civile de Mussinger, et toute dénonciation, toute allusion à ces événements furent repoussées avec force, tandis que l'objet de ces soupçons, par le changement si remarquable de sa conduite, donna de plus en plus des armes contre lui.

Il devint encore plus taciturne. Entre lui et sa femme les paroles devinrent toujours plus rares; Justine souffrit des suites de ce désaccord, et, comme à sa grande surprise, ses amies ne venaient plus la voir, la seule consolation qu'elle eut à la maison, fut la leçon d'anglais pour laquelle James était revenu après les trois jours néfastes.

Il s'établit une certaine confiance entre les jeunes gens. Justine profita du premier moment où elle ne craignait pas d'être troublée, pour le consoler. Sérieuse et pensive, elle était assise vis-à-vis de son maître, lorsqu'elle dit, en le priant de mettre son livre de côté :

— Parlons, monsieur, et soyons étonnés que nous nous convenions enfin. La soirée de ce samedi a été la dernière soirée heureuse de notre maison. La joie et la vie bruyante l'ont quittée, et il me semble presque, que du dehors on veuille nous rendre notre malheur encore plus sensible.

— La désaffection est plus proche de l'infortuné, que la consolation, répartit James; j'ai fait moi-même, comme proscrit, cette expérience. Néanmoins les fleurs de la joie ont aussi la saison de leur retour. La tempête ne détruit pas toujours, elle fait aussi épanouir des fleurs.

— Dans notre maison? demanda Justine d'un air incrédule, ah! non, mon bon monsieur. Ma mère... mais vous la connaissez. Mon père a redoublé aujourd'hui d'ennui et de tristesse. Une lettre venue d'Amsterdam, nous a donné la certitude que c'est M. Birsher qui est mort dans notre maison.

— Mais quel motif peut l'avoir engagé à se faire passer pour un autre?

— L'envie de nous connaître sans être connu lui-même. Badinage qui s'est changé en deuil.

— Tâchez de vous égayer, dit James en s'inclinant vers elle. Écoutez-moi. La douleur a besoin d'une voie pour s'écouler tranquille et sans bruit, comme un fleuve paisible dans son lit. Quel moyen plus convenable pour parvenir à ce but, qu'une bonne action? Dans l'infortune le cœur es. toujours plus tendre, plus disposé à la compassion, parce

que le chagrin ne lui est plus étranger. J'essaierai donc de donner à votre tristesse une autre direction, en invoquant votre pitié et votre libéralité au nom d'une femme placée dans une position extrêmement fâcheuse. Ne craignez pas qu'on abuse de vos bontés, et attendez-en la récompense de là-haut.

— Parlez, quelle est cette femme?

— La veuve d'un officier français, tué à la bataille de Denain. Villars recommanda la pauvre femme à la grâce royale, mais Louis oublia l'infortunée. Le régent la maltraita même, lorsqu'elle osa, après la mort du roi, faire valoir ses droits. Exilée de la capitale, elle gagnait dans le lieu de sa naissance petitement sa vie. Enfin la fortune parut luire de nouveau pour elle. Une famille noble de la Saxe, revenant des bains d'Aix, lui proposa de l'emmener avec elle à Dresde, comme gouvernante d'enfants. Privée de tout secours, madame Laynez y consentit avec plaisir, dit adieu à sa patrie, pour recommencer une nouvelle carrière en Saxe; mais elle ne vint que jusque dans ces murs. Attaquée d'une maladie cruelle, elle fut obligée d'y rester. Ses maîtres ne lui laissèrent qu'une très-faible somme d'argent. et se dédirent. Pendant plusieurs mois, cette femme abandonnée resta entre la vie et la mort. La compassion de personnes sensibles l'arracha au tombeau; mais sa convalescence est très-longue. Elle souffre du besoin, et elle n'a pas d'autre ressource que de s'adresser de nouveau à la charité des bons chrétiens.

James avait à peine fini, que la bourse assez pleine de Justine était déjà dans sa main.

— Pas un mot, dit-elle d'un ton mystérieux, lorsqu'il voulut parler; qu'il ne soit plus question de cette misère. Allez, donnez, portez du secours!

Elle s'empressa de sortir, afin que James ne remarquât pas le sentiment qui se peignait sur son joli visage; mais le jeune homme avait la vue excellente, il ne lui était pas échappé que l'âme de Justine s'était révélée dans toute sa noblesse sur ses traits charmants, et, surpris avec délices d'un spectacle comme il n'en avait jamais vu, il suivit des regards et avec regret la belle fugitive.

— Quelle fille! dit-il en soupirant; et moi je sens tous les jours davantage mon bonheur, et il ne m'est pas permis de quitter une place qui me devient aussi dangereuse.

Après avoir caché le don de Justine dans son sein, il se mit en chemin pour retourner chez lui. Dans la maison en bas il y avait beaucoup de bruit. Des sacs d'argent y étaient pesés, des écus sonnaient; les commis affairés couraient çà et là; Nothaft, en passant, poussa James du coude, et le regarda d'un air de maître, quand celui-ci se retourna.

— Il faut que cet Anglais déguerpisse d'ici, dussé-je dépenser mille florins pour cela, murmura le commis entre les dents.

Berndt, qui entrait justement dans la maison, entendit ce propos :

— Pourquoi tant de colère? demanda-t-il en souriant; de la colère et de la libéralité à la fois? tu parles par mille? je t'en félicite.

— Y a-t-il de quoi s'étonner, répondit Nothaft. L'argent comptant donne du courage. Ainsi laisse-nous en parler, et en écraser cette vermine qui nous ennuie.

— Je ne te comprends pas, mon ami, repartit Berndt en haussant les épaules, mais je vois que les prédictions ne se sont pas accomplies, et qu'au lieu d'une banqueroute les bénédictions du ciel affluent dans cette maison.

— Héritage! bonheur non mérité! répliqua Nothaft à voix basse; qui sait si je me suis trompé autant... Mais silence!... Qui sait, ajouta-t-il avec importance et mystère, qui sait à quoi cette maison est redevable d'être encore en honneur.

— Monsieur l'homme d'importance, dit Berndt en souriant d'un air incrédule, tu te carres de façon que celui qui ne connaîtrait pas les fanfaronnades s'imaginerait que tu sais au juste ce que le patron pense et décide. Je vous en félicite, monsieur l'écouteur intime, je me recommande à votre grâce.

— Eh! voyez donc ce bigot mal embouché! répartit Nothaft d'un ton de mépris; rira bien qui rira le dernier. Si tu n'étais pas un âne, tu te serais déjà aperçu que mes actions ont monté de 200 pour 100.

— Que Dieu veuille avoir pitié de ce vantard, dit Berndt en secouant la tête; le patron te parle aussi peu qu'à moi, et mademoiselle te fait toujours la moue.

— Elle me fera bientôt bonne   ne

— V   ment? demanda Berndt dont la jalousie commençait à s'éveiller. M'est-il permis de vous faire mon compliment, monsieur le fiancé?

— Les fous disent souvent la vérité, répondit Nothaft, encore plus effronté qu'auparavant.

Berndt repartit avec plus de véhémence.

— Je congratule monsieur l'associé et gendre. On dira bientôt Mussinger et compagnie. C'est charmant. A présent, je comprends seulement pourquoi j'ai dû inviter le pasteur Lammer à passer chez monsieur. Les bans vont être publiés. Eh bien! je vous souhaite du bonheur et réclame votre protection; vous n'oublierez pas, j'espère, dans la prospérité, le plus humble de vos serviteurs.

— Misérable va-nu-pieds!... répliqua Nothaft.

Mais le teneur de livres frappant contre la fenêtre du comptoir leur cria:

— Vous ferais-je porter des chaises là-dehors pour que vous puissiez faire la conversation plus à votre aise, paresseux et fainéants que vous êtes!

Berndt, fidèle à ses habitudes, se glissa dans le bureau; Nothaft ne bougea pas de place.

Cependant le pasteur de l'église de Saint-Jean, en habit de cérémonie, entra dans la maison.

— Monsieur le sénateur est-il en haut? demanda-t-il, d'un ton de supériorité.

Nothaft répondit avec beaucoup de prévenance qu'il y était, et alla se mettre à son pupitre en disant à part lui: Ah! ah!

Mussinger reçut le pasteur à la porte de sa chambre, et lui fit un accueil aussi prévenant et aussi agréable qu'un homme dont l'âme est blessée puisse le faire. L'ecclésiastique prit ces démonstrations pour un hommage qui lui était dû, et y répondit sans beaucoup de condescendance.

— Je suis vraiment curieux d'apprendre, monsieur le sénateur, dans quel but je suis ici. Parmi toutes les personnes recommandées à mes soins spirituels, vous êtes un de ceux qui m'ont donné le plus d'occupation; mon ministère m'impose, néanmoins, le devoir d'écouter tout le monde; le mourant, l'homme pieux, et le pécheur. Vous n'êtes pas dans la première catégorie; quant à la seconde... je n'en jurerais pas. Que désirez-vous?

— Tous les hommes sont des pécheurs devant Dieu et son Église, répondit le sénateur d'un ton mélancolique et en haussant les épaules. La piété, en revanche, est un don de la grâce. Je voulais vous prier, monsieur le pasteur, d'être le distributeur d'une somme que je destine aux pauvres. Partagez-la comme vous croirez le mieux, parmi les nécessiteux qui vous paraîtront les plus dignes de secours.

Le pasteur glissa le rouleau dans sa main, et une lueur de satisfaction passa sur son sombre visage.

— A la bonne heure, dit-il, en faisant couler l'argent dans la vaste poche de son habit de prêtre. Grand bien fasse cette aumône aux pauvres. Je ne me serais pas attendu à votre libéralité, monsieur le sénateur.

— Le ciel m'a fait présent d'un riche héritage, repartit le sénateur avec un soupir, j'en consacre une petite partie sur la table des nécessiteux. Priez pour un infortune.

Le prédicateur fixa ses regards sur Mussinger:

— Pour un pécheur? demanda-t-il en appuyant sur le mot, et, comme il ne reçut pas de réponse, il poursuivit d'un ton mesuré, mais menaçant, que l'infortune qui s'éloigne de Dieu ne se trompe pas. Les richesses sont une belle chose, pourvu qu'on en nourrisse Jésus-Christ; mais, c'est de la boue devant le Juge Suprême du monde, si l'on en veut racheter un crime. La pénitence est stérile, si un repentir sincère ne remplit pas le sein de l'homme égaré; et e serait stérile, quand même il jetterait des millions dans la bourse de l'Église ou dans le tronc des pauvres.

Le sénateur le regarda en pâlissant.

— Que voulez-vous dire? balbutia-t-il.

— Rien, sinon que le vieux Lammer n'est pas de ces pasteurs coupables qui caressent quand ils devraient frapper, qui endorment le pécheur dans son crime, qui même le rassurent en lui promettant oubli et pardon. Où donc est la créature qui peut juger Dieu, prendre sa place, s'asseoir sur son redoutable tribunal pour prononcer en dernier ressort. Moi, jusqu'au dernier jour, j'ouvrirai la blessure, jusqu'au dernier jour, je dirai au pécheur: homme, pense à ton crime, pense à la justice de Dieu qui est proche.

Et il sortit sur ces paroles, sans que le sénateur, pétrifié, songeât à le retenir.

— Malheur! malheur! s'écria l'infortuné Mussinger lorsqu'il se trouva seul, le signe terrible est-il donc écrit sur mon front! Oh! homme dur, homme impitoyable, qui donc es-tu pour refuser au malheureux une consolation! Ah! qui calmera les angoisses de mon âme!...

Un léger bruit interrompit ses méditations. Presque effrayé il courut à la porte, l'ouvrit, et vit, à son grand étonnement, le docteur Leupold. Il ne put s'expliquer pourquoi la vue de cet homme lui faisait plus de bien qu'il ne l'avait quelquefois espéré, en songeant à la possibilité de le rencontrer. Il l'accueillit avec quelque distinction, et le fit entrer. Le docteur lui fit mille excuses du trouble qu'il lui causait peut-être, et fit entendre que sa visite aurait bien pu être remise à un autre jour.

— Monsieur le docteur, lui répondit le sénateur avec obligeance, les visites d'amis, auxquels nous devons de la reconnaissance ne devraient jamais se remettre. Vous m'apprenez d'ailleurs ce que j'aurais dû faire moi-même depuis longtemps. Mais vous me pardonnerez; une foule d'événements m'ont privé jusqu'ici du loisir de chercher votre demeure.

— C'était inutile, dit le docteur, je n'avais pas l'idée de vous faire penser à une visite dont vous pouviez fort vous dispenser. Ma venue dans votre maison avait un tout autre but..... mais, je dois le dire.... c'est avec plaisir que je le vois dérangé.

— Un but?... dérangé? demanda Mussinger; comment cela? expliquez-vous.

— Votre question m'embarrasse, répondit Leupold en hésitant; néanmoins l'homme, quand il n'a pas à rougir d'un projet, doit pouvoir en parler sans encourir le reproche de jactance. J'ai ici quelques lettres de change sur Saint-Sébastien, au Brésil. La maison Minhaô est solide, les sommes ne sont pas insignifiantes, et doivent échoir bientôt. J'étais chargé de vous les offrir pour quelque temps et à des prix très-raisonnables. Mais.... à mon entrée dans votre maison, je me suis aperçu que l'abondance vous a tendu de nouveau la main, et mon secours vous devient par conséquent inutile.

Le sénateur leva les yeux avec surprise, saisit les deux mains du docteur, les secoua, et dit:

— Monsieur, vous me preparez le plus beau moment de ma vie. Lorsque je désespère de toute consolation, vous venez, vous, étranger, me redresser. Dieu soit loué, je n'ai pas besoin de votre prêt amical; mais croyez-moi.... je l'ai néanmoins reçu doublement.

— N'en parlons plus, ajouta le docteur, avec calme; je n'ai pas merité vos louanges. Une société d'hommes bienfaisants voulait vous témoigner son intérêt; elle n'y aurait couru aucun danger, puisque vos affaires se sont rétablies.

Le sénateur inclina la tête en soupirant et repartit:

— Oui, monsieur, il en est ainsi. Faites néanmoins mes plus grands remerciements à la société dont vous parliez et que je désirerais bien connaître.

— Cela vous est impossible *ici*, répliqua le docteur; mais, puisque je suis venu vous déranger, parlons d'autre chose. Il est vrai, la fortune est revenue chez vous, et je me réjouis de vous avoir fait un heureux pronostic il n'y a pas longtemps à la promenade; mais monsieur le sénateur.... vous-même n'en paraissez pas plus réjoui.

— Vis-à-vis d'un homme, qui s'est montré comme un ami discret et secourable, je ne puis pas dire de mensonge. Le... l'héritage qui m'a replacé au comble de mes richesses précédentes, m'est tout à fait indifferent. Je suis un pauvre homme. Mon âme est malade, et cherche la guérison.

— Et la religion.... la plus certaine des consolatrices? demanda le docteur avec compassion.

— Oh! laissez cela! répondit le sénateur irrité; la religion a dégénéré dans ses ministres. Dieu sait.... Monsieur, nous avons appris à nous connaître dans un moment important... mais... Dieu sait si je n'ai pas plus de raison, si je ne suis pas plus près du fleuve à présent qu'alors.

— Dans ce cas je ne vous retiendrais plus, reprit le docteur d'un air froid et sérieux. Vous meriteriez ici-bas et là-haut le sort le plus triste, si vous osiez entreprendre pour la seconde fois ce dont la Providence vous a déjà sauvé une fois.

— Vous ne savez pas... répliqua le sénateur sans être sur ses gardes, il y a des douleurs plus poignantes que celles du besoin et de la honte. La voix de la conscience...

— Expliquez-vous franchement: la conscience? interrompit le docteur avec douceur et fermeté. Quant à la conscience, c'est une affaire chatouilleuse; certainement. Mais aussi longtemps que Dieu sera la source de tout amour et l'Église une tendre mère; aussi longtemps le pécheur même le plus endurci pourra compter sur la grâce et le pardon.

L'homme qui a commis un crime dont il s'est peut être repenti la minute d'après, doit-il, à cause de ce malheur, désespérer de toute rémission et périr, tandis qu'il pourrait encore être utile dans ce monde? Le pardon réside dans la punition même, et un instant de repentir chez le pécheur vaut quelquefois toute une vie irréprochable.

Le sénateur soupira en pensant aux paroles de Lammer. Après quelques moments de silence, le docteur reprit sur un ton mesuré :

— Nos vues diffèrent, à ce que je vois. Je n'en suis pas surpris, puisque j'appartiens à une autre Eglise que la vôtre.

Le sénateur resta stupéfait, et le docteur poursuivit avec calme :

— Je suis catholique. C'est de mon Eglise que j'ai parlé; et, en vérité, elle remplit ses devoirs de mère avec plus de zèle qu'aucune autre.

Mussinger s'inclina embarrassé. Le docteur continua :

— Aucun affligé ne quitte le parvis de notre Eglise sans être consolé, aucun être souffrant sans être restauré, aucun pécheur sans être absous. Toutes ses cérémonies font allusion dans leur forme mystique aux devoirs les plus sacrés; à la réconciliation, à l'amour du prochain, à la charité. Mais à qui fais-je part de tout ceci, et dans quel but? ajouta-t-il en se recueillant : vous, monsieur, vous n'avez jamais pu apprécier le dogme des apôtres, puisque les lois de votre ville libre défendent sévèrement sur son territoire l'exercice de ce culte et la propagation de notre doctrine; peu vous importe l'opinion qu'un catholique peut avoir de sa foi.

Le sénateur allait répondre, lorsqu'il fut interrompu par sa fille qui venait lui faire part d'un incident peu important survenu dans le ménage. Longtemps le docteur observa Justine, et lorsqu'elle se fut retirée, c'est d'une voix émue qu'il dit à Mussinger :

— La beauté candide de votre fille, monsieur, me rappelle un souvenir déjà bien loin,.... pauvre Clara Munzer, ajouta-t-il plus bas....

— Ciel ! s'écria le sénateur, qui donc êtes-vous, vous qui venez me rappeler un passé qui redouble ma douleur. O Clara ! ange du ciel...

— Oui, un ange, et sans doute à cette heure elle prie pour vous aux pieds de Dieu.

— Morte, elle est morte ! gémit le sénateur.

— Oui, morte... en pensant à vous.

— Oh ! soupira Mussinger en se renversant et en se cachant la figure de ses mains. Puis il demanda avec quelque vivacité :

— Expliquez-vous, homme mystérieux, comment pouvez-vous avoir appris ce que personne.....

— Je suis le frère de Clara, dit Leupold à l'oreille du sénateur.

— Xavier?

— Oui, mon ami. Mais j'entends qu'on vient nous interrompre de nouveau. Votre chambre livrée aux affaires, n'est point faite pour que nous puissions nous abandonner tranquillement à ces doux souvenirs. Si le passé vous fait plaisir, venez me voir. Mon logement dans la rue de la Ramette est petit; mais il est joli et solitaire; vous serez toujours le bien-venu.

Au moment où le teneur de livres entra, Leupold fit un froid salut au sénateur et se retira tranquillement.

VII

Le docteur, livré à ses réflexions, traversa lentement la ville et fit exprès un détour pour arriver à son domicile en s'abandonnant à ses pensées.

Une servante proprement vêtue lui ouvrit avec respect la porte grillée près de l'escalier. James, qui écrivait dans la chambre ordinaire, se leva et apporta d'un air prévenant à son père d'adoption sa robe de chambre, que le docteur s'empressa d'échanger contre son habit à basques incommodes. Il prit place sur un fauteuil auprès de la fenêtre ornée de fleurs, qui avait vue sur un jardin.

Le docteur, les mains jointes, la tête penchée en arrière et les yeux fermés était assis dans son fauteuil. Ses lèvres souriantes annonçaient des images agréables qui passaient sous ses paupières closes, et il se tut comme quelqu'un qui rêve, jusqu'à ce qu'un léger souffle qu'il sentit sur sa joue lui fit ouvrir les yeux. Le jour commençait déjà à tomber. James était auprès de lui, et s'était penché sur son visage.

— Je voulais me convaincre que vous dormiez, mon père, dit le jeune homme; mon travail est terminé, voici l'heure de la récréation; mais aujourd'hui vous n'êtes pas aussi alerte et aussi causeur que de coutume. Votre fils adoptif peut-il vous en demander la raison ?

— La raison, mon fils, consiste en une petite histoire du temps où j'avais ton âge, répondit le docteur en lui faisant un signe de tête bienveillant; mets-toi là, et écoute-moi, si tu veux l'apprendre. Mais je te préviens que cette histoire est aussi courte, aussi simple et aussi naturelle que pas une dans ce monde. Le jeune homme désire toujours un labyrinthe d'aventures. L'événement le plus ordinaire rappelle au vieillard les temps charmants du jeune âge.

Transporte-toi avec moi à Augsbourg où tu n'as jamais été, mais dont tu as lu bien des choses. Dans cette ville antique et célèbre, il y a un lieu écarté près du mur de la ville, et peu éloigné d'une petite porte. C'est par là que, selon la tradition, le diable fit passer Martin Luther, quand celui-ci fut menacé d'un danger imminent, toutes les issues étant occupées par ses ennemis. Bien que cette histoire soit fabuleuse, ce lieu n'en porte pas moins encore aujourd'hui le nom de *Passons par-là.*

Dans ce *Passons par-là* il y avait parmi d'autres petites maisons une habitation entourée d'un petit jardin : c'était la demeure d'un brave homme; le fruit de son travail avait bâti cette maison, et les saints, littéralement parlant, avaient aidé à la construire. C'est-à-dire que cet homme était graveur, et que ses estampes d'images de saints avaient été vendues par milliers dans tous les pays catholiques. L'artiste, pieux et tranquille comme ses images, travaillait sans relâche du matin au soir, et sa seule récréation hors de chez lui était d'être assis le samedi au soir pendant une heure au rendez-vous du tir, ou de la passer en causant amicalement auprès d'un cruchon de bière. Le dimanche était consacré à aller à l'église; ou quand il faisait beau, à faire une promenade avec sa femme du côté de l'Absoute ou de Coggingen. Cette manière réglée de vivre amenait aussi l'ordre dans la maison; et les enfants donnés par le ciel au tranquille artiste, ne le troublaient d'aucune façon. Le garçon s'appelait Xavier, la fille Clara. Le premier, et en même temps l'aîné, devait dans le principe devenir graveur; la seconde une brave femme comme sa mère. Cependant il arriva que Xavier, à cause de sa faible vue, n'apprît pas l'art de la gravure, et sans savoir quel état il donnerait à son fils le père l'envoya aux écoles, afin qu'il y fît de bonnes études. Clara grandit et devint belle en travaillant; elle ne visitait aucune autre maison que la maison de Dieu, et ne se doutait pas qu'en cet endroit les regards d'un jeune homme avaient découvert cette fleur cachée. Les père et mère s'en doutèrent encore moins. Le frère seul, qui pour étudier se trouvait souvent au petit jardin, fut le premier à s'en apercevoir. Un bastion faisant partie des fortifications s'élevait presque perpendiculairement au-dessus du jardin, en bornait un des côtés et donnait vue sur les ma sons de *Passons par-là.*

Un jour, vers midi, il se trouvait sur ce bastion un très-jeune homme qui regardait dans le jardin et sans détourner les yeux, de sorte que Xavier craignit pour sa raison, quand après avoir regardé à plusieurs reprises au travers du feuillage du berceau, il le vit toujours à la même place et dans la même position. Ce manège dura plusieurs jours. Mais bientôt Xavier devina que ce factionnaire sur le bastion n'y venait que pour sa sœur. Car aussi souvent que celle-ci, fraîche comme une rose, sortait vers midi de la maison, pour appeler son frère au dîner, aussi souvent le jeune homme du bastion tirait une longue-vue de sa poche et la dirigeait du côté de la jeune fille. Le frère se garda pourtant de communiquer à sa sœur la moindre de ses observations qu'il avait continuées pendant toute une semaine. Enfin un matin en revenant du collège, l'envie lui prit d'examiner la chose à fond. Il monta sur le bastion, et trouva son personnage au poste. Il lui frappa sur l'épaule et lui demanda : — Que venez-vous espionner là, l'ami ? — L'autre rougit, mais répondit avec hauteur : L'ami, cela ne vous regarde pas. — Vous êtes un fou, reprit Xavier. — Et vous un malhonnête. — C'en était trop pour un étudiant de dix-neuf ans. Il répliqua aussi par un mot injurieux. L'autre mit la main à l'épée. Xavier lui fit observer qu'en sa qualité d'étudiant en théologie, il ne lui était pas permis de porter des armes; mais qu'il allait descendre à la maison pour y prendre une épée et revenir sur le bastion terminer cette affaire. — Qu'avez-vous à faire dans cette maison-là? demanda l'autre avec surprise. — C'est la maison de mes parents, répondit Xavier. — Et la jeune personne? — C'est ma sœur. — Alors le jeune homme se prit à rire, d'un rire de fou, remit son épée dans le fourreau; embrassa l'étudiant, et s'écria : — Il faut que nous soyons camarades ! — Commérit cela ? — Je suis amoureux de ta sœur, mon garçon ; je mourrai si je ne puis bientôt lui dire au moins : Comment vous portez-vous, Mademoiselle ? Il faut que tu m'introduises chez tes parents comme un de tes co-étudiants, comme un ami de circonstance, comme tout ce que tu voudras.... Puis le jeune cervelé lui conta qu'il était commis négociant, que depuis peu de semaines il avait terminé son apprentissage, et se trouvait à présent en condition dans une des premières maisons d'Augsbourg. Un hasard lui avait fait voir sa sœur. On faisait alors des processions et des prières au profit des malheureux habitants du Palatinat qui avaient été ruinés par les armées françaises. A une de ces processions, le jeune commis s'était trouvé à côté de Clara qui lui avait plu subitement, bien que sa bouche ne lui eût pas dit une parole ; Xavier qui reconnut dans le jeune étranger, le fils d'une famille aisée et le trouva à son goût, fit passer cet étourdi pour une de ses connaissances, et l'introduisit comme tel dans la maison paternelle. Hélas ! un temps heureux commença alors, et dura près d'une année. Les parents prirent l'étranger en affection ; Clara partagea ses sentiments. Xavier vit luire un riant avenir pour sa sœur. La mère priait en secret pour ce résultat. Tous étaient heureux dans cette maison étroite, dans ce petit jardin. Mais.... la paix, le bonheur ont leur terme ; cette félicité eut aussi le sien !...

Ici, le docteur s'attendrit, se recueillit, et après un long silence, il dit avec impassibilité :

— Le jeune homme n'avait pas agi loyalement envers cette famille. Dans le moment où tous, Clara même, s'attendaient intérieurement à une déclaration et à une demande en mariage, il quitta Augsbourg, secrètement, promptement, pour retourner dans sa patrie. Une lettre nous apprit qu'il était protestant... (il s'était fait passer pour un des nôtres...) qu'il lui était défendu de prendre au sérieux une inclination de jeunesse et que le cœur lui saignait d'être obligé de s'arracher d'un lieu qui lui était devenu aussi cher que la maison paternelle. *Nous* pleurions ; Clara était près du désespoir. Les années tranquillisèrent à la vérité son cœur ; mais.... toujours attachée à l'infidèle, la jeune fille, après avoir vu descendre ses parents au tombeau, les suivit en prononçant son nom... dix ans après qu'il l'eut abandonnée. Ainsi mon fils finit *l'histoire* dont la première partie remplit encore mon âme d'images agréables. Tu viens d'apprendre à connaître mon père et ma mère, ma sœur et moi. Il y a dix-huit mois que j'ai perdu Clara, et aujourd'hui.... admire les voies de la Providence !... aujourd'hui je retrouve celui qui l'abandonna, qui abrégea peut-être sa vie ; je le retrouve malheureux, et, je le crains, accablé d'angoisses terribles ; pauvre, misérable au sein de l'abondance et des richesses...

— Je le devine, s'écria James avec impétuosité, c'est le sénateur.

Le docteur fit un signe de tête.

— Je me serais presque laissé aller, dit-il, à éprouver quelque plaisir en le voyant dans un état aussi pitoyable devant moi, au moment où je me convainquis que c'était bien ce même Walter que j'avais, en vérité, presque oublié. Plus un trait de jeunesse dans sa figure ; point de contentement dans sa maison ; point de calme dans son sein. La rémunération s'est fait sentir en toi, allais-je lui dire ; mais Dieu retint ma langue. A son heure suprême, Clara ne m'a-t-elle pas d'ailleurs fait l'héritier de son amour ? ne dois-je pas faire autant de bien qu'il est en mon pouvoir, à cet homme ou aux siens, ne fût-ce que parce que Clara l'a aimé et béni ?

— Oh ! l'amour est un sentiment sublime, un héritage sacré ! repartit James avec une douce mélancolie.

Le docteur le saisit fortement par la main et répliqua :

— Mon fils, garde-toi des sophismes que fait naître la passion soumise à des entraves. Songe à ta promesse, à la parole que tu m'as donnée. Tu ne t'appartiens plus, tu ne m'appartiens pas davantage ; et si cela n'était pas, mon récit aurait dû t'avoir démontré que la diversité des croyances entraîne la ruine. Je le vois, il est temps que tu abréges tes visites dans la maison du sénateur, poursuivit le docteur avec sollicitude, achève ta dernière tâche. Peut-être fonderas-tu, par-là, le salut d'une personne que tu aimes, comme je dois le craindre.

— Et si je réussissais, demanda James en prenant courage, pourrais-je avoir de l'espoir, mon père ?

— Ton sort ne dépend pas de moi, répondit le docteur ; mais si cela était... mon fils, nous serions-nous trompés en toi ?... Ne me le laisse pas penser !

— O quel sort m'a été préparé ! soupira le jeune homme. A quel métier répugnant et révoltant ne m'a-t-on pas destiné !

et pour récompense, on me fait la défense cruelle de sentir comme un homme.

— Tu extravagues comme un fou, interrompit le docteur avec véhémence ; pour pénitence, tu redoubleras tes pratiques de dévotion ordinaires, jusqu'à ce que j'en décide autrement. Puis il continua sur un ton plus doux et plus réfléchi : Quelle aurait été ta destinée dans les dragons danois, jeune homme aveuglé ? Tu frappes la main qui t'a secouru. Ton métier te révolte ? c'est-à-dire : tes devoirs ne te plaisent plus. Va, rends grâce au Très-Haut, à la plus grande gloire duquel nous travaillons, et maîtrise les transports passagers de la jeunesse, qui sont toujours vains et auxquels celle qui en est l'objet ne répondra pas.

Ce dernier argument était décisif. James se rendait bien compte de ses sentiments ; mais ceux de sa bien-aimée étaient pour lui plus que douteux. Il songeait encore à cette conversation lorsque le lendemain il arriva chez le sénateur à l'heure accoutumée.

Ce jour-là, la leçon fut vite prise. Justine semblait ne pouvoir tenir en place ; à chaque instant elle regardait la pendule, comme si son impatience avait pu avancer les aiguilles. Enfin, l'heure sonna. Elle se leva aussitôt, et, sous un futile prétexte, accompagna hors du salon le jeune professeur.

— Comment vont les choses, monsieur ? lui demanda-t-elle ; avez-vous remis mon don à la dame française ? cela suffit-il à ses besoins ? qu'y a-t-il encore à faire ?

James répondit avec embarras.

— Je vous apporte les remercîments de l'infortunée, il ne manque plus à son bonheur que de voir sa bienfaitrice.

— Dissuadez-en cette bonne femme, repartit Justine avec inquiétude. Il ne faut pas qu'elle vienne ici.

Elle s'arrêta, réfléchit un moment, et reprit :

— Que la pauvre femme ne s'en chagrine pas pour cela. Moi-même je désire la voir. Oui, si je savais un moyen... J'irais bien une fois en secret chez elle... J'aime tant à secourir... Mais... je ne sais pas...

— Le moyen serait facile, dit James avec hésitation, confiez-vous à moi, je vous conduirai ; en une heure, nous serons allés et revenus.

Justine le regarda d'un air sérieux :

— Je vous prends pour un homme d'honneur, monsieur White. Je n'aurai pas peur d'aller avec vous. Mais quand ? je désire ne pas être vue avec vous, et je ne sors jamais le soir.

— Les premières heures de la matinée nous restent, repartit James. Cette proposition plut à Justine.

— Délicieux, s'écria-t-elle, c'est cela ! ma mère dort jusqu'à neuf heures. Mon père n'est pas visible avant huit heures et ne s'occupe d'ailleurs pas de moi. Ainsi donc, à six heures. Alors les rues sont encore désertes des personnes dont je ne veux pas être vue. Attendez-moi, à cette heure-là au Marché-Neuf. Si vous y consentez, cette petite aventure me fera plaisir.

James protesta de sa bonne volonté, et se retira, le cœur soulagé. Justine, de son côté, jouissait de son petit secret. Etre devenue la bienfaitrice d'une affligée, cela flattait sa vanité, et donnait à sa vie une certaine importance.

Le lendemain, longtemps avant l'heure fixée, James était au Marché-Neuf. Le jeune Anglais sentit son cœur palpiter lorsqu'il salua Justine qui arrivait d'un pied léger. La fille de Mussinger leva un peu son voile, lui fit une inclination de tête et l'engagea à se hâter. James marchait en silence à côté de la jeune fille qui pressait le pas. Le chemin était long. James conduisit son écolière dans un quartier écarté de la ville, où elle n'était jamais allée. Etant parvenus dans un carrefour, elle regarda autour d'elle, et dit en anglais à son maître :

— L'honnêteté ne cesse-t-elle pas ici ? et peut-on compter sur la vôtre ?

James se mit à sourire d'un air embarrassé et montra une porte, en répondant :

— Nous sommes à la fin de notre course.

Justine regarda la porte avec attention. Elle formait la seule ouverture d'un mur revêtu de rares branches de lierre ; le battant, sans vasistas, était en bois de chêne et solidement confectionné.

Justine montra la porte avec un regard interrogateur. James répondit par un signe de tête affirmatif et allait frapper. La jeune fille lui retint vivement le bras et dit d'une voix sourde :

— Où me conduisez-vous, monsieur ? je n'entrerai pas là-dedans.

— Comme il vous plaira, répartit-il vivement; nous allons retourner, puisque vous avez peur.

— Croyez-vous que je sois une enfant? lui demanda-t-elle. Je ne connais pas la crainte, monsieur; mais je dois prendre mes précautions pour que ma curiosité ne me conduise pas dans un lieu peu fait pour mon sexe et ma famille.

— Comment, mademoiselle? demanda James, avec des yeux étincelants: me croyez-vous capable de vous conduire dans un pareil lieu? Oh! retournez vite, je vous prie.

Elle s'arrêta un instant comme indécise, puis, tout à coup.

— Non, entrons, dit-elle.

— La volonté de Dieu soit faite, murmura le jeune homme.

Il frappa deux fois. La porte s'ouvrit. Un portier, à la physionomie inquiète, s'inclina devant les deux jeunes gens.

James et sa compagne se trouvaient alors dans une vaste cour plantée de tilleuls. Au fond, on apercevait un grand bâtiment désolé. Le silence était profond, on eût pu se croire dans un désert. Ils traversèrent la cour, et bientôt arrivèrent à un escalier en ruines, dont les marches, mal jointes, craquaient sous leurs pas.

De nouvelles appréhensions s'élevèrent dans l'âme de Justine. Enfin James frappa à une porte de peu d'apparence. On l'ouvrit, et l'Anglais entra avec sa compagne.

VIII

— Mon Dieu, dit alors James à voix basse à cette dernière, nous nous sommes trompés de porte?

Mais déjà le portier avait fermé la porte, et leur avait fait signe de se placer derrière une cloison pratiquée sur le côté. On apercevait un banc dans cette cachette tant soit peu obscure, et un grillage en bois donnait vue sur l'enceinte où était entrée la fille du sénateur. C'était une salle à voûtes pointues, ayant pour plancher des pierres sépulcrales et des carreaux dont une partie enlevée; elle avait l'air d'une ancienne chapelle. Les fenêtres étaient en partie brisées, en partie garnies de toiles d'araignées. Le long des murs étaient établies des cloisons semblables à celle derrière laquelle se trouvait Justine, elles avaient des fenêtres dont les unes étaient ouvertes, les autres fermées avec des grillages, c'étaient de petits oratoires d'une époque depuis longtemps passée. Au travers des fenêtres ouvertes, on apercevait des hommes affublés de leurs manteaux, des femmes en coiffes de deuil ou encapuchonnées.

— Nous sommes dans l'ancienne chapelle des chevaliers de Saint-Jean, dit James à voix basse et d'un air embarrassé à son amie stupéfaite. Pardonnez ma maladresse. Mais ne prononcez pas une parole quoi qu'il se passe ici. Vous n'avez rien à craindre.

Justine le regarda fixement et se tourna ensuite, sans répondre une syllabe, du côté du grillage, pour observer le portier qui traversait la chapelle et s'avançait vers un grand coffre, placé d'un côté supérieur. Il ouvrit la serrure, leva le couvercle, abattit le panneau intérieur, et un autel se forma sous ses mains avec deux marches en bois, et couvert d'un linge blanc. Deux chandeliers avec des cierges qu'alluma le serviteur, ainsi que des vases de fleurs furent placés au côté du crucifix. Du reste, l'autel improvisé était sans ornements.

Justine vit alors les assistants tirer de leurs poches des livres de prières et des chapelets, et elle eut le pressentiment de ce qui allait se passer. Sa présomption devint une certitude lorsque la petite porte s'ouvrit de nouveau, que le domestique en sortit tenant à la main un grand livre auquel pendaient beaucoup de rubans bariolés, et qu'il entra un homme de belle prestance et d'un aspect vénérable, couvert de vêtements resplendissants et d'une coupe singulière; il portait dans ses mains un calice doré, et paraissait plongé dans la prière et la méditation.

Justine avait déjà vu plusieurs fois sur des tableaux et des gravures des prêtres catholiques romains dans ce costume, et elle ne douta plus qu'elle se trouvât dans un lieu où l'on célébrait le culte romain sous le voile du mystère. Il est impossible de décrire quels sentiments s'élevèrent dans son sein. Mécontente de cette forme contraire à sa croyance, de son jeune conducteur, de sa propre légèreté, elle aurait quitté ce lieu, si la porte fermée au verrou, la crainte de faire du bruit, et, plus encore que tout cela, la curiosité ne l'eussent retenue.

Le sacrifice de la messe commença avec le plus grand calme, l'air vénérable de l'officiant réconcilia bientôt la protestante avec des cérémonies qu'elle ne comprenait pas. Elle vit le prêtre se prosterner humblement sur les marches de l'autel, elle sentit qu'il reconnaissait devant le Dieu unique ses fautes et celles de ses fidèles; les mots latins prononcés à demi-voix arrivèrent comme une préparation mystique à ses oreilles. Elle imita involontairement les mouvements des autres assistants. Elle entendit debout l'Evangile, et inclina la tête à la transsubstantiation. Elle fit en esprit la communion avec le prêtre, et, lorsque celui-ci annonça au peuple que la messe était terminée, et qu'il sortit par où il était entré, qu'elle n'avait jamais vu, fût déjà fini. Afin d'emporter avec elle, hors de cette maison délabrée, l'impression qu'elle avait reçue, elle poussa vivement son conducteur, et sortit une des premières de la chapelle.

— Que faites-vous? lui dit James avec inquiétude à l'oreille; vous vous trahirez; nous aurions dû être les derniers.

Frappée de cette remontrance concluante, Justine s'arrêta avec embarras, se couvrit mieux de son voile, et regarda à peine les passants qui, enveloppés comme elle, s'empressaient de sortir.

— Entrez ici! dit enfin le jeune Anglais, en faisant passer Justine par une autre porte qui n'était qu'entrebaillée. Ici, vous trouverez ce que nous cherchions, et pendant ce temps la maison et la cour se désempliront des curieux.

Justine regarda autour d'elle dans la chambre, et fut agréablement surprise en apercevant une dame encore jeune, jolie et vêtue avec soin, quoique sans luxe.

Celle-ci la salua avec humilité et lui fit un compliment bien tourné dans un allemand prononcé avec un accent étranger.

— Puis-je demander?... dit Justine.

— Mon nom est Laynez, répondit la jeune femme, que je suis heureuse de la visite que vous voulez bien me faire, mademoiselle, et de trouver une occasion pour vous exprimer toute ma gratitude des secours généreux que vous m'avez fait remettre par le bienfaiteur le plus désintéressé, M. White!

— C'est la veuve dont je vous ai parlé, ajouta James, c'est un simple hasard qui nous a fait manquer sa porte.

— Ah! répartit sèchement Justine, en jetant un regard de méfiance et de mécontentement sur l'Anglais, puis, se tournant avec vivacité du côté de la dame française:

— Vous vivez, madame, dit-elle, dans un voisinage bien mystérieux.

— Je ne connais pas mon plus proche voisin, répondit la veuve avec naïveté, et en regardant sans crainte dans les yeux de Justine.

— Je vous crois, répartit Justine en lui prenant amicalement la main; monsieur White connaît sans doute mieux les gens que nous venons de quitter.

— Un hasard, comme j'ai eu l'honneur de vous le dire, mademoiselle, nous a fait entrer dans une assemblée dont j'avais bien appris quelque chose, mais dont je ne suis pas membre.

Justine le regarda d'un air incrédule, et répartit avec vivacité et d'un ton menaçant:

— N'importe, monsieur, la manière dont il vous plaît de m'instruire. Mais que ces messieurs et ces dames prennent garde que le sénat n'apprenne quelque chose de leurs pratiques. Si mon père s'était trouvé à ma place aujourd'hui, il serait arrivé un malheur. Cependant, quelle caution a-t-on de mon silence?

— Votre cœur, répliqua James avec calme et confiance.

— Qu'est-ce qui se pratique donc ici? demanda madame Laynez avec surprise et curiosité.

Justine dit:

— Que cela ne vous inquiète pas, madame. Encore un mot à monsieur White: je vous suis obligée de votre bonne opinion. Vous commencez à lire dans mon âme? Que peut-elle désirer dans ce moment?

— Retourner à la maison, répondit celui-ci complaisamment, vous offrirai-je mon bras pour vous y reconduire?

— Je vous remercie, monsieur; je saurai trouver sans vous le chemin de la maison de mon père. Je crains d'autres *hasards* dans votre compagnie.

— Vous me chassez! s'écria James avec chagrin et sur le point de se précipiter aux pieds de la jeune fille... cependant il joignit, en se recueillant, les mains, jeta encore un regard plein d'âme sur Justine, et sortit vivement après avoir fait une révérence.

Justine ne s'était pas attendue à ce prompt départ, et sa méfiance fit place à un sentiment plus doux.

— J'ai peut-être eu tort envers ce monsieur, dit-elle lentement à la veuve de l'officier qui tâchait de lire dans sa physionomie. Mais que doit faire une fille à laquelle un homme a donné de justes motifs de soupçon? Être sur ses gardes; car on dit que les hommes aiment à nous attirer dans leurs lacs, et les *hasards* de cet Anglais me paraissent des filets. Mais, à présent, c'est votre tour, ma chère dame. Votre visage me plaît autant que vos manières, qui ne témoignent pas d'une origine commune. Faites-moi connaître, je vous prie, en quoi je puis vous être agréable.

— Ma jeune dame, j'ai déjà tant éprouvé l'effet de vos bontés, que je serais indiscrète en demandant davantage. S'il m'était permis de désirer que vous ajoutassiez encore quelque chose à vos bontés, je vous supplierais de pardonner à ce bon M. White, bien que j'ignore comment il a pu encourir votre colère.

— Pourquoi parlez-vous de lui? demanda Justine avec impatience. C'est moi qui suis en guerre avec lui, et non pas vous; vous paraissez faire grand cas de lui.

— Mademoiselle, répondit madame Laynez, toutes mes affections se concentrent sur mes bienfaiteurs, et je dois tant à M. James White!

— Vraiment? répartit Justine avec une teinte de jalousie. Il doit vous être pénible, madame, de dépendre d'un jeune homme. Il serait juste que des femmes ne dussent qu'à des femmes le soulagement d'une infortune non méritée. Quels sont vos projets pour l'avenir? Vous désirez, sans doute, retourner dans votre patrie?

Madame Laynez secoua tristement la tête.

— Je n'y trouverais que des tombeaux, répliqua-t-elle; tous ceux qui me furent chers sont au ciel.

Justine la regarda avec émotion et bienveillance.

— Vous excitez en moi un bien vif intérêt, madame, dit-elle. Je vous reverrai, certainement. Je parlerai avec vous de votre avenir. Reposez-vous sur moi. Je suis une jeune fille, et pourtant je pourrais vous être d'un plus grand secours que M. White. Je serais bien aise que vous puissiez vous soustraire à son assistance, et me permissiez de vous rendre des services plus décents. Il faut que je réfléchisse... Mon Dieu! j'ai déjà tant vu et entendu ce matin... Dites-moi franchement, ne savez-vous pas ce qui se passe habituellement dans votre maison... vis-à-vis de votre chambre?

— En vérité, non, mademoiselle.

— Il ne me reste donc qu'à admirer la délicatesse d'une société à laquelle vous appartenez, mais qui se garde de vous faire entrer dans son sein, afin de vous éviter le danger qui pourrait résulter d'une découverte. Ou bien... voudrait-on s'assurer d'abord de votre discrétion?

— Encore une fois, mademoiselle, je ne vous comprends pas.

Justine se frappa le front avec impatience.

— Je suis toute troublée, dit-elle, votre ignorance... la conduite mystérieuse de White... Celui-ci est-il protestant ou non?

— Autant que je sache, oui.

— Et vous, madame, vous êtes, comme vous le disiez, catholique?

— Pour être sincère, mademoiselle, je dois convenir que mon père, tout en allant à la messe, est resté protestant. Ses enfants, devenus grands, suivirent ses principes. Monsieur Laynez me laissa libre en affaires de religion. A la vérité, mes parents de Berlin ne croiront jamais ce que je viens de vous confier; mais il n'est pas moins vrai que je désire retourner à la religion réformée.

— Alors il faut que vous quittiez cette maison, s'écria vivement Justine. Oui, madame, il le faut, avant que vous appreniez...

— Quoi! mademoiselle?

— Je penserai... je réfléchirai à vous tirer de cette position. Croyez-moi, je ne veux que votre bien, votre salut.

— Expliquez-vous...

— Une autre fois... demain ou après-demain. Voici l'heure qui sonne où je devrais être à la maison. Je vous laisse à présent, pour vous revoir bientôt avec moins de préoccupation. Arrangez-vous de façon que je ne trouve pas l'Anglais ici. Adieu, ma chère. Point de remercîment pour la bagatelle qu'il m'a été permis de vous offrir; je désire, j'espère pouvoir faire davantage pour vous. Adieu.

Justine sortit dans la plus grande agitation. James, qui l'attendait comme un coupable attend son juge, n'aurait pu se présenter dans un moment plus inopportun.

— Que voulez-vous? dit-elle d'un ton sérieux et à la hâte en passant à côté de lui.

— Mademoiselle, répondit le jeune homme intimidé, ne me haïssez pas! mon repentir... je n'avais pas de repos pour... Ne puis-je pas vous dire une parole?

— Ne vous incommodez pas, monsieur, dit Justine d'un ton bref; ne marchez pas ainsi à côté de moi. Restez, vous savez déjà ce que je pense. Adieu.

James, frappé comme de la foudre, resta en effet, et, désespérant de rentrer dans les bonnes grâces de Justine, il prit une autre rue. Il passa à côté d'une figure connue, celle du commis Berndt, qui le regarda sans le saluer, et suivit la demoiselle qu'il avait sans doute vue de loin causer avec James.

White cependant n'eut ni le temps, ni assez de présence d'esprit pour réfléchir à cette rencontre.

Il maudissait, en courant à sa demeure, et son sort et son amour, et la contrainte à laquelle il était soumis. Les yeux pleins de larmes et la poitrine haletante, il arriva dans sa petite chambre et se jeta tout désolé sur son lit.

IX

A peine le jeune Anglais eut-il recueilli pendant quelques moments ses esprits, qu'il entendit derrière la cloison, qui séparait sa chambre du cabinet à coucher du docteur, le bruit d'une porte qui s'ouvrit et se referma. Il prêta l'oreille, et distingua la voix du docteur, ainsi que celle de Mussinger.

— Remettez-vous, dit le premier; dans toutes les circonstances de la vie, la présence d'esprit nous est nécessaire. Le souvenir de l'an 1690 vous a fortement ébranlé. Ici, personne ne vous écoute, personne ne viendra nous troubler.

— Pauvre Clara, soupira le sénateur, faut-il, après vingt-neuf ans, que ta mémoire se renouvelle aussi vivement dans mon cerveau! Et dans quels temps, mon ami, dans quels tristes moments!

— Clara est au ciel, monsieur le sénateur; elle est assise aux pieds de la Mère de Dieu, et nous envoie sa bénédiction; car là-haut tout ressentiment s'éteint, et Clara n'en avait d'ailleurs pas pour vous ici-bas.

— Quelles paroles, monsieur! ce sont des paroles de consolation, l'expression d'une confiance infinie dans l'infinie miséricorde. Mais à quoi bon! une malédiction muette me poursuit... et comme ma légèreté criminelle a brisé un cœur innocent, ma faute brise aussi le mien.

— Le trésor de l'amour divin est grand, immense. Ayez confiance dans le Sauveur. Il m'est permis de le remplacer sur la terre, si une âme repentante et brûlant d'expier sa faute se jette dans la poussière devant la croix. Vous vous êtes presque effrayé lorsque, rendant confiance pour confiance, je vous avouai que j'avais reçu l'ordination de prêtre de notre Église. Veuille la sainte mère de Dieu que vous en fassiez aussi partie! afin d'essayer si je possède la vocation et la grâce de Dieu pour mon état.

— Oh! dit après quelques moments le sénateur d'un ton d'affliction, je désirerais presque aussi être un des vôtres; alors du moins je pourrais compter sur la charité et le pardon.

— Le soleil luit pour le méchant comme pour le bon, répartit le docteur avec onction. L'homme égaré peut prétendre, dans son erreur même, à la grâce de son Créateur; à plus forte raison l'homme repentant, l'exilé volontaire qui jette un regard de regret et de désir sur sa patrie en deuil.

— Je vous remercie, révérend père, du bienfait que vous êtes prêt à m'accorder. Mais... bien que mon cœur ait faim de la nourriture céleste... telle est la puissance du préjugé, si vous voulez l'appeler ainsi, que, dans mes angoisses, je ne sais pas s'il m'est permis d'accepter votre proposition, bien que je désespère de toute autre consolation.

— Monsieur le sénateur, vous vous êtes servi là du terme le plus vrai et le plus exact. Préjugé! c'est le nom de cette lourde chaîne qui attache le cœur à la terre, tandis qu'il cherche vainement à s'élancer vers son Créateur. Cependant, poursuivit le docteur après un moment d'interruption, cependant on n'arrache pas de force le préjugé du cœur de l'homme. Pour extirper les mauvaises herbes, il faut la main d'un jardinier prudent, soigneux et fidèle. Quelle sollicitude n'y met pas notre Église? qui, en dépit de toutes les calomnies, est la jardinière la plus sage, la plus douce et la plus gaie dans le paradis du Seigneur? Votre âme, monsieur le sénateur, est à l'extrémité: et n'importe qu'un prêtre catholique ou un ministre protestant l'assiste, pourvu qu'elle guérisse.

— C'est très-vrai, mon révérend père, répartit Mussinger; cependant...

Le docteur l'interrompit aussitôt :

— Mais avec combien de droit mon Eglise ne vous offre-t-elle pas sa main consolatrice! Elle ne vous force pas d'accepter son intercession; elle ne mendie pas non plus votre consentement pour vous sauver. Elle veut d'abord vous persuader, et ne fait valoir que ses anciens droits sur vous.

— Vos paroles me touchent et me saisissent, répliqua le sénateur; mais il s'agit d'échanger si promptement, avec si peu de réflexion une doctrine qui m'a été inculquée dès mon bas-âge.

— Est-ce que j'exige cela? demanda le docteur du ton le plus doux? l'homme a-t-il pour rien son libre arbitre? l'Eglise est-elle donc jalouse de l'élève qui poursuit une idée erronée?

— Vous pensez donc que je puis recevoir les consolations spirituelles que vous me promettez, sans sortir de la carrière religieuse que j'ai suivie jusqu'à ce jour?

— Rien n'est plus facile à comprendre. Pourquoi exigerais-je de vous un serment qui ne vous rapprocherait en rien du Père, auquel vous appartenez sans cela? Pourquoi vous demanderais-je une profession de foi, que le désir de votre âme a déjà exprimée? A votre insu, vous étiez redevenu un des nôtres... Et, mon cher fils, quand, par la confession de vos péchés et la rémission dont elle sera suivie, votre alliance avec la véritable Eglise aura été renouvelée, je n'aurai plus rien à demander. Vous serez redevenu ce que Dieu vous a fait, et cela nous suffira. Recueillez donc vos pensées; commencez, au nom de la très-sainte Trinité, à déposer dans mon sein l'aveu du chagrin qui vous afflige et des péchés auxquels nous sommes tous sujets.

James entendit le sénateur se promener rapidement dans la chambre et dire, après avoir poussé un profond soupir :

— Eh bien! que la volonté de Dieu soit faite!

Il s'assit à côté du docteur, auquel il commença à ouvrir son cœur. La crainte d'entendre un secret de confession engagea le jeune homme à quitter sans bruit son lit, et à s'approcher de la petite fenêtre qui avait une vue agréable sur le jardin.

Il se perdit dans les rêveries de son esprit; bientôt il fut en proie à une illusion, qui ressemblait plus à une *seconde vue* qu'au jeu ordinaire d'une imagination ardente. Le berceau de chèvre-feuille lui semblait être devenu la maison du sénateur; il y voyait une figure charmante et bien connue, qui l'attirait par ses grâces infinies et le repoussait en même temps par une étrangeté surprenante. Il semblait au jeune Anglais qu'il lui était permis de jeter un regard dans l'intérieur de Justine;... il était sur le point de déchiffrer cette énigme qui faisait en même temps son bonheur et son tourment.

Bercé par ses douces pensées, il avait, quittant la terre sur l'aile de ses rêves, perdu toute notion du temps, lorsqu'il fut comme éveillé par les personnes de la chambre voisine qui avaient repris leur conversation à haute voix. C'était le docteur qui parlait :

— Vous ne pouvez trouver la délivrance du péché que vous avez à vous reprocher que dans la pénitence de votre conscience et dans la prière, dit le docteur d'un ton sérieux et d'une voix émue. Dieu et la miséricorde me sont que si je puis vous assurer votre pardon au nom du Tout-Puissant, cependant je dois déplorer que vos parents vous aient rendu étranger aux fidèles de la véritable Eglise, erreur dont vous êtes innocent, mais qui n'en doit pas moins influer d'une manière fâcheuse sur l'état actuel de votre âme.

— Comment, mon révérend père? demanda le sénateur d'une voix faible et contrite.

— Si vous aviez le courage, la volonté, mon fils, reprit le docteur, d'être plus qu'un hôte à la table de votre père, dans les bras de votre mère; si vous cessiez de repousser les dogmes de la foi qui peuvent seuls assurer votre bonheur, dans un moment votre cœur serait heureux et tranquille. Je pourrais vous absoudre! rendre comme non-avenu le passé. Au moyen d'une légère pénitence au profit des pauvres et de quelques méditations spirituelles, je pourrais ôter toute faute de dessus votre tête, tandis qu'à présent je ne puis que vous renvoyer, comme ami, à l'amour de l'Eternel. Je vous vois plongé dans vos réflexions, continua-t-il après une pause. Brisons à présent là-dessus. La grâce du Seigneur travaille à votre renaissance, écoutez-la. Tout homme est mûr pour

la grâce, pourvu qu'il le veuille et qu'il s'amende. Tout pécheur qui cherche son salut doit l'espérer : le Christ nous l'a gagné à tous par son sang, et il faudrait être Janséniste pour nier cette consolation. Allez maintenant, je suis persuadé qu'après les huit jours de réflexion que je vous accorde, vous viendrez avec joie auprès de moi, afin de vous revêtir entièrement de la robe de l'innocence.

Le sénateur soupira profondément, et ajouta avec hésitation :

— Pour ce qui regarde les sommes, mon révérend père, auxquelles se montaient les lettres de change... cette tromperie me tourmente. Je pourrais à la vérité, grâce à cette chance de bonheur... restituer ces sommes à l'héritier; mais déjà elles circulent dans le commerce. Mon crédit tombé avait besoin d'un fort élan... à présent je ne puis me passer de cet argent. Dans quelques années peut-être... que le ciel me préserve de vouloir jamais le nier entièrement!... mais... comme je vous disais...

— Je sais, répartit le docteur. Vous pouvez, je crois, garder pour le moment les sommes en question. Si vous étiez de notre croyance, je vous dirais sans détour : Gardez cet argent, mon fils; votre volonté de le rendre un jour satisfait complètement à la morale, puisque... d'abord, par l'emploi temporaire de ces sommes, vous vous tirez de la position la plus difficile, et que la conservation de vous-même est le premier devoir; que... en second lieu... votre créancier actuel, comblé de richesses, n'a pas besoin de ces sommes pour le moment. Chez vous, il y a du danger; chez lui, il y aura double joie quand l'argent et les intérêts lui rentreront. Si à cette époque il ne devait plus être de ce monde, et qu'il n'eût pas laissé de famille, vous soulageriez tout-à-fait votre conscience en faisant une fondation pieuse en faveur de l'Eglise. S'il laissait par hasard des collatéraux, vous satisferiez aux exigences de la morale, en partageant également entre ceux-ci et l'Eglise le montant de l'héritage; car les héritiers n'ayant pas éprouvé personnellement de tort, la moitié les dédommage suffisamment, tandis que l'autre, étant employée à des fondations de charité, la dette s'acquitte le plus convenablement envers le défunt.

— Vous êtes un brave homme et un homme d'esprit, dit le sénateur d'une voix plus assurée; j'ai en vous une confiance que je n'ai jamais eue pour personne. Vous tranquillisez plus mon âme par quelques paroles, que tous nos ministres ne pourraient le faire avec leurs exigences sévères et leurs discours emphatiques. La morale doit être faite pour le monde tel qu'il est. Vous savez prendre en considération les besoins du père de famille et de l'homme d'affaires. Si seulement la figure de ce pauvre Birsher voulait s'éloigner de moi!

— L'absolution est le meilleur exorcisme contre les fantômes de la conscience. Elle seule pourra vous délivrer du poids qui vous oppresse. Vous connaissez le chemin de la grâce; faites votre choix en temps opportun. Nous prenons souvent pour un péché et un crime l'action la plus indifférente. Les institutions des hommes sont toujours pleines de défauts, et le luthéranisme est une de ces institutions.

— Qu'est-ce que le péché, tant que le monde ne fait pas de différence entre le juste et l'injuste? Vous eût-on fait un crime à Hambourg, d'avoir mis à la loterie et d'y avoir gagné le gros lot? Certainement non, et néanmoins vous perdriez votre dignité et seriez condamné à une forte amende, si la ville en était instruite. Faites ce qui est juste, repentez-vous du passé, afin que Dieu vous pardonne. Devenez un des nôtres afin que je puisse goûter la joie de tranquilliser entièrement votre conscience; visitez-moi en secret; vous trouverez toujours en moi l'ami le plus discret et le plus fidèle.

— Clara, cet ange du ciel, répond de votre vertu et de votre amour! s'écria le sénateur en sanglotant.

— Ainsi au nom de Clara, monsieur le sénateur, reprit le docteur d'un ton pressant; du courage! une résolution salutaire!

Après un court silence, le jeune Anglais entendit sortir le sénateur. Le docteur demanda son déjeûner, siffla un air à son oiseau favori, et lorsque James entendit le cliquetis de la tasse, il crut qu'il était temps de se présenter devant son père d'adoption.

X

Le docteur avait l'habitude lorsqu'il déjeûnait, de se retirer dans son cabinet, pour y lire tranquillement son bréviaire. James le trouva dans cette occupation. Leopold mit cependant aussitôt le livre de côté et dit avec aménité :

— Bonjour, mon fils. Tu me vois au comble de la joie ; car Dieu veut bien me permettre de ramener une âme dans le sein de l'Eglise. Comment tes peines ont-elles été récompensées, James ? Je crois t'avoir aperçu à la chapelle.

James fit son rapport d'un air affligé et en haussant les épaules. Le docteur l'écouta attentivement.

— Très-bien, dit-il ensuite. Je n'y trouve pas de motif de chagrin et de mécontentement. La jeune fille, dis-tu, a attendu la fin de la messe avec une vive curiosité ? Conséquemment cette sainte cérémonie a fait de l'effet sur elle. Le charme du mystère fera le reste. Justine ne causera pas. Madame Laynez pourra faire ici son chef-d'œuvre. Depuis qu'elle est dans cette ville, elle n'a pas converti une âme, à l'exception de cette étourdie de Pahlens. Cette femme est encore trop jeune, trop jolie, trop vaine pour pouvoir agir avec efficacité. Elle tend ses filets aux hommes, tandis qu'elle devrait conquérir des femmes. L'art qu'elle possède si bien de prendre l'extérieur toujours convenable, son habileté à feindre le protestantisme et à faire par cette ruse des recrues à la bonne cause, ces qualités louables me sont bien connues.

— O mon père, répartit James découragé ; cette hypocrite Laynez et moi, nous jouons un jeu bien détestable !

— Toujours la vieille plainte, dit le docteur d'un air sombre ; tu me forceras à te faire partir pour le noviciat avant la fin de ma mission ; garde le silence, si tu ne sais rien dire de plus raisonnable. Voilà des lettres de *connaissement*, des comptes et des missives auxquelles il faut répondre : copie, inscris dans le livre et dans mon propre registre, n'oublie pas de répéter les calculs. Que Dieu t'éclaire et te garde, mon fils ; au revoir.

Il est inutile de décrire comment le docteur, après avoir quitté sa maison, arrangea ses affaires de banque et comment il termina, sous les arbres de la bruyère des fontaines, ses prières...

Content de n'avoir pas été troublé dans ses pratiques de dévotion, il mit le livre dans sa poche et retourna à la ville : il paya exactement le droit de péage sur le pont, salua avec politesse toutes les personnes bien vêtues qui passaient à côté de lui, fit avec une condescendance furtive une inclination de tête à quelques ouvriers, qui, au son de la cloche de midi, ôtaient leur bonnet d'une manière tout aussi furtive.

Dans une petite rue de mauvaise apparence tous les habitants étaient devant leurs portes. Beaucoup d'individus des rues voisines remplissaient l'entrée de celle-ci, et tous ces groupes dispersés regardaient bouche béante une maison dont l'extérieur aurait déjà donné l'idée de la misère, si l'on n'avait même pas vu à ses fenêtres des figures d'enfants pâles et défigurées par la saleté et la faim.

Déjà le docteur, pour prendre des informations, s'était adressé à une troupe de saveliers causant ensemble, quand il vit sortir de la maison qui fixait tous les regards, le pasteur de l'église Saint-Jean, en costume, mais avec un visage irrité. Cet homme marchant à grands pas, était suivi du bon médecin Hackel, nommé ordinairement par le peuple, le médecin des pauvres ; il dépensait inutilement des paroles de persuasion auprès du pasteur. Mais le visage et l'extérieur d'un autre homme, qui marchait avec tristesse derrière le médecin, aurait saisi plus que l'intercession du médecin, tout cœur tant soit peu humain.

Cependant le prédicateur n'en fut point touché.

— Ne m'accompagnez pas ! point de discours ! dit-il avec véhémence ; monsieur le docteur Hackel, pas un mot de plus ! et vous, monsieur, taisez-vous tout-à-fait. Je ne veux plus perdre de paroles avec vous. Vous m'avez trompé et donné un scandale à la bourgeoisie. Si j'avais su d'avance avec quel *nébulone*, avec quelle clique j'aurais affaire... je n'aurais pas fait un pas, je n'aurais pas franchi le seuil de cette porte.

— Mais, monsieur le pasteur, une femme mourante.... balbutia l'homme auquel venait d'être adressée cette apostrophe.

— Que m'importe ! s'écria l'ecclésiastique avec une colère plus grande ; telle vie, telle fin.

Il sortit de la rue avec tous les signes d'une colère prolongée et la plupart des curieux le suivirent.

— Le pasteur lui a bien dit son fait, dirent en riant quelques gens grossiers, et sur les questions de Leupold un vieux bourgeois répondit, en secouant tristement la tête :

— Mon cher monsieur, vous ne pouvez vous faire d'idée de cette misère. Le pasteur peut au fond avoir raison ; mais il est bien affligeant de penser que ces malheureux sont aussi des hommes.

— Expliquez-vous un peu plus clairement, mon ami.

— Il faut que vous sachiez, mon cher monsieur, que cet homme, dont vous avez vu le désespoir, est un comédien. Il fait partie de la troupe qui, avec la permission des autorités, donne des représentations dans cette loge sur le Marché aux Cygnes. Les comédiens sont arrivés il y a huit jours et cet homme, chargé d'une femme malade et de quatre ou cinq enfants, a trouvé un logement chez le charron Ulric. Ces gens vivent petitement dans une chambre humide et couchent pour ainsi dire sur la terre. La femme y est devenue plus malade et se trouve à l'extrémité. Le docteur des pauvres qui la visite par charité et paie les médicaments de sa poche, a confié au mari dans quelle position est sa femme et l'a engagé à chercher pour elle des consolations spirituelles. Le pasteur vint aussitôt ; mais à peine eut-il entendu que cette femme était celle d'un comédien, sans même être mariée avec lui, qu'il lui refusa la sainte communion. Dieu sait après cela comment les choses iront lors de l'enterrement.

Le docteur, s'apitoyant sur la position affreuse de ces malheureux, s'approcha de la misérable maison, regarda à travers la fenêtre et vit une scène de désolation que tout cœur sensible pourra se représenter. La femme également épuisée par le désespoir et la maladie était étendue sur un peu de paille et bégayant ces mots :

— Hélas ! Joseph, Joseph, pourquoi sommes-nous nés ? Hélas ! Dieu nous abandonne ; que deviendront nos enfants !

Et les enfants crièrent, et l'homme placé dans un coin, se pressait les deux mains sur les yeux, et son visage pâle et maigre en disait plus que n'eussent pu le faire ses paroles ; mais le cœur du docteur se serra encore davantage quand il reconnut dans les traits de cet homme, surtout au moment où il ouvrit les yeux et les dirigea vers le ciel, les traits d'un visage qu'il avait vu souvent : Il frappa aussitôt à la fenêtre. L'homme affligé l'ouvrit lentement. Le docteur lui remit une petite pièce de monnaie, et demanda à voix basse :

— Quel est votre nom, mon ami ?

— Je me nomme Joseph Litzach.

— Mon Dieu ! oui, c'est lui, se dit le docteur en secret. Je vous connais, ajouta-t-il, et je désirerais vous parler sans témoins.

L'homme montra d'un air affligé sa femme.

— Je ne puis sortir avant que cela ne soit fini, dit-il à voix basse. Le médecin pense que sur les trois ou quatre heures de l'après-midi.... Le pasteur pourrait bien avoir avancé ce moment d'une petite heure...

Les larmes vinrent aux yeux du docteur.

— Ayez confiance en Dieu, dit-il, je repasserai demain.

— Non, non, répartit vivement Litzach : veuillez me dire, monsieur, où je pourrai vous trouver. Aujourd'hui je puis encore vous présenter mes devoirs, si le bon Dieu n'opère pas de miracle pour ma femme. A quatre heures d'ailleurs nous avons la comédie....

— Comment vous allez jouer, même dans ce jour de deuil !

— Oh ! monsieur, le directeur ne s'inquiète pas de cela. Je perdrais mes gages de la semaine, mon pain. Nous donnons aujourd'hui une farce et il faut que j'y représente Polichinelle et que je sois bien gai, bien gai, afin de faire rire le respectable public, mon cœur dût-il se briser sous mon habit ridicule.

Il fut impossible au docteur de proférer une parole. Litzach continua :

— A six heures je serai à votre service. Si par hasard vous aviez envie de vous promener vers ce temps-là sous l'allée du Marché aux Cygnes.... Je me procurerai à la garde-robe du directeur un habit décent, afin de ne pas vous faire honte. Mais à présent.... excusez-moi. Ma femme appelle son Joseph ; c'est peut-être pour lui faire ses derniers adieux....

Leupold fit un signe de tête et se retira attristé, pendant que le comédien refermait la fenêtre.

Le docteur, en passant devant les maisons de quelques-uns des membres secrets de sa communion, profita de la circonstance pour recommander en peu de mots à leur charité la famille de Litzach. Ces gens y envoyèrent aussitôt des aliments et quelque peu d'argent. Le pauvre est le plus porté à secourir le pauvre.

Le docteur ne fut pas mécontent d'être tiré de ses sombres pensées par la rencontre d'une autre connaissance. Un marin robuste, en habit brun et pantalons de velours de Manchester, s'avança vers lui.

— J'ai l'honneur de vous saluer, révérend... monsieur le docteur, voulais-je dire, s'écria le capitaine d'une voix de basse-taille. Il faut que vous me fassiez le plaisir de dîner aujourd'hui avec moi.

En disant ces mots, il avait pris avec une familiarité respectueuse le bras du docteur, et il se dirigea avec lui d'un autre côté...

— Vous m'attendiez probablement plus tôt, reprit le marin. Mais,... mille tonnerres! je fus obligé de louvoyer, tantôt à l'est, tantôt à l'ouest, avant de pouvoir accoster. Mon vaisseau est entré en bon état au Havre, et le collége de Paris a déjà reçu ses espèces. Le commerce fleurit en secret; le père Lavalette, qui, tout jeune qu'il est, développe déjà des talents peu communs en fait de spéculations, m'a déjà parlé de nouveaux établissements, et de nouveaux navires à équiper. J'ai des lettres de Paris et de Lisbonne pour le père supérieur, et je désire, qu'après avoir légalisé mes comptes et donné un reçu de l'argent que j'ai déposé chez vous, vous me donniez une lettre de recommandation pour ce digne père.

Le docteur l'assura de son empressement, et ces messieurs s'assirent à table dans la salle à manger du *Cygne*. La femme de l'aubergiste, encore assez jeune et active, ayant été pressée par des amies dévotes et persuadée par le docteur, n'avait pas fait beaucoup de difficulté pour entrer dans l'église occulte.

La société du *Cygne* n'était pas nombreuse. Le capitaine et le docteur à table dans un coin ; dans l'autre, l'hôtesse, occupée près du buffet et de la fenêtre donnant dans la cuisine; par où l'on passait les viandes ; au milieu, le maître de la maison se promenant de long en large. Près de la fenêtre, deux joueurs, un commis-marchand rose et joufflu, et un officier de la milice urbaine.

Tout ce monde faisait silence, lorsqu'une calèche s'arrêta devant la maison. Un jeune homme de vingt-cinq ans descendit de la voiture et entra lentement dans la salle de l'auberge. Il demanda la meilleure chambre et y fit porter ses bagages ; puis, il demanda à dîner. L'hôtesse, prévenue par sa bonne mine, le fit placer près du docteur, et, presque aussitôt, le fit servir.

Le capitaine, entre deux rasades, regarda le nouveau venu, et, par curiosité plus que par intérêt, essaya d'entamer une conversation avec lui. Mais il en fut pour sa tentative, l'étranger lui répondit de telle façon que bientôt la conversation tomba d'elle-même.

Cependant, les façons du jeune étranger avaient attiré l'attention du docteur. Il était en grand deuil, et un air de tristesse nuisait à sa belle physionomie. Il mangeait avec beaucoup de tenue, et, tout au contraire du capitaine, mettait beaucoup d'eau dans son vin.

Au risque d'être mal reçu, le docteur allait essayer d'entamer une conversation avec le taciturne convive, lorsqu'il se leva et demanda deux domestiques. Il chargea l'un d'une lettre, en lui donnant ordre de la porter de suite à son adresse, il pria l'autre de lui servir de guide dans la ville.

Saluant alors les personnes réunies au *Cygne d'Or*, il sortit. Sans doute on allait causer de lui, lorsqu'un homme, ridiculement accoutré, entra dans la salle de l'auberge.

— Quel est ce bizarre personnage ? demanda le marin au docteur.

— Eh ! répondit celui-ci, c'est le gardien du clocher de Saint-Jacques, un certain Pahlens.

— Oui, dit l'aubergiste à demi-voix, un fat qui est devenu éperdûment amoureux de la fille du sénateur Mussinger, comme s'il n'était pas né pour la corde et la trompe.

Pendant ce temps, le petit homme avait accepté un verre de vin avec les joueurs de cartes. Mais, bientôt, ceux-ci se levèrent et sortirent, le capitaine suivit leur exemple, et le gardien du clocher se trouva seul avec le docteur. Le petit homme parla un instant de choses indifférentes, puis, voyant que le docteur allait regagner son logis :

— Je vous accompagne, dit-il.

Arrivés dans la rue, Pahlens commença à parler d'un ton respectueux et confiant :

— Combien n'ai-je pas désiré de vous parler une fois seul. Depuis que vous êtes devenu mon père spirituel, je ne connais personne sur la terre dans le sein duquel je sois plus disposé à épancher mon cœur.

— Ceci appartient au confessionnal, mon fils, répartit le docteur à voix basse.

— Non, non, monsieur le docteur, répliqua Pahlens. Donnez-moi un conseil en ami. Ma position me devient insupportable. Je suis né pour quelque chose de plus noble que pour perdre la fleur de ma jeunesse dans cet abominable clocher et prêter au culte des luthériens ma main et mes poumons. Qu'allez-vous penser en apprenant que la Sainte-Vierge m'est apparue la nuit passée, et m'a dit : « Mon cher fils, il y a trop longtemps que tu dépéris au service des hérétiques. Va dans le monde, et cherche une fortune meilleure. Moi et les anges nous te donnerons l'assistance nécessaire. »

— Que vous dirais-je, mon fils ? répondit le docteur. Je ne veux pas douter de l'apparition que vous avez eue. Des miracles sont certainement possibles, et il y aurait blasphème à les nier. Un meilleur orateur que moi vous dirait que votre sort n'est pas à plaindre, que vous feriez mieux de rester là-haut sur votre clocher, et d'exciter, comme un ermite, votre âme à l'amour de Jésus-Christ, que d'aller et venir ici-bas comme un feu follet. Il vous dirait que, converti à notre mère la sainte Église, vous représentez à présent sur votre clocher comme un symbole de l'Église victorieuse, qui, triomphant en secret, est assise en haut, tandis qu'à ses pieds les serviteurs de Baal jouent de l'orgue, crient et font leurs manigances. Je vous dis seulement soyez discret, priez et attendez en patience la direction que le ciel voudra bien vous donner. Mais quels sont ces liens dont vous parliez? L'objet de votre penchant n'est-il pas la fille du sénateur Mussinger ?

— Hélas ! vous lisez dans les replis de mon cœur, répondit le fou. C'est par l'œil que cette jeune fille a pénétré dans mon cœur. Je ne lui ai jamais parlé, et je ne le ferai jamais, si vous ne me le permettez pas.

— Je ne le puis, répliqua le docteur, et dans quel but le ferais-je ? Vous êtes pauvre, la demoiselle est riche, son père est sénateur, vous, vous êtes gardien du clocher, cela ne s'accorde pas. Vous devez à la digne et pieuse madame Laynez les lumières de la foi. Consacrez-lui votre gratitude, et oubliez la femme qui n'est pas dans ce monde pour vous.

Pahlens, peu satisfait, s'inclina et prit congé du docteur, qui se rendit à l'allée du Marché-aux-Cygnes, où il devait rencontrer le comédien.

XI

La promenade, d'abord remplie de monde, fut désertée bientôt par la foule, qui courut du côté de la comédie, et le docteur se trouva seul avec une femme qui paraissait avoir attendu depuis longtemps l'occasion de lui parler. Cette personne, dans le costume des femmes des artisans, s'approcha de lui avec timidité et lui fit une profonde révérence.

— Je suis la femme du menuisier Butler, mon révérend père ; je suis votre zélée pénitente.

— Que voulez-vous ? Je vous connais. Eh bien ?

— Je n'y puis plus tenir avec mon mari qui me maltraite parce que, sous le prétexte d'une maladie, je me refuse à aller à l'église et à entendre le sermon comme il l'exige. Et pourtant je crains de pécher.

— C'est sans motif, je vous absous, allez à l'église, afin de sauver les apparences.

— Mais, révérend père, je crains que cela ne soit de l'hypocrisie.

— Pour arriver à un but utile, une certaine hypocrisie est quelquefois permise.

La femme fit de nouveau une profonde révérence et se retira. Le docteur s'assit sur un banc, s'appuya contre un tilleul planté derrière, et se livra à ses réflexions. Ce jour-là, cependant, était fait pour lui fournir les sujets d'occupation les plus variés. Un homme, arrivant avec vitesse, vint s'asseoir à côté de lui.

Le docteur reconnut dans son voisin Nothaft le commis du sénateur. Ce jeune homme, auquel Leupold était inconnu sous le nom de docteur, se trouvait dans une disposition d'esprit fort animée, et une humeur querelleuse, résultat de copieuses libations, se manifestait dans ses regards et son maintien. Afin de commencer une conversation qu'il avait l'air de désirer, il offrit une prise de tabac au docteur. Celui-ci refusa.

— Ne craignez rien, dit Nothaft avec un peu de rudesse, il n'y a rien de vénéneux, rien de soporifique là-dedans.

Le docteur, pour ne pas offenser le rustre, prit une prise sans pourtant en faire usage. Nothaft se calma, et continua:

— Pour en revenir au tabac, il faut prendre bien ses précautions. Un homme arrive et vous offre une prise ; vous en prenez une, vous vous endormez, et le lendemain vous

vous réveillez dans une maison de racoleur, ou sur un vaisseau de transport hollandais. N'en est-il pas ainsi, monsieur?

— Je n'en sais rien.

— Vous n'en savez rien? ma foi, il y a de quoi rire. A la vérité, vous-même vous n'avez pas grand chose à risquer. Les âmes *jeunes* sont les meilleures. Eh bien ! comment vont les affaires ?

— De quelles affaires parlez-vous?

— Parbleu, des vôtres. Comment va la *course?* Oui, il y a chez nous une espèce d'hommes vigoureux aussi bien faits pour être soldats que matelots. Combien d'âmes avez-vous déjà couchées en joue? Mais, mon petit homme, ne me faites donc pas un mystère de votre commerce. Voyez-vous, j'ai aussi été à Amsterdam. Je connais les oiseaux à leur plumage. Ne faites pas tant l'ingénu. Nos autorités ont l'oreille dure, elles ferment les yeux, et sont enchantées quand on les laisse en repos. Mais, afin que vous voyiez quelle est la loyauté de mes desseins, je suis prêt à vous donner un gage de ma confiance.

— Monsieur, pour qui me prenez-vous ?

— Eh ! mon cher, à quoi bon toutes ces façons ? Je vous prends pour un petit Hollandais bien prudent, pour un petit vendeur d'âmes bien rusé. Ne m'en faites donc pas accroire. Je n'avais pas encore l'honneur de savoir qui vous étiez ; mais quand, étant au café aujourd'hui, je vous ai vu entrer, bras dessus bras dessous, avec le capitaine Tormerpick, et parler d'affaires avec lui, j'ai été bien vite au fait. Le capitaine a la réputation de faire un commerce d'âmes, et, selon le proverbe, qui se ressemble s'assemble...

— Vous me faites beaucoup d'honneur, monsieur.

— Je veux faire encore plus , mon très-cher. Je veux vous faire crédit , vous donner un capital sans intérêt. Au contraire, je me chargerai même de ces derniers.

— Je ne vous comprends pas.

— Vous le ferez tout à l'heure. A la date de demain ou d'après-demain je vous livre une âme parfaitement portante, jeune, à poignet et épaules solides, tant soit peu impertinente et mal elevée; mais aux colonies on a établi d'excellentes écoles. Que le diable m'emporte si cette âme ne vaut pas deux mille piastres, aussi bien qu'un *albus*. Eh bien! acceptez-vous? ma propre bourse supportera les frais d'emballage...

— Expliquez-vous mieux.

— Parbleu, j'ai déjà tout dit. En vous voyant seul, livré à vos réflexions, j'ai eu cette idée. En un mot, je connais un gaillard dont plusieurs personnes désireraient se débarrasser. Il a la force du lion, mais un bon bâton y mettra bon ordre. Je ne vous dis pas encore mon nom, mais je vous garantis ma solvabilité. Je payerai les frais de prise et de transport jusqu'au vaisseau. Topez là.

— Cela mérite réflexion, monsieur, répondit le docteur en souriant; si vous désirez demain une autre entrevue, vous me trouverez ici à la même heure. Pour aujourd'hui, je suis forcé de terminer notre conversation, puisque je vois approcher un ami auquel j'avais donné rendez-vous.

— Je le veux bien, dit Nothaft en secouant la main du docteur. A demain donc. N'y manquez pas, je serai exact.

Il s'en alla, et Litzach, qui depuis quelques minutes avait paru à la promenade, s'approcha. Le docteur avait eu de la peine à le reconnaître sous son énorme perruque d'emprunt et sous son habit de velours fleur de pêcher et bordé de broderies.

— Asseyez-vous, monsieur, dit le docteur avec une politesse compâtissante. En premier lieu, racontez-moi comment on va chez vous.

— Ma femme existe encore, répondit Litzach, le médecin pense à présent qu'elle vivra, et Dieu en soit loué.

— Cela me fait plaisir, répartit le docteur. Sachez, monsieur, que je vous connais depuis longtemps, si vous êtes le même Litzach qui fit ses études au collège des jésuites, à Augsbourg.

— Je le suis, dit Litzach en soupirant; et vous, monsieur ?

— Je suis Munzner.

— Munzner? répéta Litzach, comme s'il cherchait à se rappeler quelque chose; puis il saisit les mains du docteur, le regarda fixement au visage, ferma ensuite les yeux, comme succombant sous le poids des souvenirs, les ouvrit de nouveau, et s'écria en respirant profondément : Aussi vrai que Dieu existe, c'est le visage de ce brave et honnête Xavier !

— Parle, mon pauvre Litzach, raconte-moi ce qui t'est arrivé depuis notre séparation.

— Je pourrais te répondre : du malheur, du malheur, du malheur, et tout serait dit; mais tu désires sans doute que je sois plus prolixe. J'avais parfaitement fait mes classes, ma tête était garnie, et, grâce à mes parents économes, ma bourse l'était aussi. Ce fut un malheur. Je pendis les sciences au croc, je vécus dans l'abondance, je fis la guerre dans un corps de partisans, et je fus bientôt réduit aux expédients. La bourse était devenue vide, la tête ne savait plus rien, et, dans mes meilleures années, j'étais à me faire la même demande que je m'étais adressée à l'âge de dix ans : que veux-tu devenir? que vas-tu entreprendre? Vers ce temps, la troupe de comédiens de Mersebourg arriva dans l'endroit, où j'avais dépensé mon dernier liard, et il me revint dans la mémoire qu'à nous aussi on nous avait fait jouer de temps en temps la comédie. Eh ! me dis-je à moi-même, si les pères de la compagnie de Jésus ont pu introduire les spectacles chez leurs jeunes gens, pourquoi ne gagnerais-je pas ma vie comme d'autres étudiants manqués et des soldats licenciés? Et aussitôt pensé aussitôt fait. Le directeur Rickter me reçut dans sa troupe, et dès-lors une vie joyeuse et vagabonde commença pour moi. Alors, mon cher Munzner, je ne jouais pas les polichinelles, c'était les jeunes premiers. Je représentais sur la scène des gens comme il faut, et dans la ville je leur ressemblais aussi par mes habits galonnés et mon linge blanc. Ah ! si je n'étais pas devenu amoureux !

Je ne pouvais croire qu'il fût une femme digne de moi...
Hélas ! je rencontrai enfin cette merveille...

Je parle de ma femme, dont le père était un fonctionnaire d'Halberstadt.

Je la vis, et brûlai ! elle partagea ma flamme,
Bref, son âme et la mienne harmonisèrent bientôt.

— J'enlevai ma bien-aimée. La malédiction de son père nous poursuivit, et aussitôt que les parents de ma femme furent descendus dans la tombe, la misère vint nous trouver. Catherine n'avait pas la moindre disposition pour la scène ; elle était accueillie par des rires bruyants toutes les fois qu'elle s'y montrait ; le directeur gronda , je répondis avec amertume, et nous fûmes renvoyés de la troupe. Une grave maladie de poitrine me survint, et dévora tout ce que nous possédions. Appuyé sur un bâton et soutenu par Catherine, qui portait son premier-né sur son dos , nous allâmes en mendiant de couvent en couvent, d'hôpital en hôpital, de troupe en troupe. Enfin nous trouvâmes un directeur bien disposé qui nous prit à la semaine. Ma femme fut engagée comme blanchisseuse et moi comme acteur; mais c'en était fait des rôles de jeune premier. Je n'avais plus ni voix, ni fraîcheur. Le directeur me dressa pour ceux de polichinelle. Hélas ! Munzner, quels étaient mes sentiments lorsque je montai pour la première fois , comme bouffon, sur les planches! Chez moi, mon enfant dans le cercueil, Catherine dans les douleurs de l'enfantement, étendue sur la paille, seule, n'ayant à ses côtés que la misère et la faim ; et moi ?... J'étais sur la scène, obligé de faire des tours de polichinelle, pendant que les pleurs du désespoir coulaient sur mes joues fardées !

Litzach essuya une larme et poursuivit, le cœur oppressé :

— Je jouai mal le rôle de bouffon. Les spectateurs me crurent un fou maussade, pleureur; ils me jetèrent des pommes pourries, et le directeur me retira mon habit et me renvoya. En rentrant chez moi, la sage-femme m'apporta un garçon, qu'elle avait reçu pour l'amour de Dieu, et moi j'apportai à ma femme seize *gros*... et... mon congé.

— Ah Dieu! soupira le docteur.

Litzach continua :

— Oui, mon bon et ancien ami, celui qui est placé devant la scène d'une salle de spectacle ignore combien de cœurs brisés battent sous ce clinquant et sous ces habits barriolés. Ce que le talent nous donne nous est ôté, de l'autre côté, par l'incertitude de notre position, le mépris qui s'attache à nous. Je passe maintenant par-dessus un bon nombre d'années de malheur, en me bornant à faire observer que, pendant ce laps de temps, j'acquis une sorte d'insouciance. Je devins insensible, hébété; j'appris à faire des grimaces et des cabrioles ridicules. J'eus la réputation d'un bon comédien, d'un excellent farceur : ma position s'améliora. J'avais fait quelques épargnes, donné des habits entiers à mes enfants, fourni ma Catherine des objets les plus nécessaires; j'avais acheté un lit, et j'étais sur le point d'avoir amassé la somme nécessaire pour m'acheter un habit de peluche, qui me mit en état de fréquenter le monde, lorsque tout à coup Catherine eut cette longue maladie. Notre aisance disparut comme une bulle de savon, et je dus également renoncer à un emploi dans la troupe de feu M. Velten. C'est ainsi que je suis venu dans cette ville, où tu m'as trouvé. Ta vue, mon cher Munzner, réveille dans mon cœur un sentiment de satisfaction dont j'étais privé depuis bien longtemps. L'espérance que Catherine vivra, et ta rencontre, me rendent heureux.

— Tu n'es pas marié avec la femme que tu dis t'appartenir? demanda celui-ci.

— Les mariages, dans notre état, répondit Litzach tout honteux, sont en grande partie temporaires, et le mien l'est malheureusement aussi. Catherine et moi nous souffrons beaucoup de ce que, malgré nos tentatives incessantes, aucun ecclésiastique n'a osé bénir notre union.

— Je le ferai, répartit le docteur; mais secrètement, mon ami, et à une condition.

— Ah! mon révérend... balbutia Litzach ravi, je me tairai comme la tombe.., Je vous comprends bien... Mais quelle condition?

— Il faut que vos enfants soient catholiques. Ils auront sans doute été baptisés par un ministre luthérien; votre femme est de cette secte, à ce que je crois.

— Mon révérend père, dit Litzach avec embarras, les pauvres petits n'ont pas été baptisés du tout. Les frais... Et puis la répugnance de la plupart des ecclésiastiques... Quelle qu'eût été ma bonne volonté...

— C'est bon, répartit le docteur, on y pourvoira. Je vous ferai appeler chez moi, mon ami; il faut que ces âmes soient sauvées, et vos besoins soulagés. Je ferai plus pour vous, si vous êtes discret, et prêt à remplir ce que je vous commanderai. Renoncez, en attendant, à votre habit de polichinelle, je vais vous donner une recommandation pour le village de Breitenbach, tout près d'ici; vous n'y manquerez pas de nourriture, ni de lit; mais il faut que votre vie y soit obscure le plus possible. Je verrai ensuite ce qui vous conviendra le mieux.

— Ange envoyé de Dieu, s'écria Litzach; comment vous remercierai-je? Mais je dois donner congé à mon directeur huit jours d'avance... Et puis... Je suis son débiteur.

— Mon Dieu, quel triste compte! soupira le docteur plein de compassion et en lui remettant une poignée d'argent. Allez signifier à ce directeur avare que vous ne faites plus partie de sa troupe, et restituez-lui son argent. Il ne sera pas dit qu'un élève des pères de la compagnie de Jésus est resté plus longtemps dans cette servitude. Allez restaurer vos malades et vos enfants affamés, et rendez grâces à Dieu.

Litzach ne se possédait plus de joie:

— Oui, mon bienfaiteur, s'écria-t-il, je louerai le Seigneur et vous aussi; je jetterai aux pieds du directeur son argent et ses habits, et j'attendrai avec confiance la décision que vous allez prendre à mon égard. Avec cet argent je pourrai me tirer d'affaire, moi et les miens, pendant au moins un mois.

Il courut ensuite du côté de la loge, d'où sortaient justement les spectateurs. Comme la plupart passaient sur la promenade, le docteur se trouva troublé dans ses méditations, et retourna chez lui fort satisfait de sa journée. James lui annonça que le sénateur Mussinger était entré peu de minutes auparavant chez le docteur, qu'il s'était informé de lui à la hâte et avec distraction ensuite, et qu'il avait écrit un billet d'une main tremblante, que le jeune homme remit, bien cacheté, au docteur.

Le sénateur y avait écrit:

« Mon unique ami, je suis au désespoir de ne pas vous trouver chez vous. Venez aussitôt que vous le pourrez dans mon cabinet. Nous serons seul. Je suis à la veille d'une crise morale. Dans ce moment, je reçois l'avis suivant: le jeune Birsher de New-York est arrivé ici! »

<h3 style="text-align:center">XII</h3>

Dès les premières heures du jour, Nothaft rôdait dans la maison du sénateur, brillant et fier comme un paon. Tiré à quatre épingles, depuis le chapeau galonné jusqu'aux massives boucles d'argent de ses souliers de maroquin, il avait plusieurs fois frappé à la porte de son patron, sans qu'elle lui eût été ouverte. Il avait parcouru toute la maison, n'osant, par respect, mettre le pied dans l'appartement de ma-

dame Mussinger, et tenant au-dessous de sa dignité d'entrer dans le bureau, d'où il était observé par les yeux curieux et jaloux de son camarade Berndt. Le commis, dont la tête ne roulait pas de médiocres projets, s'était armé de patience, dans la persuasion qu'avec cette vertu on vient à bout de tout.

Enfin, au lieu de la porte du sénateur, il vit ouvrir celle de la rue; c'était son patron qui rentrait.

Nothaft le reçut au haut de l'escalier avec une révérence familière et un air de suffisance; il eut lieu de s'applaudir de ces manières qui semblaient produire l'effet voulu.

L'orgueilleux sénateur avait l'air d'un enfant déconcerté; à la vérité son front était lisse et bienveillant; mais il y avait dans ses yeux une certaine humilité inexplicable, et sa voix était douce et modérée.

— Que désirez-vous, mon fils? demanda le sénateur, après qu'il eût fait entrer le commis dans sa chambre. Pourquoi ces beaux habits? Je parie que monsieur veut m'amadouer afin que je ne le gronde pas de ce qu'il a fait le paresseux ces deux jours.

— Il ne s'agit pas à présent de pardonner, monsieur le sénateur, répartit Nothaft effrontément et avec assez de force; le motif qui m'a tenu absent de vos bureaux suffira, j'espère, pour m'excuser auprès de vous. Je viens pour vous le faire connaître, puisque vos occupations, monsieur, ne vous auraient pas permis de m'entendre hier et avant-hier. Les convenances, il est vrai, auraient voulu que je parusse devant vous en costume de deuil; mais, d'abord, mon tailleur ne m'a pas encore fait mes habits noirs, et puis, cela n'aurait peut-être pas été décent, puisqu'une espérance agréable, attachée à la triste nouvelle, réclame des vêtements plus gais. Apprenez donc, monsieur le sénateur, que mon père, jusqu'à présent négociant et sénateur dans ma ville natale, est passé de cette vie à l'éternité, vendredi dernier, dans la soixante-dix-septième année de son âge. Je suis son unique héritier, et, d'après l'assurance flatteuse de quelques-uns de mes parents, il serait probable que le sénat ne fît pas de difficulté pour me laisser hériter aussi de la chaise curule que mon père vient de laisser vacante.

Le sénateur s'était involontairement levé de son siège, avait approché un fauteuil, et il invita, par un geste obligeant, le commis à y prendre place. Nothaft ne se le fit pas répéter, et Mussinger dit ensuite avec beaucoup de bienveillance:

— Voyez-vous, mon cher Nothaft, la mort n'est pas précisément un malheur, c'est un doit que tôt ou tard tout homme est obligé de solder; consolez-vous donc de cette perte douloureuse, et recevez l'expression du vif intérêt que je prends à votre bien-être à venir. Je vous prie de me conserver votre attachement et de me faire l'honneur de venir manger la soupe dimanche prochain avec moi.

Mussinger, après avoir satisfait aux usages de la politesse, aurait bien désiré avoir terminé sa conversation; mais Nothaft, après l'avoir remercié par un signe de tête plein de fatuité, ne bougea pas de place, et continua le dialogue.

— Monsieur le sénateur... dit-il, je sais combien votre amitié m'est et m'a été favorable, ainsi que la mienne, *vice versa*, c'est pourquoi je prends la liberté d'attacher à la triste nouvelle susdite un certain plaisir, en faisant allusion à un certain lien, qui serait fait pour resserrer encore notre attachement mutuel. Feu mon père retournait six fois un *albus* avant de le dépenser, et, au moyen de cette méthode, il a épargné une belle quantité de beaux écus; joignez à cela un commerce de draps en vogue, une fabrique de vins, une maison bien ordonnée, des jardins et des champs, une fontaine et une écurie, de la vaisselle d'argent et des anneaux d'or. Tout cela m'appartient, il ne me manque qu'une femme. Je viens donc vous demander en mariage mademoiselle votre fille. Je l'aime beaucoup, bien qu'elle soit un peu dédaigneuse; mais quelques semaines de mariage remédieront à tout.

Le sénateur fut interdit, et se prit à sourire, soit par dérision, soit de surprise. Puis, il répondit avec assez de franchise:

— Mon cher Nothaft, vous me faites beaucoup d'honneur ainsi qu'à ma fille; mais, mon cher... ignoreriez-vous que ma fille est toujours promise? tant que M. Birsher jeune n'aura pas retiré sa parole...

— Vous vous faites toujours des illusions avec le gendre de New-York? demanda Nothaft en haussant les épaules; renoncez à cet espoir. Le jeune homme pensera longtemps à l'Allemagne, et fera redemander, avant peu, les présents de noce apportés ici par son pauvre père ; mais il ne réclamera certainement pas la fiancée.

— Vraiment ? demanda Mussinger un peu irrité ; et d'où le savez-vous ?

— Mais, répartit Nothaft tranquillement et avec intention, il me semble... que si j'étais ce fils... je ne pourrais jamais me résoudre à prendre ma femme dans une maison où mon père aurait été... enterré.

Le front du sénateur se rembrunit.

— Nous verrons bien, dit-il avec morgue.

— Ne méconnaissez-vous pas votre avantage, reprit Nothaft. Une alliance avec moi vous sera plus salutaire que d'avoir l'Américain pour gendre. Je n'ai pas, il est vrai, un million en caisse ; mais je possède une bouche qui sait se taire, et une douceur de caractère qui est toujours prête à couvrir du manteau de la charité certaines erreurs de l'humanité.

— Comment, comment ? je ne comprends pas ce que vous dites.

— Songez au jour où mourut votre hôte. Songez à ce singulier décès.

Le sénateur devint pâle comme la mort, se leva, respira avec difficulté, et dit d'une voix oppressée :

— Vous êtes un terrible compère, et vous vous entendez à merveille à peindre les scènes de mort ; c'est à faire frissonner.

— Tant mieux ! s'écria Nothaft, nous arrangerons d'autant plus vite ce mariage. Topez là : alliance ! et puis respect pour votre *raison de commerce !*

— Eh ! vous serez toujours forcé de la respecter, dit le sénateur avec emportement, et sans alliance encore ! Vous êtes bien familier avec moi, plus même qu'il ne convient. Vous ferez bien de vous en dispenser dorénavant.

Nothaft, déconcerté, le regarda avec surprise. Néanmoins, le sénateur se repentit de cet accès d'emportement. Il le réprima avec effort, et poursuivit ,

— Pardonnez-moi cette sortie. Je me suis proposé de ne pas me mettre en colère ; mais la langue prend quelquefois la clé des champs. Redevenons amis, comme avant ce petit différend. Je sais tout le prix de la demande que vous me faites ; mais, dites-le vous-même, m'est-il possible de vous donner le moindre espoir lorsque le jeune Birsher est arrivé ici en personne ?

Nothaft se leva précipitamment de son fauteuil. Il examina longtemps l'expression sérieuse des yeux du sénateur ; puis, il dit avec rapidité :

— Si la chose est ainsi, monsieur le sénateur, il faut prendre une prompte résolution. Réfléchissez bien à la manière dont il faudrait s'y prendre pour que le monsieur de New-York ne se mît pas à réfléchir lui-même. Parbleu ! je compte sur votre consentement comme si vous me l'aviez déjà accordé. On saura bien ensuite obtenir celui de Justine. Cependant, monsieur, je dois vous dire que je ne trouve pas agréable que votre demoiselle s'attache à des personnes étrangères et malhonnêtes. L'éducation de Justine a été très-négligée.

— Monsieur Nothaft ! s'écria Mussinger avec surprise et en se fâchant de nouveau.

— Eh ! calmez-vous, monsieur le sénateur, je le tiens de bonne source. Ce jeune Anglais, si mélancolique, qui donne des leçons de langue dans cette maison... mérite seul que vous vous irritiez contre lui. Il a apprivoisé mademoiselle Justine. Ils ont fait ensemble des promenades du matin, pendant l'aurore... Berndt a vu comment ils causaient ensemble, et comment ils se sont dit adieu. De pareilles excursions matinales dans la rosée peuvent être en usage chez ces grossiers Anglais, mais la réputation des filles de l'Allemagne pourrait bien y gagner le rhume.

— J'examinerai cette affaire, répartit Mussinger avec sévérité ; soyez persuadé que, si ce que vous avancez est vrai, cela ne se renouvellera plus.

— Alors, je suis content par rapport à ma fiancée, répliqua Nothaft en se disposant à prendre congé.

Le sénateur ne manqua pas de faire observer au jeune commis qu'il avait trop d'assurance, et que le consentement était loin d'être accordé ; mais son discours prit involontairement une apparence trompeuse, et Nothaft, n'eût-il même pas été aussi sot et aussi orgueilleux qu'il l'était, eût eu des raisons pour ne pas se retirer sans espoir.

— Que le ciel me pardonne ce péché, comme il m'a remis aujourd'hui des péchés plus grands ! se dit le sénateur à voix basse, et comme s'il priait ; je ne pouvais pas me tirer autrement de l'embarras du moment. Il faut que je ménage

cet impertinent qui connaît une partie de mes secrets... du moins jusqu'à ce qu'il ait tourné le dos à la ville et pris le chemin de sa patrie.

Il se promena dans la chambre, mit en ordre les papiers de son bureau, ses livres, et tressaillit comme devant un serpent, en y apercevant l'ancien sermonaire de famille ; il le fourra dans une armoire entr'ouverte.

— Comme la vue de ce volume m'a tout à coup rappelé mon jeune âge ! se dit-il avec un reproche mélancolique... Ce livre dans lequel mon père consignait tous les événements de la maison, comme dans une chronique de famille... ce livre doit désormais m'être en abomination !...

Il poussa un soupir, ferma néanmoins l'armoire avec résolution, et tira de son sein un petit volume qu'il se mit à considérer avec un mélange singulier de curiosité, de confiance et de doute.

— Mon salut dépendrait-il à l'avenir de toi ? dit-il à voix basse, et il ajouta en le feuilletant : Saints et saintes, vous tous dont les images sont ici couronnées d'épines et baignées de sang, soutenez-moi, afin que je ne succombe pas sous une lâche irrésolution ; conservez-moi la paix que j'ai acquise par une détermination si prompte et presque sans exemple !

Son regard tomba sur la marge d'une gravure, et un éclair de joie brilla dans ses yeux.

— Munzner ! Munzner ! n'est-ce pas le nom mondain de Clara ? et n'a-t-elle pas été aujourd'hui l'ange qui est devenu mon parrain ? et je ne retrouverais pas la paix de l'âme, lorsqu'elle prie pour moi aux pieds du Sauveur ? Courage, mon cœur ! courage !

On sonna pour le déjeuner.

Le sénateur cacha son livre de prières, donna à ses traits leur expression sévère et accoutumée, et se rendit au salon.

Madame Mussinger, qui avait à peine répondu au salut de son mari, était assise à côté de lui, mais elle lui tournait le dos à moitié, et elle prenait tranquillement son café, en se délectant à la fois du doux arôme du moka et des rayons du soleil matinal qui entraient par la fenêtre. Justine observait, avec des yeux inquiets, tantôt son père silencieux ; tantôt sa mère acariâtre, et servait le déjeuner selon sa coutume. Berndt, semblable à un agneau incapable de troubler le moindre petit ruisseau, était assis à peu de distance, informant son patron des travaux dont il s'était acquitté déjà dans la journée. Le teneur de livres, sérieux comme toujours, était debout derrière le sénateur, et lui présentait une suite considérable de papiers ayant besoin de sa signature pour être expédiés. Mussinger lut et souscrivit en silence, envoya le teneur de livres en bas, ordonna à Berndt de venir dans une heure dans sa chambre, et, quand celui-ci se fut retiré, rouge comme un coq, il demanda d'un ton extraordinairement doux :

— Eh bien ! Jacqueline, et toi, ma petite Justine, le dîner est-il préparé pour le convive que nous attendons ?

Justine voulut laisser répondre sa mère, mais celle-ci n'en témoigna pas l'envie. Elle mit sa tasse, de mauvaise humeur, sur la table, poussa un soupir, tourna tout à fait le dos au sénateur, et contempla le ciel.

— Jacqueline... dit Mussinger avec surprise, en s'approchant de sa femme, et en appuyant sa main sur le dossier de sa chaise comme pour s'incliner d'un air de familiarité vers elle... Mais, madame Mussinger, se levant soudain comme si elle eût été touchée par un scorpion, essuya avec son mouchoir l'endroit de sa robe effleuré accidentellement par les doigts de son mari, et se retira avec arrogance et sans répondre un mot dans une chambre voisine ; la porte se referma avec bruit derrière elle.

— Qu'est-ce que cela signifie ! demanda Mussinger en pouvant à peine maîtriser son agitation.

Justine répondit, avec embarras et timidité, que la conduite de sa mère s'était changée depuis la promenade faite la veille à la cour des *Chevaliers ;* qu'elle n'avait pas exprimé le motif de sa rancune muette, et que elle, Justine, n'y comprenait absolument rien.

— Quel fatal caprice domine encore une fois cette femme ? dit le sénateur révolté. Y a-t-il dans cette ville un père de famille plus malheureux que moi ?

Justine, les yeux baignés de larmes, se jeta à son cou, et demanda :

— Mon père, mériterais-je aussi votre mécontentement ? seriez-vous aussi fâché contre moi ?

Le sénateur la regarda d'abord avec attendrissement, puis, tout à coup, il la repoussa doucement, et répondit :

— Jusqu'aujourd'hui, je n'avais pas aperçu l'hypocrisie

au nombre de tes défauts. A présent elle se manifeste aussi ; fille coupable au regard innocent, jusqu'où t'es-tu égarée ? On t'a vue le matin, de très-bonne heure, dans les rues de la ville, avec un jeune homme qui trahit ma confiance. Avoue, de quel côté se dirigeaient vos pas, et depuis quand faites-vous ces promenades ?

Justine pâlit un peu ; mais elle eut bientôt repris ses esprits.

— Berndt m'a calomniée, dit-elle avec tranquillité. Ne croyez pas cet homme. Cependant n'exigez pas que je vous en dise davantage de cette sortie matinale, sinon qu'elle n'a eu lieu qu'une fois, hier, et que j'ai visité la maison d'une infortunée. Questionnez sur tout le reste, si vous le trouvez bon, M. White lui-même.

— Quelle assurance ! s'écria Mussinger ; je veux bien croire cependant que le péché n'était pas de la partie. Mais qu'en résultera-t-il pour l'avenir ? Tu n'auras pas, j'espère, la folle pensée de vouloir épouser le baronnet, et dans un temps où tu es enchaînée par d'autres liens, que ton fiancé vient sans doute pour rendre indestructibles ; dans un temps.....

— N'achevez pas, mon père, repartit Justine, et apprenez à mieux me connaître. Vos soucis sont sans fondement. Puisque M. Birsher est arrivé ici, il ne convient pas d'ailleurs que je continue à recevoir les visites d'un autre homme ; vous m'obligerez en donnant aujourd'hui même son congé à M. White. Vous le ferez, je pense, avec calme, si vous voulez ménager ma réputation. Pour ce qui regarde Berndt....

— Ceci est mon affaire, interrompit le sénateur en s'empressant de se rendre dans sa chambre, où Berndt arriva bientôt.

— Vous vous êtes permis, lui dit le sénateur avec sévérité, de dire du mal de ma fille et de lui imputer à crime une promenade dont j'étais instruit, et qui avait un but de charité. Je ne souffre pas dans ma maison des mauvaises langues ni des calomniateurs. Vous n'avez qu'à chercher une autre condition et à quitter mes bureaux à la fin du trimestre. Bonjour.

Berndt se retira abattu en murmurant entre ses dents :

— Ceci vient de Nothaft, de ce rustre envieux ; mais je la lui garde bonne.

Le génie du mécontentement s'était établi sous le toit de Mussinger. Un malaise sourd tourmentait tous ceux qui habitaient sa maison, à l'exception de Justine, qui examinait l'avenir sans crainte ni préoccupation.

A la vérité, il se mêlait à cette sécurité un peu d'inquiétude, quand elle pensait à l'arrivée si subite de ce fiancé, dont les intentions n'étaient pas encore connues.

Désirant cependant tenir la promesse faite à son père, elle alla, pleine de résolution, demander les clés de la maison, afin de faire les préparatifs du festin.

Dame Jacqueline ne fit pas de difficultés pour confier, ce jour-là, les soins du ménage à sa fille.

— Tu soulages mon cœur d'un poids énorme, dit-elle en remettant les clés.

— Puis-je vous demander, mère chérie, ce qui vous inquiète et vous fâche ? demanda Justine avec un tendre intérêt.

La mère se tordit les mains et secoua la tête.

— Ne me le demande pas, Justine, dit-elle ensuite avec une emphase flegmatique ; le temps viendra où tout sera dévoilé.

Elle se tut ensuite avec obstination, et Justine craignit pour la raison de sa mère.

— Vous me permettrez pourtant, dit-elle, de choisir une compagne ; car, quand le temps sera arrivé où M. Birsher fréquentera la maison, il pourrait se faire que nous eussions un surcroît d'occupations auxquelles je ne pourrais suffire seule.

— Comme tu voudras ; que le bon Dieu bénisse M. Birsher. Il aurait mieux fait de rester à New-York ; mais qui veux-tu l'associer ?

— Une amie, madame Laynez, une Française, qui m'a été recommandée par la femme du syndic, répondit Justine embarrassée pour une réponse.

— Ah ! repartit Jacqueline en ouvrant de grands yeux. J'y consens. La femme du syndic ne recommandera pas, à coup sûr, de la canaille ; sans cela, je t'aurais bien conseillée d'être sur tes gardes.

— Laissez-moi faire, ma mère, et soyez plus gaie. Cette mauvaise humeur incompréhensible effaroucherait notre convive.

— Je voudrais que mes yeux ne vissent pas ce convive étranger. Mais je ne pourrais, sans blesser les convenances, manquer au repas, n'est-il pas vrai ?

— Certainement, ma mère, songez-y vous-même.... La maîtresse de maison !

— Oh ! mon doux Sauveur, oui ! Que ne faut-il pas faire à cause des convenances ? Que ne faut-il pas faire à cause de la honte ? Hélas ! ma chère fille, je souffrirai beaucoup à cette table. Ah Dieu ! pardonnez-moi mes péchés ; mais par quoi ai-je mérité toutes ces tribulations ?

Justine regarda d'abord avec surprise sa mère, qui se comportait comme une folle, puis avec compassion, puis avec dédain, et la quitta pour aller vaquer à ses affaires.

« — Ce que j'ai promis, je puis déjà l'exécuter aujourd'hui, écrivit-elle à la hâte à madame Laynez. Venez, ma bonne dame, venez essayer pendant quelques jours si vous pouvez vous plaire chez votre amie.

» JUSTINE. »

Elle envoya ce billet, et perdit bientôt, dans l'urgence des affaires, la mémoire des idées étranges de sa mère, et même du convive intéressant qui avait été invité.

Cependant un autre convive était arrivé dans la chambre du sénateur.

— Béni soit le nom du Seigneur notre Sauveur, dit à voix basse Leupold en entrant.

— Amen ! répondit sur le même ton le sénateur ; soyez le bien venu, révérend père. Il alla à sa rencontre, et voulut lui baiser la main ; marque de respect que Leupold ne permit pas.

— Laissez cette formalité, mon très-cher fils, à la jeunesse et au peuple, que l'on doit maintenir dans le respect, dit le docteur. Que nos rapports soient ceux d'un ami avec un ami. Le bonheur que j'ai eu d'être votre guide remplit mon âme d'une béatitude céleste. La paix est aussi rentrée dans votre âme, n'est-ce pas, mon fils ?

— Si la foi à une rémission absolue est la paix, je jouis de cette paix-là, répondit Mussinger.

— La foi est certainement un bouclier protecteur, et son action ne tarde pas à se faire ressentir. Je suis persuadé, monsieur le sénateur, que vous attendez à présent de pied ferme le convive que vous redoutiez hier.

— Certain que je suis aussi de votre assistance, sans doute.

— L'assistance du Seigneur et de ses anges, dont les ailes ont chassé de votre conscience jusqu'à l'idée d'un crime. Tenez-vous ferme, et vous ne trébucherez pas. Vous avez acquis la grâce de Dieu, acquérez aussi la confiance de l'ordre qui vous a ramené vers lui. Il est beau d'être assis sur un trône ; mais être un membre de notre société est une vocation mille fois préférable.

— Comptez sur moi, aussitôt que vous m'aurez aidé à franchir ce pas dangereux ; comptez sur moi en toute chose qui ne sera pas contraire à mes devoirs de citoyen et de père.

— Clauses captieuses, mais inutiles ! dit le docteur en souriant. Des devoirs de père ? Mais l'Église est la plus aimante des mères ; des devoirs de citoyen ? notion relative. N'être une chose qu'à moitié conduit à ne plus rien être. Il faut, quand on veut être quelque chose, être tout ; et, dans la voie de la religion, les devoirs ne sont jamais froissés, quand on regarde autour de soi sans préjugé. La vérité est toujours *une* ; le droit n'est jamais qu'*un*. Les préceptes humains faillissent ; la vérité divine, jamais. Êtes-vous persuadé que vous voulez le bien de vos concitoyens ? allez droit au but. Les partis furieux et les lois louches appellent trop souvent haute trahison ce qui mériterait plus que des couronnes civiques... le salut de la patrie. Je me réserve de vous expliquer plus clairement ces principes inébranlables, quand il s'agira de les mettre en pratique.

— En pratique ? demanda le sénateur d'un ton traînant ; car il se sentait des vertiges.

— Oui, mon fils, en pratique, répondit le docteur. Mais rassurez-vous, jamais notre société n'exigera de vous un sacrifice au-dessus de vos forces. Nous ne convertissons plus par le glaive, nous n'avons plus que le miel de nos paroles. Nous ne battons plus en brèche les remparts des citadelles, mais nous creusons avec patience la mine qui nous conduit dans l'intérieur de la place. Et Dieu nous protège. Regarde, l'existence de notre société née dans la poussière n'est-elle pas un miracle. Ah ! c'est que nous sommes unis par la foi. Que d'obstacles cependant. Mais nous les avons tous surmontés. Et quelle science, quels dévouements parmi nous ! Vois nos élèves, ne sont-ils pas les maîtres sur tous ? L'or seul nous manquait, nous nous sommes faits commerçants, et bientôt nous serons assez riches pour acheter ceux que nous n'aurons pu convaincre. Eh bien! mon fils, cette association puissante t'ouvre son sein. Toutes ses forces, elle les met à ta disposition, et, en échange, que te demande-t-elle? ton concours, dans la mesure de tes moyens.

— Oh! que votre ordre soit béni mille fois, s'écria le sénateur transporté. Oui! j'userai pour lui de réciprocité. On a tant besoin d'amis fidèles. Mais vous, mon père, laissez-moi vous dire combien je vous admire, vous un des liens les plus forts de cette formidable association.

Le docteur à ces mots ne put réprimer un soupir.

— Hélas! dit-il, chacun a son fardeau, et je ne suis, moi, qu'une des bêtes de somme de notre ordre; on commande, j'obéis, j'étouffe en moi toute idée de rébellion, toute velléité de discussion. Ah! le devoir est parfois bien pénible.

Et une larme s'échappa des yeux du docteur. Le sénateur ému, attendri, ouvrit ses bras, et le prêtre et le néophyte restèrent longtemps appuyés l'un sur l'autre.

Le sénateur reprit le premier son sang-froid.

— Une idée me vient, mon digne ami, dit-il, votre fils adoptif paraît avoir envie de convertir ma fille, et je crains, il me semble...

— Tout est prévu, répondit le docteur, votre maison vient d'être interdite au jeune homme; d'autres devoirs le lient...

— Quel homme vous êtes, s'écria Mussinger en serrant avec joie la main du docteur; une sagacité pareille ne peut réellement s'apprendre que dans vos collèges. Ce que votre regard investigateur avait déjà deviné, ne m'a été révélé que par la bouche d'un espion de commis...

XIII

La sonnette de la maison retentit, vigoureusement agitée.

Le sénateur pâlit:

— C'est lui, c'est Birsher, balbutia-t-il, se soutenant à peine...

— Allons, mon ami, du courage, lui dit le docteur, souvenez-vous que vos péchés vous sont remis. On peut vous observer, ne donnez pas prise au soupçon.

Un peu remis, le sénateur s'avança au devant de l'étranger qu'on venait d'introduire au salon. A sa vue, il faillit encore perdre contenance, un regard du docteur le soutint.

L'extérieur du jeune homme était fait cependant pour éveiller du premier coup la sympathie. Il était sérieux et pâle, mais son front annonçait la franchise, sa bouche ne devait pas s'ouvrir pour le mensonge, le feu d'une âme généreuse brillait en ses yeux. D'un air ouvert il tendit la main au sénateur:

— Salut à vous, monsieur, dit-il, je suis heureux de vous serrer les mains. Pardon d'être arrivé hier, et de ne me présenter à vous qu'aujourd'hui, mais je devais ma première visite au tombeau de mon père... Pauvre père, continua-t-il en essuyant une larme... Vous excuserez ma douleur, n'est-il pas vrai, monsieur, et mes habits de deuil... Je vais tâcher de sourire, monsieur, peut-être mon air triste vous causerait-il de la peine.

Le sénateur eut un soupir de satisfaction.

— Dieu vous bénit, vous le voyez, lui murmura à l'oreille le docteur qui venait de reconnaître dans l'Américain son voisin de l'hôtel du *Cygne*.

M. Birsher, cependant, s'inclina gravement devant la femme du sénateur, et salua avec un regard d'admiration sa fiancée.

On se mit à table. Mais grâce à la mauvaise humeur de madame Mussinger, la contenance de tous fut assez froide. Seul le docteur faisait les frais de la conversation. Justine l'écoutait. Une fois elle l'avait aperçu dans le cabinet de son père, mais il lui semblait qu'elle avait entendu ailleurs cette voix insinuante et persuasive. Du docteur, ses yeux se reportèrent sur le jeune Américain, et tout bas elle s'avouait que son imagination avait eu des torts envers lui.

Elle prêtait une oreille attentive à ses paroles, et souriait involontairement, et avec approbation, lorsque de retenu il devint plus communicatif.

Après le troisième plat, Birsher éloigna par un léger mouvement son assiette et dit:

— La faim est calmée, et je ne mange pas par plaisir. Mais puisqu'il ne m'est pas permis de prendre la part qui m'était destinée de ce festin magnifique, je veux fournir celle de la conversation, et je commence par vous avouer sans détours quels sont les motifs qui m'ont amené ici.

Tous les assistants firent des signes de tête approbateurs, et Mussinger dit d'un ton vague et douteux:

— Vous prévenez nos désirs, monsieur; je dois avouer que, si agréable que m'ait été votre arrivée, je ne comprends pas comment il nous a été possible de vous posséder déjà. Selon mes calculs exacts, le plus fin voilier pourrait à peine avoir porté la nouvelle à New-York, et...

— Vos calculs ne vous ont pas trompé, monsieur le sénateur, répartit Birsher; mais je n'ai pas attendu pour partir une nouvelle d'Europe. Un pressentiment... on dirait presque, comme mon facteur écossais, une *seconde vue* m'a fait passer la mer.

— Vraiment? demandèrent le docteur et le teneur de livres. Le visage du sénateur s'allongea.

— Ne vous attendez pas à une histoire de revenants. Il n'y a rien d'extraordinaire. Ce n'est qu'un songe qui s'explique facilement, quand on sait combien mon père et moi nous nous sommes aimés. Il avait entrepris ce pénible voyage pour sauver dans la Frise un capital qui courait des risques, et, chose dont nous nous occuperons plus tard, pour me ramener un trésor. Une espèce de mal du pays vint se joindre aux autres motifs. Il avait antérieurement vécu en Hollande et en Allemagne. Il avait été heureux dans ces pays. Il voulut voir encore une fois avant sa fin le paradis de sa jeunesse... Le vaisseau sur lequel il s'embarqua portait un nom significatif: *Fare Well*. Mes bénédictions s'attachèrent au pavillon du navire, et, bien que je me remisse à mes livres et à la correspondance, mon âme n'en était pas moins balancée à côté de mon père sur le fatal *Fare-Well*. Cette rêverie s'identifia pour ainsi dire avec moi, et donna sans doute sujet au songe que j'eus un jour, bien longtemps après le départ de mon père. J'étais à écrire au comptoir. On frappa à la porte: « Entrez, m'écriai-je. » Tout resta tranquille. Enfin je me lève, je vais à la porte, je l'ouvre. Que vois-je? mon père, habillé comme autrefois, mais pâle. « Soyez le bien venu! dis-je en lui tendant la main. « Non, non, mon ami George, me répondit il; je suis mort, et je dois rester en Europe. » Je me levai avec précipitation, et le premier vaisseau qui partit m'emmena pour la Hollande. Van der Hocken ne m'apprit rien de nouveau à mon arrivée à Amsterdam. J'étais intimement convaincu de la vérité de mon pressentiment.

— C'est une histoire épouvantable! dit la femme du sénateur, qui saisit avec un mouvement convulsif la main de Justine, et quitta, appuyée sur celle-ci, la salle à manger.

— Madame Mussinger paraît être plus irritable que sa constitution ne le ferait supposer, dit Birsher; je n'ai raconté qu'une chose très-ordinaire, et dans le but de fournir une nouvelle matière à l'étude de la psychologie.

— Certes, la matière est du plus haut intérêt, répartit le docteur, afin de pallier le trouble du sénateur; cette histoire témoigne de l'amour extraordinaire que vous avez eu pour monsieur votre père, dont les vertus auraient mérité une plus longue vie.

— J'ai résolu qu'il continue à vivre dans ses projets et dans ses vœux, répliqua Birsher, sa volonté m'est un héritage plus précieux que ses biens considérables. En venant ici, j'avais moins l'intention de chercher une part de succession, que de demander à monsieur le sénateur s'il veut me continuer l'amitié qu'il eut pour mon père, et m'accepter pour gendre, comme c'était le désir du défunt.

— Monsieur Birsher, balbutia le sénateur, extrêmement surpris, votre franchise s'exprime d'une manière si inopinée, que...

— Ce que mon père a résolu, je veux l'exécuter avec obéissance. J'avais reçu aveuglément de ses mains une fiancée que je n'avais jamais vue, que je n'aimais pas; mais que dois-je faire, à présent que j'ai vu cette aimable demoiselle, depuis que je n'ai entendu que des louanges de la bouche de tout le monde? Je n'aime pas les longs discours; oui ou non, monsieur le sénateur! bien qu'entre hommes de parole le *non* ne soit pas admissible. La parure de mariée est dans votre maison. Le capital auquel mon père avait presque renoncé, et qu'il sauva par miracle, a été employé à vous libérer de certaines obligations que vous aviez contractées avec Van der Hocken, les billets acquittés seront les épingles de mademoiselle. Mon père ayant tout prévu, tout fait d'avance, n'agirez-vous pas de réciprocité envers moi?

— C'est ma volonté! je le ferai! s'écria le sénateur en éclatant; car un poids énorme venait d'être enlevé de sa poitrine; soyez le bienvenu doublement, et comme ami et comme mon fils.

Lui et Birsher se serrèrent cordialement la main. Le teneur de livres, choquant son verre contre celui du docteur, s'écria avec joie :

— J'en suis ravi ! J'applaudis de tout mon cœur !

Le docteur choqua bien, et s'inclina bien en disant quelques mots de félicitation ; cependant, son front n'exprimait pas la satisfaction. Mais, comment ces sourcils froncés auraient-ils pu se maintenir longtemps sur le visage de cet homme habile ?

Le sénateur s'anima. L'énergie de son âme paraissait revenue, une joie excessive s'était emparée de lui. La sonnette d'argent retentit dans sa main.

— De l'Alicante ! cria-t-il au valet qui entrait, de l'Alicante ! le cachet aux quatre tours ! Vite ! vite ! point de retard ! apportez, en même temps, les verres d'Espagne à fleurs de lys ! le dessert ! que Justine vienne pour faire les honneurs !

Tout était devenu ardeur et vie. Le vin de Nierstein, qu'on versait justement, coulait en flots écumeux dans les coupes. On but santé sur santé.

La porte s'ouvrit. Alors, portant un plateau d'argent, sur lequel brillaient six verres remplis d'un alicante exquis, à côté d'une bouteille qui n'était plus bouchée que par une fleur magnifique, suivie d'un domestique qui portait les autres bouteilles, une jeune et jolie femme entra ; son costume était simple, mais agréable ; un tablier court en gaze annonçait la ménagère ; ses jolies mains étaient couvertes de gants extrêmement propres. Les convives se levèrent précipitamment pour la saluer. Le sénateur, plus que tous les autres, regarda l'étrangère avec surprise.

— On ne peut pas trouver mademoiselle Justine, dit l'agréable hôtesse, en présentant le vin avec une dignité, comme si elle servait à la table d'un roi. Afin de ne pas faire attendre trop longtemps ces messieurs, j'ai été obligée de faire moi-même... veuillez m'excuser, je vous prie.

Justine entrait justement par une porte latérale. D'un seul coup d'œil elle comprit l'embarras de sa compagne, la surprise du sénateur, et dit avec un son de voix aimable, en s'adressant à toute la société :

— Madame Laynez, veuve d'un capitaine français, mort sur le champ de bataille, une de mes amies les plus chères, que j'ai fait prier aujourd'hui de venir soulager et partager mes devoirs domestiques.

— Je suis charmé, répartit le sénateur en s'inclinant profondément et en offrant à madame Laynez la chaise demeurée vacante par la retraite de Jacqueline. La veuve du capitaine refusant du geste, et faisant la révérence, allait sortir ; mais Justine lui dit à voix basse :

— Restez, ma chère, je vous en supplie, et entretenez ces messieurs. Il me serait impossible de trouver une parole qui ne me fît pas mal.

Madame Laynez se rendit à ces raisons.

— Votre mari est mort à Denain ? demanda le sénateur après quelques informations préliminaires ; il a succombé dans une lutte glorieuse contre des ennemis honorables. Il faut convenir que les troupes de l'empereur ont trouvé dans les Pays-Bas le théâtre de beaucoup de gloire et de peu de défaites. Messieurs, vive le prince Eugène !

— Je vous prie de ne pas oublier notre Marlborough, dit Birsher pendant qu'on choquait les verres. J'ai souvent eu le désir de visiter la Flandre où tant de braves ont combattu. Si Dieu me prête vie, je le ferai et ne manquerai pas l'occasion, madame, de me rendre à la tombe glorieuse de votre époux. Mais, savez-vous que votre nom réveille moins des souvenirs militaires que des souvenirs ecclésiastiques ? Si je ne me trompe, le second général de l'ordre des Jésuites se nommait Laynez. C'était un homme distingué ; ses ennemis même sont forcés d'en convenir ; car c'est à ses efforts incessants que cette redoutable société doit son élévation.

Madame Laynez baissa les yeux et répondit :

— Je ne connais rien de cet homme. Je n'ai pas entendu non plus dire à mon mari que jamais dans sa famille...

— Félicitez-vous-en, madame, dit le jeune Birsher en l'interrompant, car alors il n'avait pas hérité de cet orgueil impérieux et méprisant qui distingue les disciples de Loyola et de Laynez.

— Oui, oui, dit le teneur de livres, en branlant la tête avec inquiétude, les Jésuites ! les Jésuites ; celui qui pourrait nous défaire de cette marchandise...

— On fait, je pense, ces gens-là plus dangereux qu'ils ne sont, dit le docteur en souriant avec bonhomie ; qu'en pensez-vous, monsieur le sénateur ? Notre très-honorable convive s'est plus occupé, à ce que je crois, de la société décriée de Jésus qu'on ne le voit ordinairement chez un négociant.

— C'est vrai, dit Birsher avec sincérité, c'est aussi très-naturel. Nous autres, habitants de New-York, nous entendons tous les dimanches le prédicateur anathématiser le pape et son empire, et les Jésuites, ces satellites du trône de saint Pierre, ne sont pas non plus épargnés par lui. De plus, nous lisons des écrits historiques. Et, quand même l'histoire universelle nous serait inconnue, quand même nos prédicateurs ne feraient pas mention des champions du papisme, le temps le ferait tout seul. Cet ordre dangereux est le rival de notre état, monsieur le sénateur. Dans les états catholiques, ce sont les Jésuites qui tiennent le gouvernail, qui dirigent l'industrie et le commerce. C'est principalement dans les Indes-Occidentales, dans l'Amérique du Sud, qu'ils ont leurs commandites ; leur avidité tend à réunir tous les monopoles qui accablent le monde commerçant, en un seul, pour l'exploiter ensuite.

— Eh ! monsieur, vous allez un peu loin, dit le sénateur, avec un peu d'impatience à cause du docteur, qui devenait inquiet.

— Nullement, continua l'Américain sans amertume ni animosité ; j'avoue que je n'aime pas les catholiques. Notre mère patrie a eu beaucoup à souffrir d'eux. J'aime aussi peu l'ordre dont nous avons dit un mot. Mais ce n'est pas non plus la partialité qui me fait le condamner. La funeste expérience parle pour moi. Que pouvons-nous attendre, que peut attendre le monde entier d'une institution qui favorise le régicide ? D'un ordre, dont les membres, comme confesseurs des rois, sèment la discorde entre les souverains et les peuples ? On sait qui, dans ces derniers temps, s'est rendu coupable de l'abominable massacre des Cévennes, de la révocation de l'édit de tolérance de Nantes, qui a chassé de leur patrie des milliers des meilleurs citoyens avec leurs familles. Celui qui suce sa famille jusqu'à la moelle des os, celui qui en tue les fils, commet le crime de haute trahison envers la nature entière, et envers celui qui l'a créé. Peut-être n'êtes-vous pas de mon opinion, madame, mais je ne pense pas autrement.

— La révocation de l'édit de Nantes a causé le malheur de mes parents et le mien, répondit madame Laynez.

— Une réfugiée donc ? une persécutée ? demanda Birsher avec un chaud intérêt. Eh bien ! je suis aise de me trouver ici parmi des protestants devant lesquels je puisse parler à cœur ouvert, et selon mes convictions. Je hais l'hypocrisie, mais cette sincérité n'est pas une vertu à moi, elle est dans les mœurs des Américains.

— C'est une belle vertu, dit le teneur de livres ; dans notre patrie, la franchise et la loyauté allemande disparaissent peu à peu. Heureux nos descendants, s'ils peuvent du moins retrouver un jour ces qualités en Amérique !

— C'est dommage, monsieur Birsher, dit le docteur avec un sourire moqueur, que vous n'ayez pas eu la vocation de faire des voyages autour du monde. Devant vos opinions et votre rare franchise, les idoles étrangères auraient été obligées de céder, et les peuples d'une foi différente de se convertir.

— Mes paroles sont trop inoffensives, pour qu'elles méritent cette petite leçon, dit Birsher d'un ton amical, mais sérieux ; et je ne souhaite qu'une chose, voir toutes les croyances vivre paisibles les unes à côté des autres.

— Cette assertion renverse celle que vous avez déjà émise, répartit le docteur d'un air de triomphe. Ou bien aimeriez-vous tous les hommes, à l'exception de vos frères catholiques.

— Parce que j'ai dit que je n'aime pas un catholique, s'en suit-il que je le haïsse, que je le réprouve ? repliqua Birsher en s'échauffant ; je ne l'appellerai peut-être pas pour qu'il bâtisse sa maison à côté de la mienne : on n'agit ainsi qu'avec des amis ; mais si, de sa propre impulsion, il venait appuyer sa cabane contre la mienne, et me dire : frère, essayons d'être bons voisins, je lui répondrais : volontiers ! Et si nous vivions ensemble en paix et que nous nous supportassions l'un l'autre, je finirais probablement par l'aimer de tout mon cœur, je ne le chasserais pas de sa propriété, ni ne lui demanderais qu'il priât Dieu comme moi. Je suis l'ennemi de toutes les conversions, de toutes les apostasies. Que chacun reste là où le hasard l'a placé, dans la croyance de ses pères. Que chacun croie ce qu'il peut et suive les pratiques de son dogme, afin que les faibles n'aient point de scandale, et les méchants point de triomphe. Je ne pourrais jamais me fier à l'homme qui a changé de religion. Il a rejeté la livrée de son maître, pour n'avoir plus de maître, et il ne mérite pas confiance, parce qu'il a trahi ce qu'il y a de plus sacré.

— Il me semble que nous avons poussé assez loin cette controverse, dit le docteur obligeamment, mais dans le fait effrayé du visage pâle et pensif du sénateur... Les dames surtout doivent s'ennuyer de nos discours.

— Nullement, monsieur, nous écoutons avec plaisir, dit Justine en prenant la parole pour elle et pour madame Laynez, qui garda le silence ; un sermon sur la tolérance débité par vous, monsieur Birsher, ne pourrait être que très-intéressant. Je vous souhaite la victoire contre M. le docteur, bien que celui-ci soit peut-être pourvu d'armes puissantes et inconnues pour nous.

— Me souhaitez-vous réellement la victoire, mademoiselle? demanda Birsher avec obligeance. Oh ! j'ai alors gagné ma cause, et il ne reste plus à monsieur le sénateur que de soumettre à votre décision son vœu et le mien.

Les hommes se levèrent et saisirent les verres. Le sénateur toussa, pour commencer d'une belle façon le discours qu'il allait adresser à sa fille. Justine était comme sur des épines, et désirait une occasion qui interrompît ou empêchât la harangue dont sa sagacité et sa vanité pressentaient la substance. Voilà que tout à coup il s'éleva un bruit dans le corridor. Une porte éloignée s'ouvrit, et l'on entendit des cris aigus.

— Pour l'amour de Dieu ! c'est la voix de ma mère ! s'écria Justine effrayée, et satisfaite néanmoins de pouvoir se tirer d'embarras. Elle s'échappa promptement par la porte. Madame Laynez la suivit. Les hommes restèrent stupéfaits.

Le sénateur, courroucé de la conduite de sa femme, se refusa froidement à porter des secours à celle qui en réclamait.

Bientôt madame Laynez apporta la nouvelle qu'un songe effrayant avait arraché madame Mussinger à sa sieste et troublé son repos ; que, revenue à elle, elle avait été mise au lit, et que Justine ne voulait pas la quitter.

Témoignant ses regrets et maudissant son récit, qui avait peut-être causé l'état fâcheux de la femme du sénateur, Georges Birsher prit congé, et promit de venir le lendemain, pour être présent à la levée du scellé apposé sur ce qui avait appartenu à son père.

XIV

Resté seul, le sénateur fut pris du désir irrésistible de connaître le motif de tant de caprices incompréhensibles dans la conduite de sa femme, et il se rendit dans la chambre à coucher de celle-ci. Il entra doucement dans cette pièce obscure. Jacqueline paraissait sommeiller. Justine, la tête appuyée dans ses mains, était assise au pied du lit. Le sénateur s'approcha de la malade sans en être aperçu. Jacqueline ouvrit les yeux et se redressa soudain en criant :

— Grand Dieu, viens à mon secours !

Justine fut tirée de ses réflexions.

— C'est mon père, ma chère maman, lui dit-elle avec douceur.

— Hors d'ici, hors de mes yeux, répondit-elle ; va-t-en, va-t-en ! veux-tu me tuer ? Va-t-en, homme épouvantable !

Elle tourna la tête du côté du mur, en respirant avec peine.

— Jacqueline, bégaya le mari, en proie à une violente colère et en la saisissant par l'épaule ; femme, qu'est-ce qui t'arrive ? que signifie tout cela?

Jacqueline persista dans son silence de mauvais augure.

— Eh bien ! que Dieu te punisse de cette conduite envers moi, femme indigne, calomniatrice ! s'écria-t-il avec fureur et en levant la main pour la maltraiter. Justine, effrayée, lui retint le bras, et le pria de la voix et du geste de se retirer.

— Eh ! suis-moi alors ; sépare-toi de cette mère dénaturée qui empoisonne ma vie sans motif, dit le sénateur rentrant en lui-même et en prenant la main de sa fille. Justine hésita. Sa mère, pâle de colère et d'impatience, se dressa dans son lit. Elle menaça sa fille du doigt. Justine retira, irrésolue, sa main de celle de son père. Celui-ci lui dit avec le sentiment amer d'une indignation profonde :

— Comment, toi aussi, mon enfant, tu es impliquée dans un complot abominable, incompréhensible, contre mon cœur? Je t'ordonne de me suivre.

Avec une vigueur nouvelle, il saisit la main de Justine, et l'entraîna vers la porte. La femme du sénateur fit signe à sa fille, mit le doigt sur la bouche, et lui cria :

— Tu es la dernière des créatures, Justine, si tu oublies mes recommandations.

La fille suivit le père à sa chambre. Elle était debout devant lui comme une criminelle ; pour lui, il se reposait sur un fauteuil des émotions de son âme et rassemblait ses pensées ; il regardait constamment sa fille, soupirait, secouait souvent la tête avec humeur, et dit enfin d'une voix tremblante :

— Dieu sait, Justine, ce que je me suis donné de peine pour être un bon père de famille ; mais des procédés pareils à ceux qui se manifestent depuis hier au soir, doivent enfin changer un agneau en loup. Justine, il y a une heure, j'étais encore si heureux ! Et voilà que s'élève de nouveau cet orage domestique, dont l'origine est une énigme pour moi ; et toi, Justine, tu es également un mystère. Ce matin, au commencement encore du dîner, tu étais la fille forte et gaie d'autrefois, et tout à coup tu es devenue triste et sombre ! D'où vient ce changement? sois sincère, mon enfant.

Justine ouvrit la bouche, mais garda le silence en remuant la tête et tenant les yeux baissés. Le sénateur se leva avec impatience, et se plaça, le front rouge, devant sa fille.

— Ingrate créature! dit-il avec une colère concentrée ; parleras-tu? dois-je implorer auprès de toi la grâce d'une parole?

Dans l'explosion de sa rage, il jeta sa tabatière d'émail par terre avec tant de force, qu'elle se brisa en mille éclats. Justine tressaillit, saisit la main de son père avec toute la force dont elle était susceptible, et, pleine d'angoisses, baignée de larmes et sur le point de prendre une résolution subite, elle s'écria :

— Pour l'amour du ciel, mon père, ne me frappez pas ! Gardez-vous, mon père, de charger cette maison d'autres malédictions encore...

— D'autres malédictions! répéta le sénateur, en laissant tomber ses mains. Tu dis vrai, ma fille ; je suis déjà chargé d'assez de malheurs. Retire-toi!

La jeune fille se jeta à genoux devant son père affligé et lui dit avec émotion :

— Hélas ! si vous êtes bon et calme, mon père, je ferai tout ; hormis de vous rapporter ce que ma mère m'a laissé deviner, ce que ne veut pas proférer ma langue par respect et par crainte. Mais vous saurez ce qui, en dernier lieu, a mis ma mère dans un si grand émoi. Était-ce une illusion des sens... était-ce la réalité? je l'ignore. Néanmoins elle prétend que sa porte s'est lentement ouverte et que l'ombre de Birsher mort dans notre maison lui est apparue sur le seuil, branlant la tête et faisant un geste menaçant. La figure serait restée visible quelques moments jusqu'à ce que ma mère ait commencé à crier.

— Démence ridicule! répartit le sénateur, bien que sa figure s'allongeât; prestiges d'une tête de femme troublée!

— Ce qui du reste aigrit les esprits de ma mère, poursuivit Justine en soupirant, je ne veux pas l'approfondir ; je n'y veux pas croire! il faudrait pour cela que je désespérasse de la vertu d'un homme que j'ai appris à honorer comme un père, et que je veux continuer d'honorer et d'aimer.

Le sénateur essuya la sueur froide qui coulait de son front.

— Ainsi retire-toi, dit-il d'une voix affaiblie, retire-toi, je ne veux pas insister. Le temps découvrira ce que l'obstination féminine me cache encore.

Justine très-affligée allait sortir. Le sénateur la rappela.

— Tu es devenue mon ennemie, dit-il avec amertume et d'un air mortifié. Je doute si je pourrai faire consentir ta tête de fer à un projet, dans lequel, fou que je suis, je crois voir ton bonheur et le mien. J'aurais désiré accomplir mon ancien dessein : celui de te marier avec M. Birsher, comme on était déjà convenu ; mais à présent il n'en sera probablement rien. Oh ! ne me remue pas les lèvres pour me dire non. Je le lis déjà dans tes yeux. Il faut s'y résigner. Je saurai supporter... et toi, va !

— Vous vous trompez, mon père, répartit Justine avec modestie et fermeté ; je suis prête à épouser ce monsieur, si vous l'ordonnez.

Le sénateur la regarda avec surprise, une lueur de satisfaction se répandit autour de sa bouche serrée.

— Ne me fais-tu pas des mensonges, jeune fille?

— Je ne mens pas, mon père, dit Justine avec sincérité.

— Et l'opposition inévitable de ta mère?

— Ma mère y consent ; elle m'a même priée, les larmes aux yeux, de ne pas refuser la proposition, quand elle me serait faite ; je suis même autorisée à vous prier, mon père, de presser ce mariage, autant que la décence le permettra.

— Sybille incompréhensible! Je ne te conçois pas.

— Il me semble, mon père, que bien des soucis pourront

être ensevelis le jour des noces, répartit Justine avec intention ; ainsi donc quand vous voudrez, mon père.

— Comment ce jeune homme, si calme, si raisonnable, a-t-il réussi à conquérir ton cœur sans cesse cuirassé? Il n'a pas une seule fois flatté ta vanité!

— Vous me prenez encore pour un enfant. M. Birsher ne me déplaît pas. Je l'aime cependant aussi peu. J'ignore si le penchant du cœur naîtra un jour ; mais je me sacrifie volontiers à un avenir incertain, afin de vous tranquilliser, vous et votre maison.

— Me tranquilliser? Tu me rends heureux, fille adorable. Je commence à avoir du respect pour toi ; le sais-tu? Demande ce que tu voudras pour le plaisir que tu m'as fait.

Justine réfléchit un moment.

— Et si j'avais deux choses à demander, dit-elle avec des yeux plus sereins.

— Demandé.

— Je voudrais d'abord que vous laissassiez ma mère se livrer tout à fait à ses pensées, que vous restassiez en paix avec elle, et que mon mariage fût hâté.

— Accordé, petite méchante, tu t'empresses de quitter cette maison, et d'abandonner ton père!

— Vous n'avez pas d'idée de la douleur que me causera cette séparation ; mais maman désire que M. Birsher s'éloigne de la ville aussitôt que possible.

— Comment? pour quelle raison, mille tonnerres!

Justine omit de répondre à cette question.

— En second lieu, reprit-elle, je prends la liberté de vous donner un avertissement. M. White a montré de la fausseté envers moi, et je crains que son père d'adoption n'agisse pas loyalement avec vous.

— Le docteur?

Une mauvaise conscience fit battre le cœur de Mussinger.

— Si je puis en croire mes yeux et un certain souvenir, le docteur n'est pas ce qu'il a peut-être des raisons de paraître.

— Malheureuse!... s'écria le sénateur.

Justine l'interrompit.

— Je ne veux pas placer ma pénétration au-dessus de la vôtre, je vous laisse le soin d'être sur vos gardes.

Elle quitta son père, soulagée et plus contente. Le crépuscule était arrivé. La porte de la chambre de sa mère était verrouillée en dedans. La fille de service annonça que madame, après avoir demandé son thé, s'était enfermée dans sa chambre, afin de pouvoir dormir plus tranquille ; et que la vieille Marthe était de garde auprès de son lit.

Les pas de Justine se précipitèrent alors qu'elle passa dans l'appartement qu'avait occupé pendant une nuit feu Birsher. Elle entra, la poitrine oppressée, dans sa propre chambre. Madame Laynez y était assise lisant, et elle se leva à l'arrivée de Justine.

— Vous restez bien longtemps, mon adorable, dit la Française, dont les jolis traits exprimaient un aimable reproche. Le devoir seul de remettre ma charge entre vos mains m'a donné de la patience. Voici, ma chère, toute cette précieuse argenterie, que, dans le trouble, on avait laissé sur la table... à la disposition de tout hardi voleur. Comptez les pièces, s'il vous plaît, mademoiselle ; de plus, recevez les clés du garde-manger et de la cave, que vous m'avez confiées, et déchargez-moi de ma responsabilité.

Justine embrassa sa compagne avec gratitude, mais elle fut surprise en voyant celle-ci prendre sa mantille et ses gants.

— Est-ce que vous ne resterez pas auprès de moi, demanda Justine ; ne vous avais-je pas priée d'accepter notre maison pour votre demeure?

— Hélas, cette bonté, ma très-chère demoiselle, m'est-il permis d'en profiter? Songez-y bien. Quelle figure ferai-je dans votre maison, où je suis entrée si inopinément, d'une manière si imprévue? Permettez-moi donc de refuser votre offre amicale.

— Non pas, non, répartit Justine, il faut que vous restiez ; car ce que je me suis une fois proposé, il faut que je l'exécute... quand même... Ne souriez pas ; on m'appelle généralement la folle Justine, et quelquefois on n'a pas tort.

— Quelle naïveté charmante! s'écria madame Laynez en caressant les mains de Justine.

La jeune fille, alors, attira d'un air de confidence la veuve auprès d'elle, et la fit asseoir sur une chaise :

— Écoutez-moi ; vous allez entendre comment j'ai disposé les choses qui vous regardent. Vous resterez préalablement chez moi... Mais cette protection immédiate ne peut malheureusement durer longtemps, puisque mon pro-

pre sort va éprouver un changement..., et qu'il me fera quitter ces lieux pour toujours. Mais, avant de quitter cette ville, je vous conduirai chez une de mes cousines, riche et pieuse, qui sera heureuse de vous traiter comme sa propre fille. Une fois là, vous n'aurez plus besoin de personne, et au moins j'emporterai d'ici, pour me porter bonheur, le souvenir d'une bonne action.

Madame Laynez embrassa, les larmes aux yeux, la charmante créature.

— Je ne suis pas digne de vos bienfaits, dit-elle en cachant son visage dans le sein de Justine ; où pourrai-je jamais rencontrer une âme telle que la vôtre?

Justine lui ferma la bouche avec la main.

— Où pourrai-je jamais?... répéta-t-elle en imitant le son de voix de madame Laynez ; mais le badinage devint sérieux. Elle laissa tomber sa tête et dit lentement : Où pourrai-je jamais rencontrer le bonheur? Hélas ! ma chère, je suis bien triste aujourd'hui et mon âme est accablée comme mon corps. Je vais voir si mon père n'a pas besoin de quelque chose. Puis nous irons nous coucher. Dans ce cabinet j'ai fait placer un lit pour vous.

— Pas encore aujourd'hui, dit madame Laynez ; j'ai encore à faire quelques paquets à la maison, et quelques affaires à arranger. Demain, si vous le permettez, je profiterai de vos offres obligeantes.

— Je ne veux pas user de contrainte envers vous, repartit Justine tant soit peu de mauvaise humeur. Ainsi donc, à demain. Et vous voulez traverser aussi tard les rues?

— La veuve d'un brave soldat n'a pas peur.

— Eh bien ! qu'importe? Christine vous accompagnera avec sa lanterne. Mais... demain... n'est-ce pas? aussitôt que possible? Donnez-moi quelque chose en gage, qui me donne la certitude que vous allez revenir.

— Un gage, fille étrange et capricieuse? Je vous donnerais mon cœur, si cela était possible. Mais prenez toujours ce qui le touche de plus près.

Madame Laynez tira de son sein un médaillon, attaché à un ruban de velours noir, et le remit en souriant à la jeune fille méfiante.

— Voyez donc ! s'écria Justine, après avoir reçu le médaillon et l'avoir regardé de tous les côtés : quelles peintures délicieuses! Expliquez-moi, chère dame, quelle est cette femme magnifique en manteau de pourpre, avec cette couronne brillante sur la tête, et ces rayons encore plus éclatants qui l'entourent.

— C'est la pieuse et bienheureuse impératrice Pulchérie, ma patronne, répondit madame Laynez.

— Que de grâces ! que d'amabilité ! continua Justine ; ah ! celle qui serait aussi belle !... ces rayons?...

— Sont l'auréole avec laquelle l'Église romaine entoure la tête des bienheureux. Les images des saints vivifient et ornent agréablement les églises.

— Je sais cela, car notre pasteur a souvent touché ces pratiques dans ses sermons de controverse, en les appelant des abominations païennes.

— Peut-être a-t-il été trop loin. Les catholiques n'honorent dans leurs images que le souvenir des princes de la piété et de la vertu ; ce n'est ni le bois, ni la pierre qu'ils vénèrent.

— S'il en est ainsi, je ne m'en formalise plus.

Elle retourna le médaillon, et demanda un peu déconcertée :

— C'est un homme, n'est-ce pas? le peintre, dans tous les cas, aurait pu lui jeter un manteau sur les épaules.

— Le but aurait été manqué. Il faut que les traits de son martyre soient visibles aux fidèles. On appelle ce beau jeune homme saint Sébastien.

Justine jeta encore un regard sur l'image, rougit, posa le médaillon sur la table, jeta un mouchoir par dessus, et souhaita d'une manière assez laconique une bonne nuit à madame Laynez, qui se retira.

Au moment où la veuve sortait de la chambre de Justine, on entendit un grand bruit dans celle du sénateur, et la voix de celui-ci, criant au secours.

— Mon Dieu, que s'est-il encore passé ! dit Justine en courant du côté de l'appartement de son père et en faisant, à madame Laynez, et à sa servante qui devait l'accompagner, signe de partir, sans rechercher la cause du bruit. La Française, qui commençait à être mal à l'aise dans cette maison, pressa elle-même la servante curieuse de se mettre en marche. Elles atteignirent, sans se retourner, l'escalier qu'elles descendirent précipitamment. Mais, au bas de la rampe se tenait, immobile et muette, une grande figure blanche qui étendit d'un air menaçant son bras vers elles, et qui parut s'enfoncer ensuite dans l'obscurité. Madame Laynez effrayée, et la servante plus effrayée encore, poussent un cri d'horreur. La dernière laisse tomber sa lanterne qui se brise, et dont la lumière s'éteint. Pendant que la servante remonte en criant l'escalier, madame Laynez, qui a aperçu au clair de la lune, tombant par une fenêtre grillée, la porte la maison, y court promptement; à sa grande joie, elle la trouve entrebâillée; elle l'ouvre et se sauve. En regardant avec effroi derrière elle, elle croit revoir la figure blanche sur le seuil de la maison, et, en proie à une crainte superstitieuse, elle court au hasard dans les rues. Elles étaient partout désertes; on entendait de loin la crécelle du garde de nuit... Enfin le pas rapide d'un homme... une lanterne sourde s'approche... sa vive lumière attire la fugitive vers celui qui la porte... c'était le docteur.

— Eh! madame, d'où venez-vous à cette heure? et de quel côté allez-vous?

Madame Laynez, toute tremblante, invoqua son secours, et lui peignit en peu de paroles ses angoisses.

Le docteur, tantôt souriant, tantôt sérieux, et secouant la tête d'un air de doute, s'offrit à la reconduire chez elle.

— Grand Dieu, non! s'écria-t-elle, dans ce vieux bâtiment, seule... séparée du monde entier... la peur me tuerait aujourd'hui après cette scène. Je vous jure que mon mari m'est apparu. Son uniforme blanc, son visage menaçant... mes péchés... révérend père; c'est sous votre protection seule que mon âme pourra se tranquilliser.

— Songez à mon état, ma chère dame, repartit Leupold en tâchant de la calmer; votre imagination s'égare; il vous faut des soins... que pourrais-je faire pour vous? Cependant, si vous voulez, j'engagerai mon hôtesse à vous loger cette nuit.

— Cela m'est indifférent, s'écria madame Laynez, pourvu que je sois parmi des êtres humains, car sans cela je mourrai d'effroi.

Le docteur lui fit signe de marcher à côté de lui, et il avança en la soutenant de temps en temps.

— C'est un bonheur, reprit-il, que je vous aie justement rencontrée. Ma pieuse maîtresse de maison fera le reste, et demain, après avoir recueilli vos forces, vous me décrirez cette singulière apparition.

XV

La propriétaire du logement qu'occupait le docteur, membre très-zélée de l'Église occulte, sachant que madame Laynez en était propagandiste, ne fit pas la moindre difficulté d'accéder à la demande du docteur, et celui-ci, éprouvant de la compassion pour l'abattement de la Française, l'engagea à prendre dans la chambre, et jusqu'à ce que l'hôtesse lui eut préparé un lit, une tasse de thé suisse, qu'il promit de préparer lui-même.

Madame Laynez accepta avec reconnaissance la proposition. Mais, en mettant le pied dans la chambre du docteur, qui lui donnait la main, elle fut surprise par la vue d'un visiteur qui était assis dans la bergère, et qui inclina à peine la tête, lorsque James fit entrer le docteur et sa compagne.

— Loué soit Jésus-Christ! dit l'étranger; et le docteur, extrêmement étonné, répondit d'une voix à peine intelligible.

— A tous les siècles! que le Seigneur bénisse votre entrée, père supérieur, votre visite me procure une joie inattendue.

Le supérieur, homme maigre, à visage pâle, et aux yeux noirs et brillants, souleva un peu le petit bonnet qui couvrait son chef.

— Il n'y a que très-peu de temps que je suis arrivé, dit-il, j'ai pris la liberté de chercher un lit chez vous, dans la persuasion d'être ici moins remarqué et plus en sûreté que dans l'auberge la plus cachée. Je serais pourtant fâché de vous déranger.

Il jeta un regard équivoque sur madame Laynez; le docteur en devina le sens, et dit d'un ton mortifié.

— J'espérais avoir démontré à votre révérence que ma conduite morale ne méritait aucune méfiance... Le hasard seul...

La Française elle-même, plus que les paroles du docteur, tranquillisa l'ecclésiastique soupçonneux. Elle s'approcha humblement de lui, lui baisa la main, demanda sa bénédiction et offrit de se retirer.

Le supérieur lui accorda un regard favorable, lui donna un petit coup sur la joue.

— C'est bon, c'est bon, dit-il avec cette choquante supériorité que des prêtres font sentir souvent aux femmes qui leur sont entièrement dévouées.

Madame Laynez, confuse et rouge comme du feu, fit sa révérence et sortit. James ferma la grille extérieure et allait souhaiter la bonne nuit aux deux ecclésiastiques, quand le supérieur l'en empêcha, en disant :

— Demeurez encore un peu, jeune homme. *Ab initio*, il sera question de vous.

James s'inclina et resta en silence debout, ainsi que son père d'adoption, devant le supérieur qui continuait à garder commodément sa place.

— J'ai déjà examiné ce jeune homme, dit le supérieur en se tournant du côté du docteur; mais je ne l'ai pas trouvé très-avancé. Il est donc indispensablement nécessaire qu'il entre sous la discipline d'un maître de noviciat.

James rougit en tremblant; le docteur s'inclina sans proférer une parole.

— Je remettrai préalablement entre ses mains les *exercices spirituels* du saint fondateur et régulateur de notre ordre, poursuivit le supérieur; il pourra se tenir prêt à me suivre au collège, pour lequel je le destine, aussitôt que mes affaires dans cette contrée seront terminées.

James baisa la main du supérieur et se rendit triste et abattu dans sa chambre. Le docteur le regarda partir avec compassion, et, après une pause, il dit d'une voix basse et humble au supérieur :

— Il me paraît presque, révérend père, que je me suis trompé sur les dispositions de ce jeune homme. Ses facultés spirituelles sont grandes; mais le penchant de son cœur est plus grand encore. Il a les désirs d'un jeune homme vigoureux et sensuel. Il manifeste parfois un esprit de contradiction, des rêveries... il sera difficile de mettre sa raison dans les salutaires... chaînes de la foi, et je me le reprocherais éternellement, si je devais former de ce jeune homme, fait pour le monde, un mauvais prêtre.

Le supérieur regarda le docteur d'un air de désapprobation, et repartit avec hauteur :

— Votre langage actuel, mon père, diffère de celui que vous nous teniez dans vos dernières lettres. Quelle philanthropie intempestive et languissante! Seriez-vous aussi attaqué de cette folle sensiblerie du siècle? Croyez-moi, cet élève deviendra bon, il rendra de gros intérêts de l'argent que nous avons prodigué pour son éducation et que nous prodiguerons encore. Parlons à présent d'une chose plus importante, père missionnaire. J'ai feuilleté vos livres. Notre commerce sur cette place ne rapporte pas considérablement : soit parce que ceux de Paris nous causent du dommage, soit que les capitaines de navire qui ont soin de nos affaires, nous trompent. Dans le premier cas, nous devons fermer les yeux. Quant au second, il faudra y veiller sur les lieux. J'attends là-dessus des ordres du père provincial. Un habile homme de notre ordre a envoyé, à ma requête, un projet qui, s'il est accepté, apportera un bénéfice incalculable aux fonds commerciaux de notre société. On y propose de se charger de la traite des esclaves pour le Brésil, à des conditions plus raisonnables que ne l'ont fait, jusqu'ici incidemment, nos éhontés capitaines de navires.

— La traite des esclaves? demanda le docteur effrayé.

— Oui, répondit négligemment le supérieur. Le trafic des nègres rapporte d'immenses dividendes.

— Mais l'humanité, père supérieur? demanda de rechef en frissonnant le docteur.

Le jésuite sourit d'un air de grand seigneur.

— Fleurs de rhétorique que tout cela, mon cher père Munzner. Ces noirs sont une race subordonnée; il n'y a rien de perdu avec de sales païens comme eux.

— Le droit naturel, père supérieur...

— Vous êtes docteur, *juris usriusque*, dit celui-ci en bâillant, on l'entend bien quand vous parlez. Du reste, *satis* sur ce point. L'auteur de ce projet sera loué et ira loin; mais où en sommes-nous avec nos conversions dans ce pays?

Le docteur lui en rendit compte en peu de mots; lui présenta la liste de la petite communauté; ses contributions pour les frais du culte; le calcul de l'excédant. Le supérieur parcourut la liste en souriant et en comptant.

— Beaucoup d'individus, dit-il ensuite; mais rien de considérable. La plupart sont du bas peuple : *ex infirma plebe.*

— C'est dans cette classe que Notre-Seigneur Jésus-Christ trouva ses premiers disciples.

— Mais oui, je vois ici consigné beaucoup de personnes du sexe féminin; il y en a même assez des classes plus élevées. Cependant... cependant il y manque des hommes de poids. Enfin, j'aperçois pourtant un sénateur au bas de la liste. Quel est cet homme? Est-ce le même dont vous avez déjà laissé tomber une parole?

— Le même.

— Sa conversion s'est-elle opérée si vite? Pouvons-nous fonder des espérances sur lui?

— Beaucoup. C'est par une étrange fatalité qu'il est devenu un des nôtres.

— *Favente Deo!* C'est très-bien. Comment cette Laynez s'est-elle façonnée?

— Elle a rendu quelques services, assez peu importants, il est vrai. Cette femme est trop vaine, trop légère, trop amoureuse.

— *Bene dixisti*, père Munzner; vaine et amoureuse. La Française se montre partout en elle, et son mari n'a pas perdu beaucoup. Cependant elle a été très-heureuse, pendant quelque temps, dans son prosélytisme. Elle est très-pieuse, et voudrait faire entrer le monde entier au paradis. C'est, du reste, une femme gaie et assez drôlette, qui ne se formalise de rien, et qui a fait passer, par ses plaisants propos, bien des soucis au père provincial. Aussi me l'a-t-il chaudement recommandée. Elle sait toutes sortes de choses sur le compte de sa révérence, et c'est ce qui la soutient, de manière que *sub manu* il lui a été promis une subvention perpétuelle de la caisse destinée à de semblables fins. Mais on a établi ici une *reservatio mentalis*. Quand elle ne prendra plus rien dans ses filets, on la mettra au couvent, et tout sera dit. Ainsi, elle n'a été que peu utile dans cette ville?

— Depuis quelques jours seulement elle s'est chargée d'une conversion importante, celle de la fille de ce sénateur. Mais un incident déplorable nous ôte tout espoir.

— Comment?

Le docteur raconta l'arrivée du fiancé, qui, après avoir renouvelé sa demande en mariage, était sur le point de conduire irrévocablement la jeune fille dans un pays protestant.

— *Pessime!* tant pis! s'écria le supérieur, cela ne doit pas se faire. Il faut que cette fille, l'unique héritière d'une fortune considérable, soit gagnée à l'Église, et enlevée aux anglicans. Nous aurions, *pro studio et labore*, seulement le plaisir de lui souhaiter un bon voyage? Non, non, père Munzner! marchons, au contraire, sur les traces de nos dignes prédécesseurs, qui n'ont pas construit avec l'obole du pauvre leurs collèges et leurs maisons.

— Mais comment voulez-vous empêcher cela, père supérieur? Je ne comprends pas comment...

— Vous ne comprenez pas? N'êtes-vous pas le confesseur de son père? Rien n'est impossible à un confesseur adroit. *Experientia docet.*

— La foi n'est pas assez robuste chez le sénateur, pour...

— *Res indifferens!* c'est égal! attaquez alors ses côtés faibles, *cum auxilio divino*, tout se fera. La Laynez ne doit pas être négligente. La jeune personne doit certainement avoir aussi ses côtés faibles. Les femmes sont fragiles; si notre chère fille en espérance n'est pas amoureuse de quelqu'un, votre fils adoptif pourrait alors être utilisé.

— Oh! que le ciel nous assiste! c'est lui qui est amoureux de la jeune fille. Mais Justine ne lui accorde pas le moindre retour.

— Elle est donc froide comme une grenouille? Mais tant mieux! elle entrera au couvent et donnera tout à notre société, excepté pourtant la part qui reviendra aux sœurs. Vous dites que l'on estime la fortune du sénateur à trois cent mille thalers? Et cette somme nous échapperait? *minime*, père Munzner, tout pour la très-grande gloire de Dieu!

— Vous me chargez-là d'un coup d'essai bien difficile, répartit le docteur en soupirant; et pour satisfaire à la cupidité encore!... oui, s'il n'était question que du salut de la jeune fille!...

— Figurez-vous cela, père Munzner, je vous le permets, si votre sagacité réussit dans ce que je vous ai indiqué... et il faut qu'elle réussisse... vous pouvez être certain d'avoir la meilleure note sur le rapport de censure que j'envoie tous les trimestres au général.

Le docteur, bien que profondément blessé au cœur, s'inclina, comme le respect le commandait, et passa une nuit pleine de tourments dans la lutte entre sa conscience et les devoirs que ses serments lui imposaient.

James qui le lendemain matin vint le trouver, les yeux encore rouges des larmes qu'il avait versées, lui déchira encore l'âme davantage.

— Mon père, lui dit le jeune homme, dont les traits exprimaient la douleur, je ne puis pas entrer au noviciat. Je n'irai pas, mon malheur dût-il en résulter.

— Tu iras, répartit le docteur avec sévérité.

— Personne ne peut m'y forcer, mon père, répliqua James avec une froide résolution; je ne suis pas fait pour votre société, et j'ai horreur de moi-même, à cause des basses intrigues auxquelles je me suis laissé employer. Ayez pitié de moi, vous, mon second père!

— Le père supérieur m'enlève mes devoirs envers toi, dit le docteur; prends ton parti et obéis.

— Moi, prendre mon parti? moi, obéir? s'écria James, comme hors de lui; je me laisserai mettre les chaînes d'un couvent?... moi qui ne porte qu'avec peine celles de la vie.

— Jeune homme! dit le docteur effrayé, en le regardant; que signifient ces paroles?

— Mon dégoût du monde, mon dégoût de la vie.

— Eh bien! répliqua le docteur blessé et d'un ton amer, finis donc comme tant de fous de ton pays de brouillards, dont la tête vide s'ennuie du vide de leur vie; finis comme un débiteur insolvable et trompeur, et laisse-moi la charge de payer les dettes à ceux qui t'ont nourri.

— Mon père, balbutia James, en rougissant de honte; que dites-vous là? Oh! vous avez raison! je ne m'appartiens plus. Je suis votre débiteur et celui des supérieurs; je suis votre esclave à tous! Oh! vendez-moi, afin que je travaille toute ma vie, en versant mon sang et mes larmes, pour vous payer l'année d'existence que vos bienfaits m'ont aidé à supporter.

— Ingrat! dit le docteur indigné. Va donc, dans ta folie, chercher la mort. Tu ne me reprocheras plus une seconde fois le peu que j'ai pu faire pour toi.

Le ton du docteur fit le meilleur effet. James se précipita repentant à ses pieds et inonda ses mains de larmes.

— Je dois vivre, je veux vivre! dit-il en sanglotant, mais comment cela sera-t-il possible, si Justine devient la femme de l'Américain.

Le docteur se sentit vivement touché, et... pour tirer au moins un bon résultat de l'action insidieuse qu'il devait commettre, celui de tranquilliser une âme en proie au désespoir... il lui dit:

— Justine ne sera pas la femme de l'Américain.

Là-dessus, il quitta le jeune homme surpris, pour aller rendre une visite au sénateur.

Il entra préoccupé dans la maison de Mussinger.

Le visage du sénateur portait toutes les traces d'une nuit passée sans sommeil et dans les soucis; il remua à peine les lèvres pour le sourire de politesse obligé, quand le confesseur entra.

— Vous me trouvez faible et malade, dit Mussinger, en se laissant retomber sur les coussins de son lit de repos; cependant, j'ajoute un grand prix à votre présence. Croyez-vous qu'il puisse s'établir un rapport entre un mortel et les esprits des trépassés?

Le docteur fut interdit.

— La philosophie de notre religion, et des expériences, vainement combattues par des sceptiques, m'autorisent à répondre d'une manière affirmative à votre question.

Le sénateur soupira profondément et appuya sa tête sur sa main défaillante.

— Écoutez, reprit-il, ce qui m'est arrivé à une heure avancée de la soirée d'hier. Je lisais dans le livre de prières que je dois à votre sollicitude; la lampe jetait une faible lumière; sortant de mes méditations, je me soulève pour arranger la mèche, le hasard veut que je dirige mes yeux du côté de la porte... Elle est à moitié ouverte et me permet d'apercevoir une figure qui me fait frissonner: c'était celle du cadavre de feu Birsher dans la redingotte blanche qu'il porta le jour de sa mort; ses yeux étaient creux et immobiles. Je veux appeler... les paroles meurent sur mes lèvres. L'apparition ouvre alors son horrible bouche, et j'entends ces paroles prononcées d'une voix sourde: « Tu m'as assassiné, et je veux aussi tuer ta fille! Si tu l'envoies en Amérique, malheur à toi!... »

Le docteur combina, en regardant silencieusement devant lui, le récit du sénateur et les assertions de madame Laynez, et considéra cet accident comme un signe du ciel pour lui faire atteindre le but qu'on lui avait proposé.

— C'est un événement étrange, dit-il d'un air sérieux et réfléchi; on dirait que l'avenir prépare des malheurs; que l'esprit du trépassé, qui avait de l'affection pour votre fille, a quitté son séjour afin de la sauver.

Le sénateur inclina la tête en signe d'assentiment.

— Que feriez-vous à ma place, révérend père? demanda-t-il.

Le docteur haussa les épaules.

— Demandez plutôt, dit-il, ce que j'aurais fait avant cette apparition significative. Je n'aurais pas fiancé ma fille avec l'Américain, je n'aurais pas promis Justine à ce jeune homme, je n'aurais pas provoqué l'arrivée d'une puissance occulte.

— J'étais devenu si gai, repartit le sénateur; je voyais subitement aplanies des montagnes sourcilleuses qui m'avaient épouvanté. Je ne pus pas lui refuser ma fille... Je devais même, ajouta Mussinger en hésitant, la lui donner afin de satisfaire l'ombre du père.

— Malheureux! s'écria le docteur d'un ton d'improbation. A peine rentré dans le giron de la véritable Église, vous en méconnaissez les bienfaits! Ce projet est un crime contre cette mère de notre pieux troupeau; vous précipitez, par cette union avec un protestant, votre fille dans le gouffre infernal, au lieu de vous servir de votre puissance paternelle, pour ramener doucement la brebis égarée dans le chemin du salut!

— Mon père, je ne puis pas faire cela, repartit Mussinger avec résolution, je n'ai pas le talent de convertir; que mon enfant suive son chemin sans avoir été forcée, par un cruel concours d'horreurs, à faire un pas dont je...

Il s'arrêta subitement. Le docteur acheva la phrase en lui lançant un regard de reproche.

— Dont, je me repens déjà du fond de mon cœur. Qui vous empêche d'achever? vos affaires n'ont-elles pas pris une tournure qui rend inutile ce que vous avez fait? Votre retour à l'Église catholique était sans but, et vous désireriez le rendre non avenu; je le désirerais presque aussi, puisque vous avez abusé d'une manière indigne de ma confiance et de l'intérêt que je vous portais.

— Révérend père...

— Je vous quitte; mais, songez-y bien, que si je me sépare de vous pour toujours, mon absolution sera anéantie. Vous retomberez alors dans vos erreurs, dans les tourments de votre conscience.

— O quel abîme de terreur et de désolation! dit le sénateur en gémissant, et en retenant le docteur, qui faisait mine de vouloir sortir. Ne me quittez pas! donnez-moi des conseils! aidez-moi!

— Où est à présent votre résolution, monsieur le sénateur? Votre caractère inflexible?

— Je ne suis plus Mussinger, répondit le sénateur accablé, je ne me connais plus moi-même. Si vous l'exigez, je retirerai ma parole; mais... le montant de ces lettres de change... Georges ne le réclamera-t-il pas si le mariage n'a pas lieu?

— Les lettres de change ne sont-elles pas en vos mains? Je vous autorise à faire le serment que vous avez payé l'argent à Birsher père. Vous ferez ce serment avec la restriction mentale que vous réparerez ce subterfuge par les moyens que je vous ai indiqués, et tout se trouvera dans l'ordre.

Le sénateur se leva résolu, mais mécontent, et congédia le docteur avec les signes d'un changement moral complet.

Quand ce dernier sortit, Justine passa à côté de lui en le saluant froidement à la hâte, et entra aussitôt dans la chambre de son père.

— Empêchez un malheur, mon père, dit-elle vivement, et les larmes aux yeux, expliquez-vous avec ma mère. Elle ramasse ses effets les plus précieux; elle ferme ses armoires... elle veut quitter la maison aujourd'hui.

Le visage pâle du sénateur devint rouge de colère; il courut à l'appartement de sa femme.

Jacqueline était justement occupée à tirer des commodes ses robes et son linge. Elle tressaillit en apercevant le sénateur; cependant, elle ne se laissa pas troubler, et continua son occupation, sans proférer une parole.

Sur la question trois fois répétée et avec un emportement progressif:

— Jacqueline, que fais-tu là?

Elle répondit d'un ton bref et méprisant:

— Je m'en vais; aujourd'hui même.

— Jacqueline, tu quittes ton mari? ta maison? ton enfant?

— Justine est une brave fille, et s'en va avec moi. Si non, tant pis pour elle.

— Femme stupide, sans entrailles! s'écria Mussinger, ex-citeras-tu de nouveau mon enfant contre moi? Que t'ai-je fait, insensée? Parle donc, enfin?

Jacqueline garda un silence obstiné.

Justine, voyant son père tremblant de colère, et redoutant tout, courut à sa mère, lui prit les mains, et lui dit d'une voix tendre et suppliante:

— Parlez donc, terminez cette horrible discussion. Justine vous en conjure!

— Enfant de malheur! repartit Jacqueline irritée, je voudrais ne t'avoir pas mise au monde.

— Mère dénaturée! s'écria le sénateur qui les avait suivies et qui s'avançait alors plein de fureur sur Jacqueline; tu n'es pas digne que le soleil t'éclaire.

Sa main cherche et trouve une canne près de la cheminée. Justine le retient de toutes ses forces. La mère, cependant, sans crainte du geste menaçant de son mari, se place hardiment vis-à-vis de lui, et lui crie d'un ton provocateur:

— Eh bien! arrive, tue-moi, comme tu as tué le vieux Birsher, dont le revenant hante cette maison, et, tout en tourmentant le coupable, inquiète aussi les innocents, et ne leur permet pas de rester plus longtemps ici!

Ce fut avec peine que Mussinger reprit le calme et la parole.

— Laisse-moi seul avec cette femme, avec ta mère, dit il, pâle comme la mort, d'une voix éteinte, et en faisant signe à la jeune fille de se retirer.

— Grand Dieu! s'écria la femme, il veut me maltraiter!

— Reste, femme extravagante! repartit le sénateur, en la faisant asseoir avec tant de force sur un fauteuil, qu'elle se tut et ne bougea plus.

Justine, sur un second signe de son père, esquiva la fin de la scène.

XVI

Birsher vint au salon à la rencontre de la jeune fille, de l'air amical, ouvert, calme qu'il avait la veille.

— J'ai du plaisir à vous voir, chère et bonne miss, dit-il; votre présence me console de la triste affaire qui m'attend. Les commissaires du tribunal vont paraître, et me remettre les effets de mon père. Accordez-moi, auparavant, quelque chose de plus précieux, votre bienveillance.

— Je n'ai rien contre vous, monsieur, repartit Justine; mais, que peut vous faire la bienveillance d'une jeune fille comme moi?

— Beaucoup; parce que de la bienveillance il peut naître une amitié de cœur.

Sans plus de façons, mademoiselle, monsieur votre père doit vous avoir parlé; je suis un honnête homme, je cherche une honnête femme, et je désire que ce soit vous qui occupiez cette place auprès de moi. Que répondez-vous à cela?

— Ce que mon père désire convient à sa fille obéissante. Votre personne m'agrée. Je vous suivrai si vous le désirez, monsieur, comme votre femme et votre plus fidèle amie.

Birsher s'inclina d'un air joyeux, et dit:

— Me permettriez-vous, ma charmante fiancée, d'imprimer un baiser sur votre joue et d'avoir l'honneur de vous offrir un gage de mon affection?

Justine y consentit, et présenta pudiquement la joue. George tira ensuite un simple anneau d'or de son doigt, le plaça à la main de Justine, et ajouta:

— C'est de l'or américain, il est pur comme la fidélité américaine.

— Je suis charmée de votre joli cadeau, dit Justine en souriant; puis elle se retira après avoir fait une profonde révérence, car les commissaires se faisaient entendre.

Sur le point d'apporter cette nouvelle à son père, elle rencontra celui-ci lorsqu'il sortait de la chambre de sa femme. Il paraissait tranquille. Justine félicita son père d'avoir réussi à calmer sa mère.

— La sottise tient banque ouverte dans sa tête, dit le sénateur d'un air de froid mépris. Je saurai trouver le calomniateur qui lui a mis ces abominations dans la tête.

Justine se réjouit du calme de son père. Il lui parut un garant de son innocence. Voulant encore augmenter son contentement, elle dit:

— Vous me donnerez vos louanges, mon père; Justine est obéissante et prompte à répondre à vos désirs. Monsieur Birsher est venu ici, il y a un quart d'heure, il m'a parlé; je porte son anneau de fiançailles. Le voici, mon père.

Les traits du sénateur devinrent sombres et mécontents.

— Pourquoi cette précipitation? s'écria-t-il. Tout se fait à contre-temps! Que le tonnerre...

— Mon père, dit Justine d'un air craintif, quel changement?... Ne disiez-vous pas hier?...

— Aujourd'hui n'est pas hier, et hier n'était pas aujour-
d'hui! répondit Mussinger. Il faut que tu rendes cet anneau.
Je le veux! je te l'ordonne!

— Vous ordonnez des injustices! répartit Justine en rougissant de confusion; que penserait M. Birsher? Je ne veux
pas avoir la réputation d'une folle! réfléchissez donc, mon
père!

— On n'aurait pas tort, car vous êtes folles en effet, ta
mère et toi, répliqua le sénateur au plus haut point de l'ir-
ritation, et en courant où les commissaires l'attendaient.

Justine ne put revenir de son étonnement, elle se tâta le
front, afin de s'assurer si elle veillait réellement, et si ce
qu'elle venait d'entendre n'était pas un songe.

— On ne veut pas que je parte d'ici? se demanda-t-elle
douloureusement. Oh! oui, il faut que je parte, que j'aille
en Amérique, la vie y fût-elle cent fois plus uniforme! car
ici...

Elle s'arrêta.

— Voilà que madame Laynez me revient à l'idée, reprit-
elle; mais où reste-t-elle donc, cette bonne femme, dont la
fréquentation pourrait seule dérider mon front? Irait-elle,
malgré son gage, manquer à sa parole?

Elle tira avec lenteur, et en rougissant, le médaillon de
madame Laynez de sa poche, et, saisie à la fois d'une
crainte virginale et d'une curiosité irrésistible, elle passa de
la petite antichambre dans un petit lieu caché, à peine de
la largeur d'une croisée; c'était un balcon donnant sur la
cour, garni, le long de la balustrade et du mur, d'une rangée
de pots à fleurs, et protégé par un petit toit contre la chaleur du soleil et la pluie.

Justine s'accroupit au milieu des pots de fleurs, à une
place laissée vacante sur les tréteaux qui leur servaient de
support, et contempla, pour se distraire et satisfaire sa curiosité, les images de saints de madame Laynez, où elle
daigna cependant à peine jeter un regard sur sainte Pulchérie; le beau Sébastien captivait son attention. Dans ce
petit cadre, le peintre avait représenté un grand tableau,
et celui qui le regardait ne savait pas ce qu'il en vantait le
plus; était-ce la beauté des formes viriles du martyr qui
parlait aux sens; ou ce ravissement céleste qui se manifestait dans ses traits, et défendait toute idée sensuelle;... ou
le charme mystérieux de la couleur qui ressortait des fleurs,
auxquelles les gouttes de sang du saint donnaient naissance?...

Justine ne put se rassasier du plaisir de regarder ce petit
chef-d'œuvre, et toutes les fois qu'un serrement étrange
du cœur la forçait de détourner le regard, il se reportait
immédiatement après sur la peinture. Elle la plaça enfin,
un peu honteuse, mais néanmoins avec la conscience d'un
petit péché, entre les branches touffues d'un myrte.

Mécontente d'elle-même, la jeune fille allait regagner sa
chambre, lorsqu'un cri perçant retentit dans la maison.

— C'est la voix de ma mère, se dit Justine effrayée. Ah!
quelque revenant sans doute.

Et, prompte comme l'éclair, elle courut jusqu'à la chambre de sa mère. Par la porte entrebâillée, elle put voir Jacqueline, à demi évanouie sur un fauteuil; mais comme elle
s'apprêtait à entrer, elle aperçut dans l'escalier un fantôme
blanc qui descendait assez tranquillement. D'un bond elle
fut sur lui, et, le saisissant par ses vêtements:

— Arrête! cria-t-elle.

Le spectre ne résista pas, et laissa sa redingotte dans les
mains de la jeune audacieuse; un homme s'échappa de cette
enveloppe, jeta sa perruque et des chiffons qui avaient aidé
à le déguiser et à le grossir, et, voyant arriver par le grand
escalier le sénateur et plusieurs domestiques qui accouraient aux cris de Jacqueline, il descendit quatre à quatre le
petit escalier de vis qui conduisait au magasin et au puits de
la maison.

Le revenant tomba dans les mains de Berndt, que le hasard y avait conduit.

— Arrêtes! qui es-tu?

— Laisse-moi, mon ami, pour l'amour de Dieu! Ne me
reconnais-tu pas?

— C'est justement, mon bel ami, parce je te reconnais,
que tu viendras avec moi. Tes rapports m'ont fait perdre ma
place; à présent je serai impitoyable, et je vais causer ta
ruine à mon tour, fils de Baal!

Si douceureuse qu'eût été la manière dont Berndt prononça
ces paroles, il empoigna néanmoins d'une main ferme son
adversaire, et le porta presque jusqu'en haut. Justine, le sé-

nateur et les domestiques reçurent le captif, et le conduisirent devant madame Mussinger.

Après que le sénateur eut éloigné les domestiques, afin
de ne pas leur donner plus longtemps en spectacle les folies de sa femme et la honte du revenant démasqué, il dit
à Jacqueline:

— Regarde ici l'être surnaturel qui, depuis hier, s'est ef-
forcé de mettre sens-dessus-dessous notre maison.

— Nothaft! s'écria madame Mussinger, Nothaft! drôle
infâme! *Revenir* en plein jour! faire revivre l'Américain!
troubler ma pauvre tête! J'espère que monsieur le sénateur
Mussinger vous fera rendre un compte sévère de votre conduite à l'hôtel de ville, devant les juges.

— J'espère que monsieur le sénateur s'en gardera, répartit Nothaft en jetant un regard menaçant à celui-ci.

— Ah! mon Dieu! soupira la femme du sénateur sur un
ton pleureur; je tremble encore de frayeur de tous mes
membres...

— Un mot, monsieur, dit Nothaft avec impudence, en
tirant le sénateur de côté. A présent, je vous laisse le choix
ou de m'accepter pour gendre, et de renvoyer de votre maison l'Américain, ou d'être assuré que mon amitié pour vous,
pleine de ménagements jusqu'ici, aura son terme.

— Vous êtes un homme de mauvaise vie, s'écria le sénateur en s'emportant; que me font vos pitoyables menaces?
Sortez de chez moi, je n'ai rien de commun avec vous.

Nothaft fit une grimace rébarbative:

— Eh bien! dit-il avec arrogance, je m'en vais; mais
souvenez-vous bien d'aujourd'hui, car j'aurai l'honneur, s'il
plaît à Dieu, de faire encore parler de moi. Mais vous, monsieur Berndt, prenez garde à vos oreilles. Adieu!

— Va-t-en, suppôt d'enfer! lui cria Berndt au moment où
il sortait; il faut que le démon ait été ton grand-père.

Le sénateur avait, en attendant, pris son parti; son ancienne énergie paraissait lui revenir.

— Pas de cagoterie inutile, dit-il avec précision, mais
d'un air bienveillant, au jeune dévot; il faut nous tenir en
garde de cette vipère. Veillez à ce que le drôle enlève de
suite ses effets de la maison. Ensuite, vous courrez annoncer à la bourse que Nothaft n'est plus à mon service. Donnez
à supposer qu'il a été chassé honteusement de chez moi.
Mais pas un mot de l'affaire du revenant; sans cela, je
maintiens votre congé pour la fin du trimestre. Cependant je
vous remercie beaucoup de ce que vous venez de faire.

Berndt, heureux de voir son existence assurée, courut
exécuter les ordres du sénateur. Celui-ci, se tournant ensuite vers Justine, lui dit:

— C'est à toi, jeune fille, que je dois surtout rendre grâce.
Ton courage nous a ouvert les yeux. Le gaillard savait à
qui il avait affaire. Il vint me trouver dans cette triste nuit,
il apparut à ma femme en plein midi... probablement parce
que le revenant ne pouvait pas passer le soir à travers les
portes fermées. Mais il n'osa rien auprès de Justine: il craignait, avec raison, cette brave jeune fille. On peut se passer ici de ma présence. Je vais sortir. Il faut que j'aille chez
le second bourguemestre. Il faut que ce Nothaft quitte la
ville avant le coucher du soleil, afin qu'il ne me suscite pas
de tracasseries; ce gaillard a sans doute la tête grosse de
machinations.

Pendant que Mussinger s'habillait, George Birsher survint.

— Je viens vous remercier de ce que vous avez bien
voulu garder ma propriété, dit-il au sénateur; mais quels
bruits sont parvenus à mes oreilles? On prétend que l'esprit de mon père s'est montré, et que, saisi par une amazone
courageuse, il s'est changé en un courteau de boutique.

— Sottises! répartit le sénateur de mauvaise humeur;
cette race de domestiques a mille langues. Mais n'ayez aucune inquiétude, c'était une ridicule intrigue de rival.

— Vraiment? réplique Birsher en souriant; la méchanceté
échoua sûrement contre votre anneau, ma chère fiancée.
Permettez-moi, mon adorable, de récompenser votre héroïsme et votre fidélité par cette parure de diamants, qui, à
tout prendre, est déjà votre propriété.

Justine faisait une révérence, hésitait et examinait les
traits de son père, dont le changement d'idées la tourmentait. Le sénateur aperçut son embarras et s'empressa de venir à son secours.

— Accepte, ma fille! dit-il gaîment; tout rentre dans
l'ancienne ornière. Les voix de l'autre monde en ont menti,
et... je saurais bien me tirer du reste. Monsieur sera donc
ton époux.

L'Américain embrassa le sénateur, baisa la main à Jacqueline, et les deux joues, ainsi que le front, à Justine, redevenue tranquille.

— Une condition, pourtant, reprit le sénateur en se plaçant entre les fiancés ; je m'acquitte envers vous, mon cher fils, d'une dette sacrée, en vous remettant ce que j'ai de plus cher. Cependant j'ai mes raisons pour que ce mariage soit tenu secret, et que les noces se fassent le plus promptement possible. Il faut que cela s'expédie promptement. D'aujourd'hui en huit vous serez unis à Liebkirchen, et puis embarqués, mon joli couple, et bon voyage, s'il plaît à Dieu.

— Si j'obtiens Justine, dit George, je n'ai besoin d'aucune pompe ; et aussi peu que je me laisserai priver à New-York du plaisir de me targuer d'une jolie femme, aussi peu je demande, dans une ville étrangère, cette satisfaction de ma vanité. Dans quinze jours environ, un navire à l'ancre au Texel mettra à la voile pour l'Amérique. J'écrirai à Van Der Hocken, pour qu'il nous en loue la cajute. D'ici là, nous serons à Amsterdam, et prêts à partir. N'est-ce pas, Justine ?

Justine, émue, fit une inclination de tête silencieuse. Sur le visage même de madame Mussinger, il se manifesta une ombre passagère de sensibilité, en entendant parler du départ de Justine. Le sénateur eut les larmes aux yeux, il serra les mains à tous, et s'éloigna rapidement, pour aller vaquer à ses affaires. Il eut le cœur soulagé en voyant les porte-faix porter la malle de Nothaft à l'auberge. Son cœur se serra un peu lorsqu'il rencontra le docteur.

— Eh bien ! monsieur ? demanda le jésuite d'un air d'intimité, votre visage porte l'empreinte d'une humeur joyeuse ? Vous avez sans doute pris votre résolution et apaisé votre conscience.

— Je l'ai fait, révérend père, répondit le sénateur hardiment, et en se servant de l'arme de l'équivoque ; je ferai, par rapport à ma fille, ce qui sera juste.

— Dieu et la reconnaissance de votre fille vous en récompenseront, repartit le docteur avec onction, en quittant le sénateur pressé de poursuivre son chemin.

Pendant que celui-ci se rendait chez le bourguemestre, afin de procéder contre Nothaft, le docteur Leupold rencontra, à la promenade du marché aux Cygnes, le supérieur et le capitaine du navire. Le capitaine portait son uniforme ; le supérieur était vêtu en quaker. Autant le docteur était satisfait en les joignant, autant ces deux messieurs étaient mécontents. Le supérieur regardait devant lui avec fierté et d'un regard foudroyant ; le capitaine paraissait de mauvaise humeur, et remuant le sable du bout de sa canne, il cria au docteur qui arrivait :

— Il est très-heureux que vous veniez, monsieur. Témoignez que je suis le plus honnête capitaine de navire néerlandais qui ait jamais parcouru les mers. Est-il vrai que je prenne de sales intérêts pour mes cargaisons ! est-il vrai que je fasse en même temps le commerce d'âmes, et la traite des nègres, et que, par conséquent, j'expose à des dangers la cargaison, tout en nuisant à sa qualité et en diminuant sa quantité ?

— Je n'en ai pas de preuves, repartit le docteur ; les correspondants annoncent quelquefois de ces choses, mon cher monsieur Tormerpick, et si le très-révérend père placé à côté de vous le prétend, il faut bien qu'il en soit mieux instruit.

— Je t'en moque ! dit Tormerpick avec animosité ; puissent cent mille tonneaux de diables m'emporter, si c'est vrai ! Il est certain que la calomnie attaque les meilleures réputations, et je ne veux pas nier que, sous le rapport en question, on n'ait fait à ma probité plus d'une proposition déplacée. Mais il fallait voir comment je les accueillais ! Tenez, en voilà justement un, qui court là-bas, et qui, hier, au cabaret, m'a fait une proposition pareille !

Le capitaine désigna Nothaft qui traversait à quelque distance la rue. Le docteur se prit à sourire en pensant à la conversation qu'il avait eue avec le jeune homme. Le capitaine prit cela pour un sourire d'incrédulité, et protesta de son dire par un juron de marin.

— Ils étaient deux, dit-il ; ce jeune homme là-bas, qui, d'après ce qu'il m'a dit, est un courtaud de boutique dans une riche maison d'ici ; et un autre, commis-voyageur de Hambourg, que son patron doit avoir chassé de chez lui, tant il est déchiré et à l'air mauvais sujet. Ils étaient à boire de la bière, parlaient de Hambourg, de la loterie, Dieu sait de quoi encore ! Enfin, le Hambourgeois, qui avait le plus crié, s'étant endormi, l'autre vint à moi et me parla d'un mangeur de roast-beef qu'il avait intention de me li-

vrer, si je voulais lui faire avoir une cure de pain de munition à Batavia.

— Pauvre James ! pensa le docteur qui comprenait à présent cette trame, puis il ajouta tout haut :

— Je ne vous conseillerais vraiment pas, capitaine, de consentir à ce marché. Je connais ce jeune homme, et je vous prédis de fâcheux résultats si vous osez mettre la main sur lui.

Le capitaine fit une longue et sotte figure ; le supérieur ajouta, en en faisant une très-sombre :

— Je vous engagerai surtout, capitaine, de fixer raisonnablement vos taux, vos comptes des douanes et vos dépenses, car la Société est assez portée à choisir parmi les capitaines hollandais quelqu'un pour vous remplacer.

Tormerpick s'excusa par différents lieux communs, et prit congé en faisant des assurances superficielles de bonne volonté. Le supérieur lui fit encore quelques observations pendant qu'il était déjà en route, puis il dit au docteur :

— Père Munzner, je ne suis pas très-content de vous. Vous n'avez pas assez l'œil sur les marins et les expéditeurs ; vous nuisez, par là, aux dividendes de bénéfice de notre Société ; vous êtes aussi trop indulgent envers les payeurs négligents, trop libéral envers les pauvres ; votre registre d'aumônes, que j'ai feuilleté aujourd'hui, est plein de dépenses sortant de votre caisse : cela ne doit pas être. Donner des aumônes avec règle et mesure est utile ; cela recommande, cela attache. Mais la source de ces bienfaits doit être dirigée des poches des chrétiens charitables dans celles des pauvres, et non de la réserve de la Société, qui permet seulement de prêter de grosses sommes promettant de porter des intérêts doubles, triples. Je crois que nous faisons déjà assez pour l'humanité. En outre, mon père, vous prodiguez vos dons à des personnes qui en sont indignes. Que signifie, par exemple, ce secours que vous avez accordé à un comédien ?

Le docteur, réprimant son dépit, lui raconta sa rencontre avec Litzach. Le supérieur se calma.

— Un élève de la Société ! dit-il, alors c'est autre chose. Passons. Maintenant, mon frère et ami dans le Seigneur, vous avez été accusé d'une grande tiédeur au sujet des conversions. On prétend que vous ne recevez dans le sein de l'Église que ceux auxquels votre âme s'intéresse. Vous avez blâmé plusieurs conversions de la Laynez, et n'êtes pas au mieux avec la jolie veuve. Prenez garde à vous. La Laynez s'est amèrement plainte ; vous savez de quel crédit jouit cette personne auprès du père provincial ? vous vous exposez à une humiliation pénible. *Satis* sur ce sujet ; passons au sénateur ; comment va cette affaire ?

— Bien, dit le docteur ; le mariage projeté tombera de lui-même ; une crainte étrange de revenant est intervenue pour...

— N'importe, interrompit le supérieur ; tout moyen est bon. J'ai donné des instructions à la Laynez de faire jouer toutes les mines dans la maison du sénateur, afin de bien disposer sa petite sotte de fille. J'ai, au nom de la Société, une véritable passion pour sa fortune.

— Je vous dirai, pour votre consolation, repartit le docteur en soupirant, à cause de la cupidité de son supérieur, que le père de Justine m'a donné sa parole que l'Américain ne serait pas son gendre.

— *Quod sufficit.* En attendant, nous aurons le temps devant nous, et la Laynez fera le reste.

Pendant que les deux pères se retiraient, bien convaincus que le sénateur suivait absolument leurs inspirations, celui-ci écrivait une lettre au pasteur de Liebkirchen, afin de faire préparer le mariage en secret. Nothaft paraissait avoir disparu de la terre, et le silence sur cette affaire matrimoniale fut parfaitement gardé. Madame Mussinger, craignant d'être tournée en ridicule à cause de l'histoire du revenant, ne recevait pas ses cousines chez elle ; les hommes gardèrent le secret. La langue de Justine, qui avait su se taire dans tant d'autres circonstances, rompit la première le sceau du secret. Travaillant dans sa chambre avec madame Laynez, qui était venue habiter la maison, et riant de l'aventure du spectre, elle dit avec l'orgueil résultant de sa satisfaction renaissante :

— En ôtant le masque au fourbe, j'ai fait tout rentrer dans l'ancienne ornière, et ce linge, auquel nous travaillons, ma chère, fait partie de mon trousseau de mariage. Je vais devenir la femme de Birsher.

Madame Laynez tressaillit ; mais elle se remit bientôt ; et, après quelques questions insignifiantes, apprit tout de la bouche de la jeune fiancée.

XVII

La vie, dans la maison du sénateur, avait éprouvé des changements et des améliorations; le père de famille avait retrouvé son ancienne énergie, il ne s'occupait que d'un but unique, celui d'assurer le bonheur de son enfant, et en même temps sa propre tranquillité. Madame Mussinger paraissait avoir repris sa manière de vivre d'autrefois; apathique comme par le passé, et s'étant désistée de la guerre qu'elle avait commencée contre son époux, Justine était contente. Les visites que faisait Georges, deux fois par jour, lui dévoilèrent de plus en plus les nobles qualités dont le cœur du jeune homme pouvait se glorifier, et, bien que la timidité et les convenances défendissent à Justine de témoigner à son fiancé toute la considération que sa conduite lui inspirait, elle s'en dédommageait dans ses conversations avec madame Laynez qui écoutait avec bonté ces louanges, et lui témoignait un intérêt que n'exprimait pas la mère. Ces conversations prirent imperceptiblement une autre tournure. Madame Laynez, tout en approuvant le mariage avec l'Américain, commença petit à petit à faire l'éloge d'une vie indépendante.

— Ne croyez-vous pas, dit elle un jour où Justine l'avait contredite à ce sujet, que j'aie le moindre doute que M. Birsher ne soit en tous points digne de devenir votre époux. Je le tiens pour un galant homme, qui sait apprécier le bonheur qui l'attend dans cette union. Cependant, mademoiselle, permettez que mon expérience vous avertisse. J'ai vécu dans un mariage heureux, j'étais aimée par un époux jeune, riche, en tenant un rang dans le monde, et pourtant je ressentais bien souvent avec peine la perte de ma liberté.

— Eh! ma chère dame, quels discours tenez-vous là? s'écria Justine étonnée et mortifiée, vos pensées s'élèvent jusqu'aux nues. Me croyez-vous assez faible pour me laisser subjuguer, et M. Birsher vous semble-t-il un homme capable de demander une pareille humiliation?...

Madame Laynez sourit, et haussa les épaules.

— Nous verrons, dit-elle laconiquement.

Ce n'était pas assez pour Justine.

— Vous ne devez pas laisser cette question indécise, reprit-elle avec vivacité. Mon caractère est facile à connaître, facile à approfondir. Croyez-vous que, en dépit de son habitude de venir à bout de tout, il puisse s'accommoder du joug dont vous parliez tout à l'heure?

— Redoutez-en un plus dur, plus insupportable, répondit vivement madame Laynez. Malheur à vous, si, venant à se mêler dans votre vie uniforme, un homme s'empare un jour en vainqueur de vos sentiments et réussit à vous subjuguer, vous qui n'aurez pas été sur vos gardes! Eussiez-vous obtenu la suprématie dans votre maison... devant cet étranger vous seriez obligée de la déposer.

Justine, rougissant jusqu'aux cheveux, regarda madame Laynez fixement et avec surprise; puis, elle donna un air moqueur à sa bouche et repartit:

— Vous parliez de choses auxquelles mon âme n'avait jamais songé jusqu'ici. Est-ce qu'elles feraient aussi partie de vos expériences? Ne vous inquiétez pas de moi: l'honneur est la cuirasse qui me défendra contre le tentateur.

La veuve comprit parfaitement cette dure réponse; elle se leva précipitamment, et d'un air offensé, de sa chaise, déposa son travail, s'approcha de la fenêtre et tourna le dos à Justine.

La jeune fille remarqua l'impression causée par ses paroles, et, se repentant aussitôt d'avoir mortifié une infortunée, allait s'approcher de la dame française. Elle réfléchissait en hésitant à ce qu'elle allait lui dire pour s'excuser, lorsqu'elle aperçut près de la chaise un papier que celle-ci avait laissé tomber en se levant. Justine le ramassa, et, s'approchant de la veuve, elle lui dit de l'air le plus aimable:

— Ne soyez pas fâchée contre moi. Je ne réfléchis pas longtemps à ce que je dis. Mais, je suis désolée de vous avoir répondu aussi durement. Pardonnez-moi, et reprenez votre place, ainsi que ce papier que vous avez laissé tomber.

— Vous êtes un enfant charmant, quoiqu'un peu vif, repartit madame Laynez en tournant des yeux inondés de larmes vers la jeune fille repentante; il est impossible qu'on ne vous pardonne pas.

En disant cela elle embrassa Justine, et imprima pour la première fois sur le front, la joue et la bouche de la jeune fille des baisers brûlants qui la firent rougir jusqu'au blanc des yeux. Puis, la Française reprit en se calmant:

— Il est possible, mon aimable amie, que dans ma solli-

citude pour votre bonheur, je me sois servie d'expressions qui ont pu vous donner le soupçon que je m'occupe de troubler votre esprit et votre cœur, et de jouer, en quelque sorte, le tentateur moi-même. Croyez que mon affection est tout innocente. Ce papier, que vous me remettez, en fournit la preuve. Depuis avant-hier il est dans ma poche, et je ne vous l'avais pas montré, afin de ne pas troubler votre repos. Mais, à présent que le hasard l'a remis entre vos mains et que je sais combien votre résolution est ferme, vous pouvez l'ouvrir et vous convaincre de ma discrétion.

Justine fit, avec une vive curiosité, ce que lui dit madame Laynez. C'était une écriture connue. James, ce James banni de la présence de Justine, écrivait ce qui suit:

« De quelle manière, madame, que vos sentiments se soient tournés contre moi, je vous envoie ces lignes: puissent-elles être une semence tombée dans un champ fécond. Vous vivez, comme je l'apprends, auprès d'elle; vous vivez dans le paradis d'où une légère faute et une vertu trop sévère m'ont banni. Vous respirez l'air du ciel, et moi un brouillard étouffant, qui couvre mon bonheur du voile funèbre d'une éternelle séparation. Refuseriez-vous, vous au sein de la félicité suprême, refuseriez-vous à l'infortuné réduit au désespoir une goutte qui puisse rafraîchir ses lèvres brûlantes? Un seul bienfait qui ne vous coûtera qu'une parole prononcée devant le trône de la grâce? Madame, sauvez-moi de la mort temporelle, comme de la mort éternelle, en m'annonçant par quelques lignes qu'elle me pardonne. »

Justine posa la lettre sur la table, tira son mouchoir et quitta aussitôt la chambre. Après quelques moments elle revint; elle avait pleuré, mais elle avait séché ses larmes; son visage était pâle, mais sa démarche assurée. Elle dit à madame Laynez:

— Reprenez cette lettre, et permettez-moi de vous dire que vous avez agi avec cruauté en ne me la remettant pas plus tôt. Écrivez-lui, madame; dites-lui que je ne suis pas irréconciliable, mais sous la condition qu'il soit raisonnable et agisse loyalement à l'avenir.

— Vous êtes un ange! répartit madame Laynez avec chaleur... En vérité, ma lettre sera un baume bienfaisant, pour l'infortuné. Cependant, il est bon qu'il n'apprenne pas que vous vous mariez et combien cette époque est rapprochée. S'il est informé de cette nouvelle, quand tout sera terminé, il la supportera mieux. Ce qui est une fois fait...

— Je ne vous comprends pas, interrompit Justine; vous parlez en énigmes.

— Mais, mademoiselle, répliqua madame Laynez, c'est votre sagacité féminine qui serait une énigme pour moi, si vous n'aviez pas deviné que ce jeune homme est éperdument amoureux de vous.

— Madame Laynez!

— Mademoiselle Mussinger, vous redevenez violente et injuste. J'aime mieux me taire.

— Que pensez-vous de M. White? demanda Justine après une longue pause.

— Je pense qu'il y a beaucoup de dévouement dans ces lignes. Je suis persuadée que, pour vous plaire, il s'exposerait aux traits d'une horde de sauvages américains, avec autant de courage qu'en eut saint Sébastien pour mériter le ciel.

— Quelle comparaison, madame!

— Une fiancée trouve tout ennuyeux. Du reste, ma chère dame, ne reverrai-je plus le pauvre Sébastien et la belle Pulchérie? Trouveriez-vous du plaisir à garder des images?

— A quoi pensez-vous? répondit Justine un peu embarrassée; je dois convenir que j'avais tout à fait oublié ce médaillon.

— Rendez-le moi.

Justine courut vite chercher le médaillon, et le rapporta d'un air un peu irrité.

— Voilà, madame; reprenez votre gage.

Madame Laynez le prit avec indifférence, et s'approcha ensuite d'un coffret qui contenait ses papiers et quelques souvenirs d'un temps plus heureux, sauvés du naufrage des circonstances. Elle l'ouvrit, et pendant qu'elle tirait l'étui dans lequel elle renferma le médaillon, et qu'elle replaçait le tout dans le coffret, elle dit en plaisantant:

— Il valait pourtant mieux que ces images eussent été oubliées sous ces branches de myrte, que dans votre sein, mademoiselle.

— Comment cela?

— Mais on prétend qu'elles possèdent un propriété, qui force tous ceux qui portent le médaillon à devenir catholiques ou à le rester.

— Quelle folie ?

— C'est une épreuve à faire, dit madame Laynez étourdiment ; voici les images. Elle les tira du coffret, ainsi que la capsule bénie. Oseriez-vous les porter ?

— Donnez, répondit Justine légèrement et d'un air de défi ; je vous promets même de ne jamais ouvrir la capsule, et de vaincre la curiosité en même temps que la puissance miraculeuse de la relique ; double triomphe qui vous convaincra de ma persévérance.

— Très-bien, ma petite héroïne ! s'écria la veuve, en suspendant les images au cou de la jeune fille. Quoique ce ruban d'ébène aille parfaitement sur votre cou magnifique, ajouta-t-elle d'un ton de flatterie, nous cacherons soigneusement ce médaillon sous le voile de votre corset. Maman pourrait être curieuse et se fâcher... si elle apprenait la plaisanterie.

Justine, trouvant qu'elle avait raison, laissa faire la veuve.

Le fiancé, qui entra bientôt après, interrompit la conversation.

Madame Laynez, afin de ne pas troubler l'entretien des fiancés, se retira, et le sénateur et sa femme vinrent, l'un après l'autre, se réunir dans la chambre de Justine. La mère vanta beaucoup le travail de la Française et l'adresse avec laquelle elle avait attaché la garniture de dentelle ; le père fit l'éloge de la modestie tranquille de la nouvelle compagne de sa fille : Georges branla la tête et dit :

— Cette infortunée, sans patrie, mérite sans doute mon estime et ma compassion ; cependant, je suis plus content qu'elle aille habiter Berlin, que si elle venait avec Justine et moi en Amérique. Je suis charmé néanmoins d'avoir appris, dans cette occasion, à connaître la bonté d'âme de ma vertueuse fiancée. J'approuve également que vous, monsieur le sénateur et vous, madame, vous n'ayez jamais imposé de contrainte à ce penchant pour la bienfaisance.

— Elle est notre enfant unique, dit le sénateur en riant.

— Elle fait toujours ce qu'elle veut, ajouta Jacqueline ; elle nous y a accoutumés depuis longtemps.

— Vous êtes impérieuse à ce point ? demanda Georges en plaçant sa main sur celle de Justine.

— Monsieur... balbutia celle-ci, en cherchant une réponse.

— Bien certainement, poursuivit Georges avec franchise, bien certainement madame votre mère n'a fait que plaisanter. Dans ces yeux, dans ce visage, qui n'expriment que le calme et la fermeté, je cherche vainement le caprice et l'entêtement. La facilité de caractère et la douceur ne sont-elles pas l'ornement de la femme ? C'est par ces qualités qu'elle gouverne l'homme et conserve ses charmes.

— Vous commencez à sermonner de bonne heure, répartit Justine en le regardant de côté.

— On ne s'explique jamais assez tôt, répliqua-t-il avec calme ; il vaut mieux se connaître d'avance. Je ne vous offre pas des chaînes de fer. Auriez-vous envie de m'en donner ? Dites-le moi, afin que nous sauvions tous les deux et notre bonheur et notre liberté.

— Vous tenez d'étranges discours, auxquels je ne saurais repondre, dit Justine d'une manière ironique ; puis elle se leva et quitta la chambre en emportant son ouvrage.

Georges jeta des regards sombres et interrogateurs sur les parents, qui baissèrent les yeux.

— Voyez-vous, mon très-cher, dit le sénateur, je ne vous conseillerais pas de persister sur ce ton, attendu que cette enfant est encore si étrangère au monde, si inexpérimentée...

— Je m'aperçois bien de ce qui peut lui manquer, dit Birsher en souriant ; cependant cela n'y fait rien, pourvu que le cœur soit sain et de bonne nature. Si je devais prévoir le contraire, je préférerais, monsieur le sénateur, vous rendre ma parole, quelque peine que cela me fît.

Le sénateur fut effrayé.

— Vous voulez sans doute plaisanter, monsieur, dit-il avec contrainte.

— Eh! mais, répondit Georges en souriant, qui sait si Justine n'est pas dans l'intention de me rendre la sienne. La pauvre petite est sortie d'ici très-courroucée, et elle me paraît être une ennemie opiniâtre quand elle déclare la guerre.

Le sénateur était embarrassé. Sa femme répartit cependant avec beaucoup de calme et d'adresse :

— N'ayez aucun souci, monsieur. Justine n'est pas sortie sans emporter le corset de noces, auquel elle travaille.

Quand une fille s'occupe de cela, sa colère n'est jamais sérieuse.

— Vous me tranquillisez, madame, répliqua Birsher ; je reprends de l'espoir ; mais comme je n'aime pas à faire le bon à être, auprès des demoiselles, je remets la réconciliation à demain.

Un huissier du sénat vint apporter à Mussinger une assignation pour paraître à neuf heures, le jour suivant, à l'hôtel de ville.

— Est-ce qu'il y a session extraordinaire demain ? demanda le sénateur surpris ; pourquoi une heure plutôt que de coutume ?

— Monsieur le sénateur doit être entendu *privatim* par sa magnificence le bourguemestre en fonctions, fut la réponse du messager, qui se retirait. Le sénateur fut interdit ; madame Mussinger devint tantôt pâle, tantôt rouge, et lança de temps en temps des regards inquiets sur son mari. Georges, se voyant de trop, prit congé et se retira non moins pensif.

XVIII

Birsher retourna à son hôtel. Les paroles de la femme du sénateur, la conduite de Justine avaient fait une impression défavorable sur lui.

Plein de découragement, il entra dans sa chambre, et il chercha de la distraction, sinon de l'amusement, en se mettant à sa fenêtre qui donnait sur la promenade.

On frappa légèrement à sa porte, et lorsqu'il eut répondu : *entrez*, on ouvrit, et il se présenta un petit bonhomme, déjà sur l'âge, ayant des traits où se peignait le chagrin, et habillé en noir ; il s'inclina bien humblement, et dit d'un air craintif :

— Bonsoir, monsieur.

Georges n'eut pas plutôt examiné d'un regard ce visiteur inconnu, qu'il crut voir en lui un de ces maîtres d'école mis à la réforme. L'Américain, qui avait eu occasion de voir en Allemagne de ces sortes de figures, mit d'un air de compassion la main dans le gousset de son gilet.

L'étranger comprit ce mouvement, et un signe de tête négatif donna à entendre au charitable Georges qu'on ne venait pas réclamer ses bienfaits.

— L'affaire qui m'amène, dit le vieillard, ne regarde que votre grandeur d'âme. Je ne viens pas, monsieur, réclamer les secours de votre bourse, c'est à votre cœur que je m'adresse.

Birsher fut étonné, et montra une chaise à l'étranger. L'homme s'assit, et poursuivit :

— On vous a peint comme un monsieur brave, honnête et loyal, qui ne dépense pas beaucoup de paroles, mais qui aime à agir. Alors j'ai pris le courage de vous mettre à l'épreuve.

— C'est étrange ! comment cela ?

— Je me trouvai hier à Liebkirchen (mon lieu de domicile est Faldern) ; je rendis une visite à monsieur le pasteur du premier endroit. Ce vénérable ecclésiastique m'a dit : « *Magister*, vous ne feriez pas mal de venir ici mardi prochain. Il y aura une noce qui se terminera dans la joie. Un *carmen* (épithalame) de votre façon ne manquerait pas son but, et vous rapporterait des fruits d'argent, du gâteau et du vin en abondance. » Je fus enchanté de cette nouvelle, et je m'informai des noms de l'honorable couple, afin de pouvoir les glisser convenablement dans l'épithalame. Alors M. le pasteur me dit les noms de M. Georges Birsher, négociant à New-York, et de mademoiselle Justine Mussinger, fille légitime de M. le sénateur et négociant de cette ville.

— Le pasteur est un babillard, monsieur le magister ! il n'aurait pas dû parler. Cependant, puisque vous en êtes instruit, je ne le nierai pas, mais à condition que vous serez plus discret et que vous ferez un joli épithalame. Vous serez satisfait.

— Satisfait ? dit le magister, en se levant avec un soupir et les sourcils froncés. Il m'est impossible de faire un *carmen* pour cette noce. Il conviendrait mieux que je composasse un poème funèbre et que je commandasse un cercueil.

— Monsieur, votre tête sans doute n'est pas bien saine.

— Si fait, si fait, monsieur. Mais, un homme auquel je suis attaché est prêt à devenir fou ; il est sur le bord de la tombe, et aussitôt que le pasteur fera sonner pour votre union, le jeune homme y tombera.

Le fiancé devint de plus en plus inquiet.

— Expliquez vous, monsieur, dit-il. De quel homme parlez-vous, et quel rapport mon mariage a-t-il avec lui ?

— Écoutez. Mon ancien élève, jeune homme plein d'espoir. Anglais de naissance... baronnet... malheureux, mais brave... aime d'amour... mademoiselle votre fiancée.

— Ah ! j'en suis fâché pour mon compatriote. Qu'il renonce, cependant, à cette folie. Là où il n'y a pas de titres, une passion qui n'existe que d'un côté n'a pas de valeur.

— Point de titres ? hélas! il a les titres les mieux fondés... mademoiselle Justine lui a donné son cœur.

— Monsieur! s'écria Georges.

— Il a été son maître de langue ; l'amour s'est mêlé de la partie. On se comprit. Le père s'opposa. De là, sans doute, le mystère dont on veut couvrir ce mariage.

— En vérité, je me souviens d'avoir entendu parler d'un jeune Anglais... Cependant... la naïveté de Justine...

— Son inclination s'est soumise à la sévère volonté de son père. Mais, c'est de la braise sous les cendres. A la dernière entrevue des jeunes gens...

— Des entrevues? jolies découvertes !

— On devait se faire ses adieux ; mais Justine n'en voulut pas entendre parler. Elle encouragea James à la suivre, dans un temps donné, en Amérique.

— Vraiment ?

— C'était la proposition d'une jeune fille inconsidérée. Mon élève la rejeta. « Crois-tu, lui dit-il, que je veuille tromper un compatriote, un aussi brave homme que M. Birsher ? Je mourrai plutôt ici de chagrin en restant. »

— Voyez donc! le compatriote a plus de sentiments d'honneur que la fiancée.

— La demoiselle s'en repentit aussitôt ; elle pleura et fit ses adieux à son ami. Le jeune homme m'avait tout caché. Cependant, je m'étais aperçu de son amour. Alors je suis venu en ville pour apprendre s'il savait ce qui allait se passer à Liebkirchen. Quand il m'eut entendu, il m'avoue tout ; il pleurait et se désespérait, et je crains qu'il ne se tue.

— Non, non, mon compatriote ne fera pas cela! Mais, dans le fait, que voulez-vous de moi?

— Je viens sans que James le sache. Je voulais tout vous découvrir, et demander à votre générosité, si elle peut prendre sur elle de rendre malheureuses deux personnes qui s'aiment? de s'attacher un cœur insensible.

— En vérité! je ne le veux ni ne le ferai. Épouser une femme hypocrite qui ne pensera qu'à son amant éloigné? jamais !

— Que Dieu vous récompense de cette résolution ! s'écria le magister d'un air sentimental, en le prenant par la main et en le conduisant près de la fenêtre ; voyez-vous là-bas ce jeune homme pâle, assis mélancoliquement sur ce banc? C'est James. C'est à vous, à présent, de décider sur sa vie.

— Sa figure est intéressante, répondit Georges en le regardant avec compassion. Cependant, si je renonce au bonheur que j'avais rêvé, à quoi cela peut-il servir à ce jeune homme sans fortune? Le sénateur ne se laissera pas toucher.

— Qu'est-ce qui est impossible à un amour durable? demanda le magister ; pourquoi ne remporterait-il pas la victoire, dans un moment propice, sur le cœur d'un père?

— Eh ! monsieur le magister, vous paraissez avoir étudié l'amour, dit Georges en souriant d'un air pensif. Votre éloquence ne convainct pas cependant un homme accoutumé, comme moi, aux affaires. Où est la caution de votre assertion? Vous êtes le magister...

— Liebhold de Faldern.

— Très-bien. Votre élève est amoureux de ma future. Où est la preuve que ma fiancée le paie de retour? On a déjà essayé de jouer une comédie sur mon compte et celui d'une personne morte. Qui sait si vous, monsieur le magister, n'êtes pas un renard chargé de m'abuser, l'auteur d'une nouvelle farce, jouée pour m'inspirer du dégoût pour le mariage.

Le magister s'inclina respectueusement.

— J'ai parlé comme un homme à un homme, dit-il avec l'expression d'une profonde résignation. Mes paroles vous sont suspectes. Un témoin plus valable sera sans doute le portrait du bien-aimé, que mademoiselle Justine a gardé, qu'elle porte encore, à ce que James m'a confié, dans son sein.

Une vive rougeur se répandit sur le front de l'Anglais.

— Son image! s'écria-t-il. Oui, monsieur le magister, c'est un témoin irrécusable ; je le produirai un jour. Je verrai... si je trouve ce que je suis tenté de croire... Au revoir... où et quand vous voudrez.

Il poussa, sans faire beaucoup de cérémonies, le magister hors de chez lui, mit promptement ses habits, quitta l'hôtel, et se rendit à la maison du sénateur à une heure du jour qui n'est pas la plus usuelle pour les visites; car l'horloge de l'hôtel de ville avait à peine sonné neuf heures et demie.

Il trouva Justine seule dans un négligé charmant. Une enveloppe de gaze cachait à peine ses jolis bras, et ses joues exprimaient mieux que jamais la satisfaction de se savoir belle, sans parure artificielle, devant le véridique miroir.

Le cœur de Birsher battit de désirs à cet aspect qui bouleversait ses projets. Il avait voulu être froid et sévère, et il fut plus ardent et plus doux que jamais; agréablement ému, il tenait ses yeux attachés sur les siens, qui avaient plus d'éclat que les diamants de sa parure de noce, placés devant elle sur la table, et dans la contemplation desquels le fiancé avait surpris la jeune fille.

— Je n'avais pas espéré vous trouver occupée de cet objet, dit Georges en respirant plus à l'aise ; vous manifestâtes hier envers moi un courroux que je n'avais pas mérité.

— Si vous êtes persuadé qu'il a été injuste, répartit Justine avec obligeance... Il a été, en effet, injuste de ma part. Soyez persuadé que je l'ai reconnu, et tâchez d'être satisfait.

Birsher, ravi, lui baisa le bout des doigts, et le soupçon et ses projets s'étaient retirés dans le fond de ses souvenirs.

La rusée voulut s'échapper comme une anguille. Birsher la retint doucement.

— Fiancée envieuse, dit-il, vous voulez me priver du plus beau spectacle que mes yeux aient jamais vu. Ne vous opposez pas à ce que votre meilleur ami continue à rester avec vous tandis que vous garderez ce simple appareil, qui ne fait que vous rendre plus ravissante.

— Cela n'est pas convenable, répartit-elle en résistant.

Birsher ne lâcha point sa main, et répliqua d'un ton suppliant :

— Permettez-moi du moins de mettre la première main à votre parure. Veuillez consentir à porter aujourd'hui, par amour pour moi, cette rivière ; je désirerais tant savoir comment elle vous siéra. Accordez-moi la faveur de la passer moi-même à votre joli cou.

— Eh ! quelle prétention ! dit Justine en se couvrant avec pudeur de son fichu. Birsher insista davantage, et cet homme, si posé, mit tant de chaleur, tant d'amabilité dans ses prières, que la jeune fille crut devoir céder. Laissant tomber l'enveloppe d'un pouce du menton environ, elle baissa la tête, ferma les yeux en rougissant et murmura :

— Vous êtes un rusé, monsieur ; cependant, afin que vous ne vous fâchiez pas... soit !

Georges prit avec joie la brillante chaîne. Justine vit avec ravissement comme sa main tremblait en ouvrant les attaches ; déjà l'or froid, le diamant glacé touchait son cou délicat. La gaze tomba davantage, et un cri de surprise échappa des lèvres de Birsher.

— Vous portez déjà une parure dont j'envie la place.

Et il montra le ruban de velours noir, qui était sorti de dessous le mouchoir. Les joues de Justine devinrent pourpres.

— Faites-moi voir le trésor qui peut se vanter de cette préférence.

— Je ne puis... je ne le dois pas...

Birsher fixa un regard sur Justine. Elle s'en aperçut; mais... cette pensée lui traversa le cœur comme un éclair : il ne fallait absolument pas montrer à ce protestant rigide les images de saints catholiques suspendues à son cou.

— Jamais, monsieur, s'écria-t-elle; soyez persuadé que rien de mal ne se trouve dans ce médaillon, mais il me plaît de garder mon secret.

A ces mots, elle arrache le ruban de son cou pour le mettre dans sa poche. Le médaillon s'échappe du ruban et tombe par terre. La capsule s'ouvre et se détache. La main incertaine de Justine saisit celle-ci. George ramasse le portrait, le regarde avant que Justine ne puisse l'empêcher, et le lui rend avec amertume.

— Je vous fais mon compliment de cet ami préféré, dit-il. Et Justine, prête à se trouver mal de honte et de surprise, vit le portrait de James dans la fleur de sa jeunesse, d'une ressemblance parfaite et supérieurement peint. Elle demeura interdite. L'Américain lui dit d'une voix tremblante :

— Il est donc vrai, mademoiselle Justine, c'était moi qu'on trompait, c'était moi qu'on devait tromper toujours. Pauvre créature, vous me faites pitié.

Sans ajouter un mot de plus, il quitta Justine, qui... sans dire non plus une parole d'excuse, le regardait partir d'un air consterné. Tout en courant, hors de lui et sans savoir où, il rencontra... le même jeune homme qu'il avait vu la veille, et dont il venait de voir le portrait.

— Vous êtes Anglais? demanda-t-il avec précipitation.

Vous vous nommez James White, et vous aimez ma fiancée, Justine Mussinger?

— Mon Dieu! que veut dire cela? d'où savez-vous?

— Votre père d'adoption m'a tout découvert.

— Comment, le docteur Leupold?

— Lui-même. Vous êtes aimé... Elle porte votre portrait dans son sein.

— Ah! monsieur, vous êtes un ange, si vous...

— Silence. Pourquoi m'avez-vous laissé dans les ténèbres? est-ce afin que je me réveillasse avec plus de chagrin? c'était mal à vous. Vous avez cependant agi avec honnêteté, en refusant de la suivre en Amérique. C'est aussi pourquoi je ne vous donne pas mon épée dans le ventre. Soyez heureux! Je renonce à elle.

Il laissa le jeune homme dans l'étonnement et courut plus loin, afin de réprimer l'attendrissement qui le gagnait. Non loin de la maison de ville, il rencontra le sénateur qui arrivait au-devant de lui, chancelant et pâle comme la mort. A peine lui ôta-t-il son chapeau, et il poursuivit sa course jusqu'à son hôtel, où il s'enferma dans sa chambre.

Le sénateur, surpris, irrité, le regarda, puis il poursuivit son chemin pour se rendre chez lui, où il arriva de très-mauvaise humeur. Sa femme et sa fille étaient assises silencieusement l'une près de l'autre. Le sénateur se jeta dans un fauteuil en soupirant :

— Le diable s'en mêle! dit-il. Si je parviens à me tirer du malheur qui m'accable à présent, je pourrai en rendre grâce à Dieu. Ma réputation, mon emploi, ma dignité sont en jeu.

— Mon Dieu! dirent les femmes; Jacqueline recula loin du sénateur, Justine s'en rapprocha.

— Vous savez, dit Mussinger d'une voix étouffée, que j'ai été mandé à l'Hôtel-de-Ville. Le bourguemestre m'a interrogé dans la forme. Je pense que ma tête bat la breloque, quand il commence à parler de la loterie, et qu'il soutient que j'ai gagné dernièrement le gros lot à celle de Hambourg. Comptant sur la discrétion de mon correspondant, je nie hardiment. Alors il devient sérieux, et me designe le jour du tirage, les numéros que j'ai pris, le montant du gain et celui de la prime; il me nomme le négociant qui fait mes affaires, et finit par me déclarer franchement qu'un commis de cet homme, après avoir été renvoyé par lui, avait apporté ici la liste des gagnants, et l'avait fait voir à beaucoup de personnes. Que mon nom était placé sur cette liste, et que le sénat s'en était formalisé. Étant instruit de la défense de mettre aux loteries étrangères, il fallait, selon lui, que je me disculpasse, ou que je m'attendisse à ce qu'on procédât contre moi judiciairement. Là-dessus, sa magnificence me donna très-froidement congé, en me signifiant de fournir, d'ici à quatre semaines, les preuves que j'ai acquis cet argent d'une manière légitime. Voilà quelle est ma misère! C'est une consolation pour moi de la déposer dans votre sein, mais je désire qu'elle y reste ensevelie.

— Ce n'est qu'en en dit Jacqueline, qui était redevenue plus confiante; la bourguemestrie n'a pas le moins du monde à s'occuper sur la manière dont on acquiert de l'argent. Ce monsieur le bourguemestre ne devrait pas tant faire le grand seigneur. Si l'on voulait le questionner d'où lui vient sa fortune... fi!

— Quel babillage vain et inutile! répartit le sénateur avec impatience. J'ai besoin de conseils... et qui m'en donnera?

— Tu n'acceptes pas le mien, qui est le meilleur, dit madame Mussinger en bâillant, ainsi je m'en vais. Si cependant tu ne peux pas te tirer de cette mauvaise affaire, et qu'ils ne veuillent plus te garder au sénat, je divorcerai avec toi.

— Abominable femme! murmura le sénateur en s'adressant à sa femme, qui sortait; donne-moi des conseils, toi, ma bonne Justine. Avec qui dois-je me consulter? Qui faut-il faire chercher?... que penses-tu?... si ton fiancé?... C'est l'homme aux bons conseils. Peut-être nous désignerait-il tout innocemment quelque issue pour sortir de cet embarras. Qu'as-tu donc, ma fille? Tu es blanche comme une fleur étiolée, tes yeux sont humides, que s'est-il donc passé?

Justine nia. Le sénateur se souvint alors d'avoir vu Birsher, et de s'être scandalisé de son impolitesse.

— Je comprends, s'écria-t-il, un petit dépit amoureux! Ton obstination te jouera encore un mauvais tour, Justine. Réconciliez-vous. Cependant, monsieur Birsher n'est pas précisément l'homme pour donner le meilleur conseil; ainsi,... envoie chercher le docteur Leupold, mon enfant... Fais-lui dire qu'il me fasse l'honneur...

— Je ne le ferai pas volontiers, mon père, répartit Justine.

— Pourquoi pas?

— C'est bien certainement un homme à deux visages : du reste, mon père, il me semble qu'un filet devenant toujours plus étroit nous ait enveloppé...

Le sénateur fixa ses yeux avec étonnement sur sa fille.

— Le docteur, reprit celle-ci, exaltée par l'inquiétude de son cœur et le moment propice, le docteur me paraît l'agent principal qui s'efforce de tendre ce filet que je ne connais, que je ne puis pénétrer, mais que je suis. Tous les jours je vois plus distinctement ce que le hasard me dévoile un jour. Le docteur n'est pas un simple juriste, un homme privé, mon père; il est... j'en jurerais... il est...

— Arrête! s'écria d'une voix de tonnerre le sénateur, tremblant d'angoisse et d'inquiétude; je ne veux rien entendre! je ne dois rien apprendre de ta bouche!

L'exaltation de Justine s'arrêta devant l'effroi extraordinaire de son père.

— Comme vous l'ordonnerez, balbutia-t-elle d'un air craintif; je vais faire chercher le docteur.

Elle n'en eut pas la peine. La sonnette du comptoir se fit entendre, et le docteur, appelé, comme par un pressentiment, dans la compagnie d'un étranger, vint faire une visite au sénateur.

XIX

Cet étranger, après une salutation pleine d'onction, se fit connaître à Mussinger pour le supérieur d'une maison professe de la compagnie de Jésus, et témoigna son plaisir de trouver en lui un instrument de la grâce divine. Le sénateur répondit d'une manière un peu tiède à ce compliment, et dit avec assez de franchise, en apercevant l'embarras et l'abattement du docteur, qu'il était presque fâché que ses affaires particulières l'eussent impliqué dans des liaisons dont son existence civile souffrirait peut-être.

— J'avais au moins espéré, dit-il, ne pas être compromis; mais je me suis trompé. En revenant ce matin de l'hôtel de ville, je me vois accosté par un homme, le mercier Ernst, assez connu dans la ville par son inconduite et les délits de son frère, pour lesquels ce dernier est en prison. Cet homme m'adresse la parole et me somme, d'une manière passablement impudente, de faire mon possible auprès de la chambre criminelle pour qu'on mette son frère en liberté. Cet homme me dit en confidence : « Je ne connais personne qui soit plus fait et plus tenu de m'assister dans cette circonstance. Ne sais-je pas que vous êtes devenu catholique aussi bien que moi? on m'a conseillé de réclamer votre assistance. » Je fus comme frappé de la foudre.

Le docteur regarda le supérieur avec étonnement; puis il assura Mussinger qu'il avait tenu sa réception secrète devant la communauté tout entière. Le supérieur dit au contraire avec hauteur et confiance :

— Tranquillisez-vous, monsieur le sénateur. C'est moi qui lui fis porter son attention sur vous. Il était venu chercher auprès de moi l'assistance d'un père spirituel, je le renvoyai à votre protection temporelle. Accordez donc au suppliant une petite assistance, telle que vos forces le permettent, et comptez, en revanche, sur l'assistance du corps tout entier.

— Oh! pourquoi suis-je entré dans cette spéculation périlleuse, dit Mussinger. S'il est en votre pouvoir, mes frères, montrez-moi l'efficacité de vos paroles. Donnez-moi vos conseils dans une circonstance extrêmement critique.

Il raconta son interrogatoire du matin.

Le docteur branla la tête d'un air de compassion et de crainte. Mais le supérieur sourit avec calme, et repartit d'un ton presque moqueur :

— Et vous vous inquiétez de cela! Le témoignage d'un colporteur de boutique vagabond vaut-il votre parole de sénateur? Et n'a-t-on pas les moyens de prouver, au pis-aller, l'héritage, comme s'il était clair comme le jour? Je m'engage à vous fournir des témoins, et le père Munzner, étant en même temps des deux droits, ne manquera pas de vous tirer d'embarras avec un testament expédié dans toutes les formes.

— Père supérieur! dit le docteur interdit : songez-y donc! Un testament supposé! un faux!

— Eh bien? demanda froidement le supérieur; qu'y a-t-il donc à se récrier? Il s'agit ici de tirer d'embarras un de nos frères en Jésus-Christ. Je soutiens même qu'un testament, dont l'auteur est une *personnia fictitia*, n'est pas un faux. Quelle que puisse d'ailleurs être votre opinion, j'espère que l'ordre de vos supérieurs suffira pour lever tous vos scrupules.

Le docteur s'inclina en réprimant son aversion. Le sénateur eut le frisson en voyant la légèreté avec laquelle le supérieur passait par-dessus une règle aussi importante; mais comme il fallait que son système, pour le sauver de sa honte, reposât sur le mensonge, il consentit à ce que proposait l'audacieux père.

— Vous devez voir maintenant, mon cher fils, dit le supérieur, combien nos sentiments à votre égard sont sincères, et, de votre côté, vous ne rejeterez pas une petite prière. Après un mûr examen, j'ai trouvé que nos livres de commerce et nos registres sur les affaires ecclésiastiques sont trop exposés dans la maison du révérend père Munzner Je vous demanderai de placer ces actes sous votre garde. Dans un local comme le vôtre, ces allées et venues resteront inaperçues; vous ne courrez aucun danger, et nous, nous pourrons être parfaitement tranquilles.

Le sénateur répartit :

— Puisque je me suis livré entièrement à vous, mes pères, j'y consens.

— Ainsi, je ferai apporter les livres ce soir, ajouta le docteur, puisque le révérend père supérieur ne les croit pas en sûreté chez moi.

— *Quidquid agas, respice finem!* dit le supérieur avec le visage le plus rusé; je vous remercie de la complaisance dont vous avez accueilli notre proposition. Je conviens qu'elle atténue à mes yeux le manque de confiance que vous témoignez à mon digne ami, le père Munzner.

— Comment? demanda le sénateur en fixant les yeux sur le docteur, qui baissa, comme honteux, les siens.

Le supérieur poursuivit d'un air de gaîté :

— Oui, mon très-cher sénateur, rien à la longue ne nous reste caché; nous savons que votre intention est toujours de marier votre fille avec monsieur Birsher... Quand et où voulez-vous le faire? et je vous demande encore une fois d'amitié, si vous avez tout pesé, réfléchi à tout?

— Je dois satisfaction à ma conscience et à ma parole, repartit le sénateur poussé à bout; je n'aime pas que des étrangers se mêlent des affaires de mon intérieur. Je n'ai à me reprocher que la faiblesse de vous avoir caché mon intention de bien agir.

— O quel déplorable emportement! dit le supérieur en levant tristement les yeux au ciel : *Saül! Saül! cur me persequeris?* Fils aveugle, violent, et pourtant chéri! croyez-vous donc que le sacré cœur de notre Sauveur s'arrachera aussi promptement de vous, que vous, dans votre mauvaise humeur, vous désirez vous en détacher?

Il se tut en entendant des pas approcher de la porte. Berndt entra humblement et remit un billet à Mussinger.

— C'est le garçon du *Cygne* qui vient de l'apporter, dit-il, et il se retira aussitôt.

Le sénateur reconnut sur la suscription la main de Georges Birsher. Son âme était devenue si craintive et si soupçonneuse, qu'il avait peur de trouver un serpent caché sous chaque cachet. Il brisa donc aussi celui-ci avec un battement de cœur, et... se levant soudain avec un geste de désespoir, il remit le billet au docteur et retomba dans le fauteuil, en s'écriant :

— A présent, je suis perdu sans ressource!

Pendant que le supérieur accourait au secours de Mussinger, prêt à se trouver mal, le docteur lut ce qui suit :

« Infortuné Mussinger! La main me tremble; mais mon cœur tremblait encore davantage quand j'appris ce qui cause mon malheur et le vôtre. Misérable! vous avez assassiné mon père! Celui qui m'a découvert ce crime en a presque été le témoin; il me l'a avoué, afin de rompre les liens épouvantables qui allaient m'attacher à vous. Mais je sais ce que la vengeance réclame d'un fils. Invoquer la justice est mon devoir. A trois heures, je monterai en voiture pour me rendre chez le bourgmestre; je ne veux rien savoir de ce que vous ferez jusque là.

» BIRSHER. »

Le sénateur ouvrit ses yeux troublés, et jeta un regard de désolation sur le docteur, qui replia promptement la lettre, et la rendit au sénateur, en disant :

— Reprenez vos esprits, vous n'êtes point perdu. L'accusation de Nothaft, sans doute provoquée par le bruit qui s'est répandu sur le mariage de Justine, ne causera pas votre perte; laissez-nous le soin d'agir pour vous. Avant qu'il ne sonne trois heures, vous serez, je pense, hors de tout danger.

— Si vous pouviez cela! s'écria le sénateur en se jetant dans les bras du docteur; mon père! frère de Clara, faites votre possible! Ce soupçon! ma réputation! la honte!... Je suis perdu, si vous m'abandonnez!

— Dans l'occasion présente, il faut que ce soit cet homme-là qui vienne à votre secours, répartit le docteur en désignant le supérieur, dont la contenance exprimait la curiosité la plus vive.

— Je me consulterai avec vous là-dessus, repartit le supérieur; j'écouterai votre opinion, et je ferai ce que je pourrai avec l'aide de Dieu. Cependant, si monsieur le sénateur promettait de renoncer à toute pensée ultérieure à l'union de sa fille avec un protestant; de faire entrer cette innocente enfant dans le sein de l'Eglise catholique, de la destiner à la vie édifiante d'une vierge; de léguer, après sa mort, ses biens à la société de Jésus : *respondeas, mi fili!* et l'on vous tirera d'affaire.

Le sénateur inclina la tête sans parler, et fit un signe de la main que le supérieur saisit, comme pour le prendre au mot.

— Vous êtes témoin, père Munzner, dit-il d'un air solennel; venez à présent, afin que nous arrangions cette affaire désagréable. Je suis d'une nature débonnaire, et je choisis ordinairement des remèdes doux; mais ici, je le crains, nous serons forcés d'employer celui que je vous ai déjà proposé, et que vous repoussâtes avec tant de dureté.

Le docteur fit un signe au supérieur de se taire, montrant en même temps le sénateur qui sortait de son étourdissement. Les jésuites se retirèrent.

Ces messieurs trouvèrent dans leur conventicule, madame Laynez et le ci-devant comédien Litzach.

— Nos plans échouent, dit la première, en rendant au docteur le dangereux médaillon; gardez le portrait de votre élève, mon père; il a produit de la sensation; mais des gens amoureux se réconcilient après les disputes les plus violentes. Préalablement, mademoiselle Justine m'a dispensée de la peine de lui tenir compagnie, et toutes mes excuses ont été vaines.

— Nos plans réussissent au contraire, femme à courte vue, dit le supérieur avec un sourire orgueilleux; vous avez très-bien rempli votre commission, et il s'agit seulement de savoir, si, vous aussi, Litzach, vous faites aussi bien.

Il conduisit ce dernier dans la chambre voisine. Cependant le docteur avait renfermé le portrait de James dans son armoire, les larmes lui étaient venues aux yeux; il se pencha par dessus les fleurs, flétries par la chaleur, qui garnissaient sa fenêtre, et pria : « Sainte Mère de Dieu, pardonnez que j'aie laissé profaner et servir à une tromperie le don d'une sainte reconnaissance, cette image qui a été portée sur le sein d'une mère fidèle, jusqu'à ce que ce cœur eut cessé de battre. C'est mon supérieur qui l'avait ordonné, et en faveur de l'obéissance, vous me pardonnerez le péché, mère pleine de grâces! »

Puis, essuyant ses larmes, il demanda à madame Laynez si elle avait parlé à James. Madame Laynez, sans s'être entretenue avec lui, l'avait vu, plus gai et plus animé que jamais, aller à pas précipités du côté de la porte de la ville.

Le capitaine Tormerpick, qui survint, avait également rencontré le jeune homme sur les vieux glacis. James l'avait embrassé en s'écriant : Capitaine, n'ai-je pas l'air de l'homme le plus heureux du monde?

Le docteur secoua la tête d'un air triste et sérieux, et se rendit dans la chambre voisine, d'où sortit peu après Litzach, pour dire au capitaine que ces messieurs l'attendaient aussi.

Pendant que Litzach se retirait, Tormerpick s'entretenait avec les pères.

— Je prends congé de vous, dit-il. Une lettre pressante m'appelle au port. On charge le vaisseau. Je vous prie de me donner des instructions plus étendues.

Le supérieur lui remit un paquet, en lui disant que tout ce qui avait rapport aux affaires commerciales y était contenu.

— Nous vous aurions également chargé d'une personne, ajouta le père en souriant d'un air rusé, un Anglais, bien fait, grand, robuste, un excellent capital à placer à Batavia.

Le capitaine fronça le sourcil.

— Voulez-vous vous moquer de moi, mes révérends pères?

— Non pas, capitaine, comprenez nous bien. Nous haïssons le commerce des âmes, si nos transports de marchandises en souffrent. Mais quand cela se fait pour notre propre compte...

— Je comprends, repartit le capitaine en ricanant. Que votre volonté soit faite. Quand? comment? où? J'ai avec moi deux matelots qui ont servi sur un corsaire, des lurons auxquels le diable ne ferait pas peur.

— Tenez-vous à deux heures sur la digue, répliqua le supérieur; tout y est tranquille et solitaire. L'individu qui sort d'ici conduira notre homme sur la digue; un homme grand et vigoureux; n'est-ce pas, père Munzner?

— C'est notre voisin de table à l'auberge du *Cygne,* dit le docteur.

Le capitaine partit d'un éclat de rire.

— Ce franc lourdaud? demanda-t-il, qui a si mal répondu à mes questions? Oh! oh! je le connais, celui-là, et je saurai bien le distinguer du maigre magister. C'est on ne peut mieux! J'ai à donner son compte à ce grossier personnage. Que Dieu garde vos révérences! Vous entendrez parler de moi.

Ce grossier personnage s'en alla en riant aux éclats, mangea encore solidement au *Cygne,* comme s'il avait à se préparer pour une action glorieuse; fit donner force eau-de-vie à ses matelots, et monta avec eux tout joyeux dans le chariot couvert de toile qui devait le conduire à la digue, et de là au canal.

Avant de se mettre en route, on fit trinquer le cocher; en versant du rhum, et au moment du départ, le capitaine, ôtant son chapeau et l'agitant avec impudence, cria à l'Américain, placé à la fenêtre : Au revoir! au revoir!

Georges, après s'être retiré avec dégoût, se jeta sur le canapé, appuya pendant quelque temps sa tête sur sa main; puis il se leva soudain, plaça avec une dignité sublime les mains sur sa poitrine, et se dit à lui-même en soupirant avec liberté :

— Tu es un brave garçon, Georges; tu viens de remporter une victoire difficile, mais qui en est d'autant plus glorieuse. Ah! mon père, mon père chéri! ne jettes-tu pas tes regards à travers les nuages, et ne te réjouis-tu pas de ma résolution?

Il s'approcha alors de la porte d'un cabinet, l'ouvrit avec une clé qu'il avait dans sa poche, et d'une voix calme :

— Sortez, dit-il.

Une pâle et tremblante figure apparut. C'était Nothaft.

— Je vous rends votre liberté, lui dit l'Américain; je vous avais enfermé ici pour avoir un témoin à produire le jour où je porterais ma plainte; j'y renonce. Je serai muet comme le tombeau du défunt. S'il y a eu crime comme vous me l'avez juré, le remords me vengera mieux du sénateur qu'une mort infamante. Sortez, vous êtes libre.

Nothaft se jeta aux pieds du jeune homme pour le remercier. Il avait fait sa dénonciation par bravade plutôt que par méchanceté, et il avait été vite effrayé des suites. Aussi est-ce le visage rayonnant qu'il sortit après avoir déclaré qu'il allait habiter sa ville natale.

Heureux de sa généreuse résolution, Birsher se demandait comment la faire connaître au sénateur, s'il n'avait pas déjà pris la fuite; puis il se laissa aller à penser à cette Justine si candide en apparence, si fausse en réalité, lorsque le magister de Faldern entra :

— Que voulez-vous, magister, demanda Georges, avez-vous encore à m'annoncer un malheur?

— Non, je viens cette fois vous rendre les actions de grâces de deux cœurs qui vous doivent le bonheur. Puis, j'ai une demande, une prière à vous adresser, oh! bien importante, Justine voudrait se justifier devant vous.

— Non, je ne veux pas la faire rougir.

— Son bonheur dépend pourtant de vous, achevez votre œuvre... Elle vous attend en un endroit qu'elle m'a désigné.

Le jeune homme hésita.

— Soit, dit-il enfin, que mon sacrifice soit complet. Guidez-moi vers elle, de suite, car ce soir je veux avoir quitté ce pays.

George partit avec le magister sans revenir. Les heures se passèrent, la soirée arriva : l'hôte du *Cygne* ne rentra pas. La maîtresse de l'hôtel, qui avait pris en affection ce jeune homme si tranquille, devint inquiète. A la nuit tombante, elle envoya chez le sénateur, pour prendre des informations au sujet de l'Américain. On ne l'y avait pas vu.

Une heure avant, le sénateur avait reçu des Pères le billet suivant :

« Prenez courage. Nous ne vous abandonnons point. Il vient de partir pour ne plus revenir. Il vous laissera à jamais en repos. »

Le sénateur, délivré de sa crainte, baisa ce billet laconique; puis il se rendit auprès de sa famille et dit :

— Ma pauvre petite Justine, ton fiancé paraît s'être égaré; on ne sait ce qu'il est devenu. Demain, le jour du Seigneur, nous irons tous ensemble à l'église de Saint-Jean implorer la bonté de Dieu, pour qu'il nous ramène notre ami.

Justine se tut; mais ses yeux se remplirent de larmes; elle soupira involontairement.

XX

Le matin suivant le père Munzner se leva de bonne heure, pour se préparer au service divin. Son fils adoptif vint à sa rencontre au jardin, lui saisit la main et s'écria :

— Que je suis heureux de vous trouver enfin seul, mon père! si la présence du supérieur n'avait lié ma langue, je vous aurais déjà avoué hier, combien je me repens de vous avoir méconnu.

— Je ne te comprends pas, repartit Munzner.

— Votre bonté a été inconcevable, poursuivit James avec ravissement; sachez donc que j'ai tout appris, tout, de la bouche du généreux Birsher!...

— Birsher? pour l'amour de Dieu, que sais-tu?

— Que vous lui avez parlé, que vous avez touché son cœur... que Justine... ô quel bonheur!... que Justine m'aime, que, tout en me cachant son amour, elle porte sur son sein mon portrait, peut-être peint par sa jolie main; que le fiancé redouté se retire...

— Jeune homme, tu extravagues!

— Ne le niez pas, mon père. Est-ce un crime de rendre heureux un jeune homme qui aime? J'aime, j'espère! il faut que le bonheur se mette de mon côté.

— O mon Dieu! repartit le docteur, pâle et attristé; tu ne me laisses pas placer un mot, et cependant je suis obligé de t'assurer bien à regret...

Des pas rapides de personnes qui approchaient l'interrompirent. Le supérieur avec tous les signes de l'effroi, madame Laynez qui le suivait comme son ombre, arrivèrent.

— *Hannibal ante portas!* s'écria le premier qui avait une grosse lettre à la main; révérend père, il s'agit à présent de se préparer au combat!

— Comment, comment? demandèrent le docteur et James.

— Racontez, vous! tandis que je lirai cet écrit, repartit le supérieur, en tremblant de tout son corps. Madame Laynez dit d'une voix éteinte :

— Nous sommes trahis, tout se découvre. La femme du menuisier Ulrich est tombée malade dans la nuit; son mari a trouvé notre livre de prières sous son coussin. Les menaces de cet homme, ainsi que les douleurs physiques l'ont assaillie en même temps; elle a avoué qu'elle était devenue catholique, qu'il existait une communauté secrète, que dans la *Cour des Chevaliers de Saint-Jean...*

— Que Dieu nous assiste! s'écrièrent les auditeurs.

— Il y a une demi-heure, poursuivit madame Laynez épuisée, que le chef de la police arriva et fit entourer la cour. Le menuisier lui avait tout rapporté. On enfonce les portes pour se saisir de l'administrateur, pour tout fouiller. Les archers passent à côté de ma porte et pénètrent dans la chapelle. Nos ornements sacrés tombent dans leurs mains; on ne fait pas attention à moi; dans le tumulte je m'échappe pour annoncer ici ce malheur.

Litzach se précipita dans le jardin.

— O Messieurs, mes pères! que va-t-il advenir de tout ceci? s'écria-t-il; en revenant du village, j'apprends que l'administrateur est arrêté : cependant il nie avec énergie; il n'a rien avoué; on tient fermée la cour des Chevaliers de Saint-Jean, afin que rien ne transpire avant le temps : tout doit s'éclaircir à neuf heures devant l'inspecteur de police; le bedeau qui s'est échappé me l'a dit, afin que je vous prévienne.

— Interdiction sur la malheureuse qui a trahi le Seigneur! s'écria le supérieur en courroux; l'établissement, la Mission... tout est perdu! Tâchons de nous sauver, père Munzner!

— Nos livres sont chez le sénateur, dit d'un ton consolateur le docteur; personne ne les y cherchera. Cette translation était raisonnable.

— Plus raisonnable que votre administration, père Munzner! repartit le supérieur en colère; recevoir des gens comme la femme de ce menuisier!... des pies bavardes!...

— Mon prédécesseur avait déjà... dit pour s'excuser le docteur.

— Taisez-vous! repartit avec véhémence le supérieur, et vous autres, en route; Litzach, dépêchez-vous de me procurer une voiture, j'y monterai en dehors de la porte Friederthor. Quant à vous, James, vous ramasserez à la hâte les effets du père Munzner. *Cito citissime !*

James partit. Litzach se tordait les mains :

— C'est moi qui suis le plus malheureux ! que vais-je devenir.... que deviendront mes enfants, ma femme malade ?

— Ce qu'il plaira a Dieu, répondit avec dureté le supérieur; partez donc, allez vous occuper de la voiture.

Litzach obéit presqu'en pleurant.

— Père Munzner, continua le supérieur, il ne faut pas que nous restions dans cette maison. On cherchera bientôt le docteur Leupold. Nous nous réfugierons en attendant dans la maison du sénateur, où personne ne nous cherchera certainement.

— Que je suis malheureux, s'écria Munzner comme au désespoir, que ce déplorable accident se soit passé sous mon administration! Quelle réception m'attend dans notre maison et chez le provincial!

— Apprenez a connaître que je suis votre ami, repartit le supérieur en lui remettant la lettre qu'il venait de lire. Le provincial me charge d'envoyer un membre capable à l'Assomption, au Paraguay, afin d'y présider aux affaires de commerce. Votre mission dans ce pays ci est malheureusement terminée; cachez votre honte en Amérique, jusqu'à ce que ce que le général vous appelle à rendre compte.

Le docteur prit machinalement la commission sans répliquer une parole. A peine lui laissa-t-on le temps d'embrasser James.

— Je vais au Paraguay, lui dit-il en pleurant; nous ne nous reverrons peut-être jamais.

James était trop bouleversé par les événements pour deviner tout le sens du discours de son père d'adoption. Le supérieur entraîna avec force le docteur, et recommanda d'un ton de maître au jeune Anglais de se hâter d'empaqueter ses effets, de les faire transporter hors de la porte de Friederthor, et de l'attendre près de la voiture, afin de se mettre en route avec lui. Là-dessus les deux ecclésiastiques enfoncèrent leurs chapeaux sur le front et prirent la direction de l'habitation de Mussinger. Elle était fermée.

— Le sénateur est à l'église, dit le supérieur en réfléchissant; nous lui avons permis hier, en lui apportant les registres, d'assister à cette farce, afin de relever sa réputation.

— Heureusement, j'ai dans la poche la clé de la porte de derrière, repartit le docteur.

Les deux pères purent donc entrer dans la maison, et attendre à l'abri le retour de Mussinger.

Le sénateur, pendant ces événements, était assis avec les siens dans son oratoire de l'église de Saint-Jean. La foule emplissait le vaste édifice, l'orgue ronflait, accompagnant les cantiques. Bientôt, Lammer, le pasteur, monta en chaire, son visage était en feu; ses yeux étincelaient.

Il allait commencer son sermon, lorsque tout-à-coup, au milieu du silence qui s'était fait, éclata un coup de tonnerre terrible. Le bruit de l'orgue avait empêché jusque-là d'entendre l'orage. Le vaste édifice trembla sur sa base, les voûtes gémirent, une lueur sinistre éclaira les vitraux.

L'auditoire entier se souleva avec un cri de terreur. Mais la voix du prédicateur s'éleva, qui imposa silence Sa figure resplendissait d'enthousiasme, sa voix avait de prophétiques accents. Il s'était tourné du côté de l'oratoire du sénateur et semblait s'adresser à lui.

— Tonne, maître des mondes, Dieu puissant, disait-il, fais éclater ton tonnerre, Dieu jaloux. Près de tes autels l'impie a élevé d'autres autels, il y a dressé des idoles impures. O honte, ô abomination ! la prostituée a ouvert sa couche, et il s'en est trouvé pour forniquer avec elle. Oui, amis, oui frères, le papisme romain a établi une maison de prostitution en cette ville. Mais le voile est déchiré, tout est découvert, on a trouvé leur chapelle, la honte et le châtiment attendent les apostats.

Saisi d'effroi à ces paroles, le sénateur gisait renversé, immobile sur sa chaise, sa femme fixait sur le prédicateur ses yeux hébétés; Justine, la poitrine oppressée tremblait de comprendre.

Cependant le pasteur continuait :

— Malheur! malheur! qu'ils soient réprouvés, les ignorants qui se sont laissé séduire, les pauvres que l'on a tentés, honte à ces fauteurs d'hypocrisie et d'apostasie qui viennent le front serein cuver ici leurs abominations... l'enfer, le gouffre, l'abîme les attendent... Mais que dirais-je, mes frères, de cet autre suppôt de damnation, qui déshonore le sénat par son sacrilège, et qui, souillé d'une fortune mal acquise, ose se pavaner dans le temple du vrai Dieu ! faut-il que je vous dise le nom de cet homme, mes frères, que je dé-

masque l'apostat, que du doigt je désigne le catholique à votre colère...

Et emporté par la plus blâmable des violences, le pasteur osa montrer du doigt le sénateur qui succombant à ses angoisses, venait de rouler sur le pavé humide de son oratoire.

Il y eut dans la foule une tempête de malédictions, puis ce fut une scène terrible et scandaleuse.

La femme du sénateur s'était levée d'un bond, repoussant avec violence sa fille qui voulait la retenir. Furieuse, hors d'elle-même, elle lança son livre à la tête de son mari évanoui.

— Loin de moi, misérable, vociférait-elle, il te manquait d'être catholique, tu l'es, sois maudit. Et toi, Justine, fille de satan, sois maudite aussi, vous ne me reverrez plus ni l'un, ni l'autre.

Et elle sortit de l'oratoire précédée et suivie d'une meute aboyante de dévotes, qui mêlaient leurs voix sourdes à ses hurlements.

— Infortunée que je suis ! disait-elle en sanglotant qui me conduira loin du démon qu'on m'a fait épouser? J'ai gardé le secret surtout jusqu'ici; mais je ne le puis plus. Le misérable a joué à la loterie, il a assassiné le Hollandais, et puis... devenir catholique... Ah! malheureuse que je suis!

Enfin on l'emmena, et la femme du commissaire aux impôts, ainsi que beaucoup d'amies, l'accompagnent.

— Nous y voilà donc ! dit la première d'un air triomphant. Vous l'entendez vous-mêmes, mes chères : il a assassiné le Hollandais... et probablement le fils de celui-ci, qui a disparu depuis hier ! Il a joué à la loterie... il est devenu catholique, et avec tout cela, ce méchant homme faisait semblant d'être un miroir de vertu. Mais mon mari ira sur le champ chez le bourgmestre, et nous verrons si la justice gouverne encore ce pays.

Pendant ce temps, Mussinger pâle comme la mort, entouré d'une foule curieuse et irritée, traversait, en s'appuyant sur le bras de Justine, l'église et les rues; il pleuvait à verse.

— Pourquoi ne vas-tu pas auprès de ta mère? lui demanda-t-il à voix basse et sans lever les yeux.

— Je reste avec vous, répondit-elle avec douceur, je ne connais plus ma mère. J'avais ressenti en secret ce que me coûtait votre anéantissement. Hélas! je ne me suis pas trompée... Le docteur!...

— O ma pauvre, ma chère, mon unique enfant! dit le sénateur d'une voix lamentable; puis il frissonna, en apercevant une foule de peuple réunie devant sa maison, et briller devant sa porte les hallebardes et les habits rouges des sbires du sénat.

— On va me conduire en prison, dit-il dans l'angoisse de son cœur.

Justine fut effrayée; ses larmes tombèrent sur la main de son père. Le sénateur reçoit en ce moment, un coup sur la poitrine, il regarde et aperçoit son portefeuille, qu'une main secourable glisse dans son sein.

— Bien des choses de la part de ces Messieurs, lui dit le pâle Litzach d'un air craintif; ils vous font dire de garder cela et de fuir. Les livres sont brûlés et déchirés. C'est Ernst qui vous a trahi : sauvez-vous à Amsterdam, le docteur vous y attend.

Ces paroles furent prononcées avec rapidité, et ce messager inconnu au sénateur disparut. Mussinger cacha machinalement le portefeuille qui contenait ses lettres et ses obligations, sans réfléchir comment il avait pu être sorti de sa maison et tombe dans les mains de cet homme. Deux sénateurs, délégués par le bourgmestre, qui, avec leurs habits noirs et leurs blanches perruques, attendaient impatiemment sous la pluie, crièrent à leur collègue suspect de se dépêcher et d'ouvrir sa porte. Mussinger obéit. Délégués, sbires, peuple, tout pénétra dans la maison. Justine fut arrachée des bras de son père, et se réfugia à l'étage supérieur dont l'escalier fut occupé par la force armée.

— Vos papiers! dit-on cependant au sénateur.

Il se baissa pour ouvrir la porte de son cabinet. Elle était déjà ouverte; on entra. Le secrétaire avait été ouvert violemment... Le sénateur étonné, ne vit pas une trace des livres des jésuites qui y avaient été renfermés. Malheureusement un limier de la police trouva dans un coin, les légendes de saint Ignace et de saint Xavier. Cette trouvaille fut accueillie avec des cris de joie comme une preuve du délit.

— Homme indigne! dit un sénateur à Mussinger interdit; les clés de la caisse, afin qu'elle soit mise sous le séquestre la première !

— Ouvrez les tiroirs les plus secrets du bureau, dit le second ; on vous a vu fréquenter des marchands d'âmes, selon la déposition de vos propres commis, Nothaft et Berndt. Où est la correspondance de cet abominable trafic ?

Mussinger nia, et renvoya à ses écritures de commerce.

— Celui qui est capable de renier son Dieu, peut aussi mentir devant les hommes, dit l'un des délégués. Mais d'où vient que votre secrétaire est déjà ouvert, et qu'il l'a été violemment ?

Mussinger protesta de son ignorance. Cependant il arriva deux personnes qui apportèrent beaucoup de désordre dans cette scène. Le premier, beau-frère de la femme du sénateur et chez lequel elle s'était réfugiée, venait pour réclamer sa dot ; le second, le commis Berndt, que l'effroi et la curiosité amenaient. Le beau-frère de madame Mussinger se mêla avec grand bruit aux affaires des délégués, et ceux-ci jugèrent à propos de faire arrêter Berndt, soupçonné de s'être échappé, d'après les ordres de son patron, de l'église, et d'avoir brisé le secrétaire, afin d'en enlever les graves indices, aussi bien du catholicisme, que de la loterie et du commerce des âmes.

Tandis que l'innocent commis se récriait, quelqu'un saisit Mussinger par le pan de son habit, et le tira d'une main puissante dans la foule, sans que personne dans le tumulte y fît attention. Cet audacieux était James.

— Venez ! lui dit-il à voix basse, en l'entraînant.

— Où me conduisez-vous, mon ami ? demanda Mussinger.

— Silence ! pas une parole ! répondit le jeune homme, et il courut de nouveau et autant que le sénateur le pouvait, vers une rue de traverse, où il se glissa dans une maison, au-dessus de laquelle était suspendue une enseigne de recrutement.

— Camarades, s'écria James, comme enthousiasmé, vous êtes catholiques. Il s'agit ici de sauver un catholique ! Vite un casque, un manteau de cavalier, un cheval pour cet homme persécuté ! Deux des vôtres pour l'escorter jusqu'aux limites ! et puis prenez-moi corps et âme ! je ne demande pas d'autre engagement que ce service.

— Que faites-vous, mon ami ? demanda Mussinger en retombant épuisé sur un banc.

Un cavalier lui offrit du vin, les autres se consultèrent ; tombés enfin d'accord qu'il s'agissait de recruter un beau garçon, à meilleur marché qu'on ne l'avait encore fait, le maréchal-des-logis dit :

— J'y consens, Monsieur. Donnez-moi la main et buvez à la santé de notre souverain.

James s'empressa de trinquer.

— Est-ce que cela presse avec ce pauvre homme ? demanda le sous-officier.

James l'affirma et insista pour que cela se fît au plus vite, parce qu'on allait fermer les portes, afin de s'assurer plus aisément de la communauté occulte.

Le sous-officier se mit à rire de cette mesure inutile.

— Toutes les portes s'ouvriront pour nos uniformes, dit-il en se frottant avec fierté ses moustaches ; apportez seulement des bottes, un manteau et un casque, mes garçons ! puis à cheval, au trot, et bon voyage ! je resterai en attendant avec cette jeune recrue.

Pendant que l'un d'eux allait quérir les effets d'uniforme, et l'autre seller et brider les chevaux, Mussinger pouvant à peine se soutenir, embrasse le jeune homme.

— Prenez la moitié de mon argent, dit-il en lui présentant son portefeuille. James le repoussa avec des yeux brillants.

— Je saurai bien demander ma récompense quand il en sera temps, répondit-il ; puis il aida le sénateur, qui se laissait machinalement faire, à achever son travestissement. Pendant qu'il le soutenait pour le conduire auprès du cheval, Mussinger s'écria comme sortant d'un songe :

— Justine ! ma fille ! elle reste ! et pourtant elle m'a juré de ne jamais se séparer de moi. Jeune homme généreux, voulez-vous mettre le comble à votre belle action, en faisant cesser les angoisses de ma fille. Que mon teneur de livres en ait soin..., qu'il la conduise à Amsterdam, chez Van der Hocken, où je l'attendrai avec impatience.

— Je vous le promets, monsieur, lui repartit James. je la chercherai..., avec l'aide de Dieu, je la sauverai, je l'enverrai sur vos traces.

— Pauvre jeune homme, répliqua Mussinger avec compassion, dans quel état je te laisse ! Tu as vendu pour moi la liberté, la vie. Écris-moi, mande-moi si l'argent peut te délivrer, et je...

— Folies que tout cela ! interrompit le maréchal-des-logis avec dépit. Quelques semaines à cheval, et il ne demandera

pas mieux. Mais vous aussi il faut que vous montiez à cheval, afin que mes gaillards puissent être de retour à midi. La trompette sonne, montez et ne faites pas honte à mon coursier. Il va à la parole.

Le sénateur, après avoir été hissé à cheval, traversa, entre les deux cavaliers, les rues, franchit la porte que les soldats de la ville ouvrirent complaisamment à la vue de la cocarde redoutée.

Justine ignorait absolument tous ces événements. En proie à une irrésolution timide, elle s'était cachée dans sa chambre, pour rasseoir ses esprits. Son courage lui revint néanmoins, lorsqu'elle entendit la voix de son oncle, qui montait les escaliers pour prendre possession des effets de sa belle-sœur, et qui s'informait d'une manière grossière auprès des domestiques où était sa nièce, afin de la conduire chez lui, où sa mère se trouvait déjà. Rien ne parut tout à coup plus terrible à cette jeune fille volontaire que d'entrer sous la tutelle d'un homme qu'elle avait toujours détesté. Elle ramassa à la hâte ses épargnes et ses bijoux, se glissa hors de sa chambre, et descendit précipitamment l'escalier. Il n'y avait plus de garde nulle part ; le comptoir était fermé ; elle résolut d'aller chercher son père à la maison d'arrêt.

L'orage du matin versait encore des torrents de pluie. Justine sortit de la maison sans y faire attention. Une dame courut à sa rencontre ; c'était madame Laynez.

— Que je suis heureuse de vous trouver ! dit celle-ci hors d'haleine. J'ai épié le moment pour vous sauver ; venez avec moi, si vous ne désirez pas rejoindre votre mère.

— Je ne vous cherchais pas non plus, répond Justine, laissez-moi ! mon père est en prison ; je veux... je dois aller auprès de lui.

— Votre père s'est échappé : personne ne sait où.

— Il a pris la fuite ? Dieu soit loué ! Adieu, madame, je le suivrai.

— Vous me désespérez ! Le sénateur a sans doute quitté la ville.

— C'est égal ! je ne cherche pas non plus dans cette ville.

— Mais vous êtes enfermée ici. Toutes les portes sont gardées, on ne laisse sortir sans un examen préalable et sévère. On vous connaît, on surveille avec soin les parents du sénateur. On vous conduira auprès de votre mère.

Cette nouvelle paralysa les forces de Justine. Elle soupira profondément et saisit la main de la Française, qui était sur ces entrefaites arrivée avec elle au coin de la rue, et qui poursuivit avec instance :

— C'est un délai qu'il vous faut. Laissez passer les premiers jours de trouble ! Vous recevrez sans doute des nouvelles de monsieur votre père. Confiez-vous à moi ! Je connais un lieu qui nous cachera toutes les deux, qui nous donnera d'abord la protection nécessaire. Suivez-moi.

— Je veux encore une fois croire à votre sincérité. Emmenez-moi.

— Hâtez-vous alors ! dit madame Laynez en entraînant promptement Justine, loin de la maison paternelle, jusqu'à la place Saint-Paul, où elles arrivèrent sans avoir été aperçues. Elles approchaient vivement de l'église ; madame Laynez tira avec force la sonnette de la petite porte du clocher. Le peu de minutes qu'il fallut au gardien de la tour pour descendre et ouvrir, parut une éternité aux dames impatientes. Enfin on entend le bruit d'une clé, la petite porte s'ouvre. Pahlens interdit, les reçoit avec une joie respectueuse.

— Dieu vous bénisse, monsieur Pahlens ! lui dit madame Laynez à la hâte ; en haut vous en saurez davantage.

Et les deux femmes montent à la petite chambre du gardien ; elles s'y asseoient enfin pour respirer et pour raconter à Pahlens, qui les rejoint, le motif de leur venue.

— Vous savez, monsieur, ce qui s'est passé dans la ville, dit-elle d'un ton de confiance au gardien ; nous sommes également les victimes de ce triste événement, nous réclamons de vous protection et séjour, pour quelques jours, et nous attendons de votre galanterie l'accomplissement de nos désirs.

Un rayon de joie et de satisfaction passa sur le visage de Pahlens : il se frotta les mains, et repartit :

— Vous venez à l'heure la plus opportune. Mon aide a été transporté hier à l'hôpital de la ville, et je suis seul. Pendant quelques jours, je pourrai bien me suffire ; et les autorités me sauront gré d'avoir ménagé leur caisse. Au-dessus de cette chambre, dans la coupole de la tour, se trouve le plus charmant belvéder ; une petite place faite pour la déesse Vénus, les grâces et les amours. Vous l'habiterez, vous n'y serez pas troublées ; mais il faudra que vous ayez soin de ne pas vous montrer, quand il montera des curieux ou des personnes ayant affaire ici.

Justine, désagréablement impressionnée de la sotte galanterie du gardien, insista pour entrer de suite en possession de la chambre tant vantée de la coupole. Ses vœux furent satisfaits, et les dames introduites dans leur asile. Pahlens, après s'être habillé de son mieux, servit à ses protégées tout ce que pouvait offrir de mieux son garde-manger de garçon, et les engagea à ne pas dédaigner ses dons. Madame Laynez ne se fit pas prier. Justine refusa et s'assit près de la fenêtre, pleurant, soupirant, et faisant des projets.

Pahlens, après avoir vainement essayé d'arracher une parole à celle qui avait dompté son cœur, se retira tristement pour aller sonner l'heure, et laissa les femmes seules.

— Où nous sommes-nous fourrées ? demanda Justine avec véhémence. Comment avez-vous fait connaissance ici, madame? dépendre de la discrétion d'un fou qui pourrait me mettre en colère par ses importunités; si sa sottise ne le rendait ridicule! Pourquoi me suis-je laissée persuader par vous?

— Connaissez-vous un lieu où l'on nous soupçonnât moins? où nous fussions moins faciles à découvrir? demanda madame Laynez assez laconiquement. Ne craignez aucune offense à votre dignité, aucune atteinte à la décence. Quoi que vous puissiez penser de moi... je suis amie et conservatrice des bonnes mœurs, et personne plus que moi n'est blessée par une inconvenance. Dormez tranquille en attendant; un ciel plus propice nous luira.

XXI

Justine, qui avait prêté l'oreille avec attention, fit ses remarques particulières. Sa défiance contre la Française, dans laquelle elle venait pe reconnaître une zélée catholique, et qu'elle avait soupçonnée le jour précédent d'être un instrument de sa conversion, dut naturellement s'accroître; aussi, se tint-elle sur ses gardes.

Peut-être cependant, allait-elle se relâcher de sa vigilance, lorsque par hasard, ouvrant la petite porte, elle crut entendre prononcer son nom. Elle écouta, elle ne se trompait pas. Pahlens et madame Laynez causaient familièrement, comme deux vieux amis, et ils causaient d'elle. En descendant quelques marches, elle pouvait distinguer leurs moindres paroles.

— Vous pouvez facilement vous imaginer, disait le gardien, combien j'en fus alarmé, en l'apprenant. C'est pourtant dommage pour cette magnifique demoiselle. Parole d'honneur! la maman et le tuteur veulent, aussitôt qu'elle aura été retrouvée, la faire enfermer dans un pensionnat, puisqu'elle est à ce point attachée à son père. On prétend qu'à son exemple, elle est devenue catholique, et qu'il faut lui ôter cette tache.

— Elle n'est rien moins que cela, repartit madame Laynez, cependant, monsieur, il faut que vous nous aidiez encore. Le supérieur a mis cette jeune fille sur ma conscience. Il faut que je tienne parole, afin qu'on me tienne aussi parole un jour.

— Je veux bien vous aider, répliqua Pahlens d'un ton d'importance, mais je ne veux pas perdre non plus ma récompense. Vous savez, ma très-chère, que l'aveugle Cupidon m'a rendu moi-même aveugle. Je suis amoureux au point de saler mes aliments avec mes larmes, et d'être jour et nuit abandonné de Morphée. Si les révérends pères voulaient me promettre pour épouse cette charmante fille...

— Vous êtes égoïste, monsieur Pahlens.

— Je sacrifie tout, excepté celle que j'adore.

— La jeune fille veut avoir sa propre volonté, monsieur Pahlens.

— Bien, Madame. Elle apprendra à connaître mon dévouement, quand elle sera au fait de ma peine amoureuse, elle ne restera pas insensible. Je ne doute pas de réussir, si vous ne me refusez pas votre assistance, et que vous restiez huit jours ici.

— A quoi pensez-vous? il faut que vous nous fassiez partir le plus tôt possible. Vous direz que le père lui donne rendez-vous... n'importe où. Elle tombera dans le piége. Nous la conduirons près du supérieur et la persuasion de celui-ci, ainsi que vos recherches galantes feront le reste.

— Si vous croyez.... ajouta Pahlens, et la conversation cessa.

Justine se retira effrayée de ce qu'elle venait d'entendre. Elle était prisonnière!

Elle se voyait déjà dans les filets de catholiques sournois; et si de temps en temps la raison lui conseillait d'avoir recours à la dissimulation, de faire semblant de croire ce qu'on lui rapportait fidèlement des ordres de son père, et de chercher pendant le voyage une occasion pour se soustraire à ses faux amis, son caractère droit s'y opposait aussi bien que sa timidité de jeune fille.

Elle se perdit dans des méditations désolantes. Madame Laynez l'y laissa pour faire, comme elle prétextait, une rapide excursion en ville, afin de s'informer si rien de nouveau ne s'y était passé. Justine daigna à peine lui faire un geste d'adieu et ferma la porte au nez du gardien, qui aurait bien voulu commencer ses recherches en mariage.

Pendant qu'elle était assise là à réfléchir, elle entendit sur la galerie des pas lourds et retentissants. Un regard de curiosité traversa les fenêtres du belvéder.

Deux hommes en uniforme montaient sur la plate-forme, et le premier, paré de brillantes aiguillettes, loua aussitôt la vue magnifique dont on jouissait de ce point élevé.

Son compagnon, simple cavalier, fit seul le tour de la galerie, jusqu'à ce qu'il se trouvât au côté opposé. Là il appuya ses deux coudes sur la balustrade et s'inclina comme pour réfléchir. Justine avait suivi cet homme. Si étranger que fût son costume, son maintien lui paraissait pourtant familier... elle l'épia pleine de curiosité, ne détourna pas les regards de lui, et... lorsqu'il ôta sa casquette, pour s'essuyer la sueur du front, lorsqu'un visage jeune et mélancolique se montra, alors le cœur de Justine battit d'une joie irrésolue. Ce soldat était James.

Tous les motifs qui avaient causé naguères le courroux de Justine furent oubliés.

Lui seul pouvait l'arracher aux mains déloyales dans lesquelles elle se trouvait : un attrait intérieur la décida à se confier à lui. Doucement, mais non sans faire un peu de bruit, elle avait ouvert la fenêtre. James se retourna; la surprise, la joie, le ravissement se manifestèrent sur le visage de James. Justine, en le saluant poliment, lui fit signe d'être sur ses gardes. Il posa ses deux mains sur sa poitrine, la regarda avec amour et attendit ses volontés.

— Je suis prisonnière, murmura Justine en anglais, monsieur, si vous n'êtes pas un des conjurés de madame Laynez, délivrez-moi, mais avec précaution.

James qui n'avait pas pu maîtriser un mouvement d'horreur au nom de la Française, répondit vivement et sans réfléchir :

— Avec l'aide de Dieu, miss.

— Mon père! reprit-elle en hésitant et comme poussée par un pressentiment; mon avenir! n'avez-vous rien appris? puis-je avoir une entière confiance en vous?

Les éperons de l'officier resonnèrent, la voix criarde du gardien se fit entendre; James fit signe à la jolie prisonnière de se retirer. Elle se plaça derrière un des panneaux de la croisée, tenant toujours l'œil sur l'Anglais, qui, s'appuyant le dos contre la balustrade et tournant avec indifférence le visage vers le pigeonnier de Pahlens, chanta dans sa langue nationale, et sur un air improvisé, une chanson qui, sans être artistement soumise à la rime, fit connaître à la jeune fille ce qu'il lui importait de savoir : que son père l'appelait à Amsterdam, que James ayant perdu sa trace, à elle, s'était presque livré au désespoir: qu'il haïssait madame Laynez, plaignait le sort de Justine, et qu'il ferait tout pour la délivrer et la ramener à son père. — Les portes de la ville, ajouta-t-il toujours en chantant, sont ouvertes de nouveau et Justine apprendra de mes nouvelles encore cette après-midi.

Justine tremblait de plaisir. L'officier vint mettre un terme à la chanson improvisée.

— Bravo! dit-il à James dans un assez mauvais allemand, je vois que votre mélancolie va finir.

Après quelques paroles, l'officier se retira et James le suivit comme son devoir le lui prescrivait. Le gardien portant les clés les accompagna.

Avec quelle vivacité la jeune fille sauta-t-elle alors hors de son étroite chambre! avec quelle joie ne parcourut-elle pas la galerie!

Et lorsque Pahlens revint, qu'il s'approcha d'elle avec des flatteries sans goût, et qu'il dépensa auprès d'elle l'esprit le plus misérable et la galanterie la plus ridicule..... lorsque madame Laynez parut plus tard, et lui raconta, dans un mensonge bien arrangé, que son père l'attendait à Steinstout, et que Pahlens se ferait un plaisir de l'y accompagner... elle sourit avec une naïveté enfantine; ses yeux n'exprimèrent pas la ruse, son front ne trahit aucun souci, aucune réflexion. Elle parut confiante, disposée à consentir, satisfaite. Les alliés crurent leur partie gagnée, tandis qu'elle était irrévocablement perdue.

Pahlens, charmé du laisser-aller de Justine, fit monter, dans l'après-midi, sur la tour, un marchand de parfumerie, dont les yeux rusés brillaient comme des éclairs sur sa figure pâle.

— C'est un étranger ; il n'y a rien à craindre, dit Pahlens.

— Mon Dieu ! n'est-ce pas monsieur Litzach? demanda madame Laynez, en jetant un regard sur le marchand. Celui-ci répondit oui, et exprima le plaisir de rencontrer madame ici.

— C'est un des nôtres, dit à voix basse madame Laynez à Pahlens étonné ; mais que faites-vous avec ces marchandises? demanda-t-elle de nouveau.

— Eh ! mais, madame, je me suis donné comme colporteur à un parfumeur ; je verrai si ce métier pourra nourrir ma femme et mes enfants. Du reste, je sais ce que je dois à ceux qui professent la même religion que moi, repartit le colporteur, et, au moment où madame Laynez se tournait vers Pahlens, pour l'assurer qu'il pouvait avoir confiance en cet homme, Justine en recevait un billet. Elle remercia d'un regard le rusé porteur, et alla bientôt se placer derrière un coin de la tour pour lire la lettre. James écrivait :

« Soyez à dix heures du soir à la porte de la tour. J'ai été forcé de confier le secret à mon capitaine. C'est un homme à sentiments chevaleresques, qui vous fera emmener dans sa voiture. Je suis désolé que mon devoir me retienne. Ce pendant, s'il plaît à Dieu, vous entendrez encore parler de moi. »

Le billet s'envola, déchiré, par-dessus la balustrade. Après que Litzach fut parti, Justine s'assit dans un coin pour se consulter..... Qu'est-ce qui peut avoir engagé monsieur White à se faire soldat? se demanda-t-elle, et puis-je me confier à la discrétion du capitaine? Son courage vainquit ses doutes ; elle se trouva élevée au-dessus de la crainte, et chercha seulement les moyens de s'échapper à l'heure fixée de la tour, que Pahlens ouvrait toujours en personne.

Enfin elle s'arrêta à ce plan. Elle voulait, vers dix heures, où un autre gardien devait relever Pahlens, descendre sans bruit les escaliers, et attendre derrière une colonne, près de l'entrée, jusqu'à ce que le gardien vînt ouvrir au nouveau guet ; son intention était alors de repousser le débile Pahlens, de passer lestement devant le guet, et de franchir ainsi la porte.

Soutenue par son espoir, elle écouta avec beaucoup de patience les flatteries de madame Laynez et les sottises du gardien, au moyen desquelles ceux-ci, pour lui plaire, tuèrent la soirée, et elle alla se coucher de bonne heure. Madame Laynez éteignit la lampe et s'endormit bientôt à côté de Justine. Cette dernière ne perdit pas un moment ; elle avait caché sous son coussin le petit paquet qui contenait sa parure et ses épargnes ; tenant celui-ci et ses souliers à la main, elle tire aussi doucement que possible le verrou de la porte, et descend à tâtons le rapide escalier. Un degré crie ; Justine s'effraie, heureusement Pahlens, étendu sur la bergère de sa chambre, jouait sur sa guitare et combattait le sommeil.

Tout à coup il s'élève à la porte un grand bruit : c'étaient des voix confuses, un cliquetis d'armes, des propos grossiers, des rires, de la moquerie ; on tirait fortement la sonnette, et les cris de : Au nom de l'autorité, ouvrez! étaient poussés par beaucoup de personnes. Une lumière de lanternes passa par le trou de la serrure.

Justine frissonna :

— Ce sont les persécuteurs, se dit-elle en gémissant ; ils viennent pour t'arrêter! On en veut à la liberté! Si l'on ouvre la porte, tu vas te trouver au milieu de tes ennemis.

Effrayée, elle retourne sur ses pas et remonte précipitamment l'escalier. Une terreur nouvelle s'empare d'elle ; un bruit de clés, une lumière de lampe, les paroles mécontentes de Pahlens s'approchent. Pour échapper à cet homme détesté, à ses persécuteurs... où est le moyen ?

Elle laisse passer Pahlens ; elle entend ouvrir la porte, entend comment on se saisit violemment de lui, et comment on le force de conduire en haut la troupe armée, tandis qu'en bas on referme avec soin la porte. Peu de minutes après, la foule est de retour. Au milieu d'elle gémit Pahlens, prisonnier.

— Maudit catholique occulte! s'écrie une voix ; on t'apprendra à parler aujourd'hui.

Et la troupe s'éloigne en tapageant, et quitte la tour.

La porte se ferme avec bruit ; les clés tournent dans la serrure ; des pas pesants montent l'escalier ; c'est le nouveau gardien qui le gravit. Ces pas cessent de se faire entendre, la lumière de sa lanterne disparaît ; tout est tranquille..... tranquille comme la tombe, et Justine s'aperçoit avec désolation qu'elle est tout à fait abandonnée. Point d'espoir pour s'échapper.... point d'appel secourable du dehors! Sous le poids de ses angoisses, ses genoux fléchissent ; il lui prend des vertiges. Et voilà que l'horloge commence à faire un fracas pareil à celui du tonnerre, les cylindres, les roues sifflent, crient, et le terrible marteau frappe, comme si chacun de ses coups devait anéantir la vie de Justine. L'infortunée s'affaisse sous ces coups, qui ne veulent pas cesser : elle a perdu connaissance.

Nous allons maintenant quitter le sol de la vieille Europe, pour nous transporter dans des contrées plus nouvelles, où les personnages de cette histoire se trouvent réunis.

XXII

Le rouge du soleil couchant étendait ses feux sur l'horizon l'immense couronne de nuages noirs qui s'élevaient de plus en plus, menaçaient d'un prochain orage. Une chaleur étouffante pesait sur la plaine. La cloche sonnait à la mission de Saint-Dominique, et les habitants de ce village, hommes, femmes et enfants, quittant les travaux des champs et ceux de leurs demeures, se réunissaient en foule, mais dans un silence recueilli, sur la place devant l'église. Un grand cercle fut formé et toutes les mains se joignirent dévotement lorsque la porte de la Mission s'ouvrit et que l'on vit paraître le curé, accompagné de quelques nègres qui traînaient de pesantes charrettes remplies de pièces de viande découpée, et suivi de robustes servantes indiennes qui apportaient dans des paniers suspendus à des branches de lianes, force provisions de maïs et de thé. Le curé, vieillard bien portant, malgré ses soixante-dix ans, se rendit avec dignité au milieu de ses paroissiens et dit :

— Voilà donc encore, avec l'aide de Dieu, une journée de travail et de fatigue heureusement terminée! Mes enfans, le brave homme qui est votre corrégidor, m'a rendu le compte le plus satisfaisant de vos efforts ; de même que de toi, mon bon Juan Bosco (l'Indien mentionné, s'inclina humblement), qui as entrepris d'arroser avec tant de succès notre plantation de caamiri.

Approchez donc, humains doux, laborieux et fatigués! mangez de ce pain que le Seigneur laisse croître sous vos mains ; prenez de cette viande nutritive et buvez de cette boisson salutaire, afin que vous puissiez encore longtemps bénir et louer le Seigneur!

La foule se mit en mouvement, et, passant deux à deux devant le curé, reçut famille par famille, des balances des serviteurs, la viande, le maïs et l'once de thé si désirée ; l'ecclésiastique prononça ensuite le benedicite ; le peuple y répondit par un cantique mélodieux et se dispersa dans ses tranquilles cabanes, pour y préparer son repas, oublier sur la peau de bœuf les fatigues de la journée et se mettre à l'abri de l'orage qui approchait. Le curé s'occupa encore quelque temps à prescrire au régidor et à l'alcade de la Mission les travaux et la règle de conduite pour le lendemain et se retira ensuite dans la cour de sa maison.

L'autruche apprivoisée du presbytère se promenait avec sa gravité habituelle sur le terrain battu, dressant sa tête avec fierté et soulevant ses ailes à l'encontre du courant d'air. Le père posa une main caressante sur ses plumes flottantes et lui dit en riant :

— Mon cher ami et locataire, ne pourrais-tu pas me dire où se trouve le compagnon de tes jeux, qui s'est éloigné aujourd'hui avec tant d'ingratitude de ma maison?

L'oiseau eut l'air de relever d'un air de prudence ses longs sourcils, lorsque le son argentin d'une clochette se fit entendre de loin. Le bruit d'un trot léger, suivi de celui d'un trot plus lourd, s'approcha du mur en roseaux qui entourait la cour. Une jolie tête de chevreuil vint regarder par-dessus le mur ; la porte y attenante s'ouvrit par l'impulsion du pied de l'animal qui la franchit gaîment, en faisant résonner les clochettes suspendues à son cou, et alla s'accroupir aux pieds du curé, comme pour lui demander pardon de sa désobéissance. Le père, agréablement surpris, se baissait pour caresser son cou frêle et fauve, quand un cheval monté par une jeune femme vint aussi bondir au travers de la porte.

— Inès, Inès! s'écria le curé du ton d'un doux reproche et en menaçant du doigt.

Cependant Inès sauta du cheval, légère comme une plume, et d'un coup de sa baguette elle chassa celui-ci dehors et le rendit à la liberté.

— Cours, cours sauvage Négro, dit-elle un peu essoufflée en rejetant le battant de la porte et en la fermant avec son verrou de bois : tu as fait ton devoir.

Puis elle s'approcha avec quelque timidité de l'ecclésiastique, et demanda d'un air de douceur :

— T'ai-je donné des inquiétudes, mon père? Ne fallait-il pas que je te ramenasse ton favori?

— Et tu quittes la maison sans dire où tu vas? répartit le digne curé : et tu t'exposes au tigre, en pénétrant dans les forêts, au crocodile, en traversant les rivières! enfant méchante, inconsidérée que tu es. T'imagines-tu peut-être que je porte plus d'affection au chevreuil qu'à toi? ne t'ai-je pas baptisée, et donné par là une seconde vie plus noble que celle que te donna ta mère?

Inès saisit d'un air caressant la main du curé et la porta à ses lèvres. Alors il la remercia du service qu'elle lui avait rendu, et ajouta :

— J'ai pardonné : actuellement cherche à faire la paix avec l'autruche qui est de mauvaise humeur.

Inès frappa légèrement et en folâtrant la poitrine de l'oiseau gigantesque et dit :

— Je réparerai le temps perdu, mon garçon. Entre en attendant dans la grange. Des nuages noirs et menaçants s'approchent du côté de la Parana, et les monts éloignés sont couverts de brouillards.

L'autruche trotta dans la grange qui fut verrouillée derrière elle. Le chevreuil suivit son maître sous le vestibule de la maison. Inès ferma les volets des fenêtres, et dit en interrompant son occupation d'un air réfléchi :

— Pourvu que l'étranger arrive avant que l'orage éclate. Il y aura un ouragan épouvantable.

— Quel étranger, Inès?

La jeune fille sourit avec embarras.

— Je ne crois pas que ce soit un Espagnol, dit-elle ensuite, et ses joues brunes rougirent visiblement : il ne parle pas non plus aussi bon espagnol que nous ; je le rencontrai dehors près des champs de tabac ; ou plutôt je le rejoignis, en retournant ici. Le pauvre jeune homme était assis tristement à côté de son cheval qui s'était donné une entorse au pied en s'abattant. Il me demanda s'il arriverait à Santa-Dominica en poursuivant sa route ; je lui répondis qu'oui, et l'adressai aux chasseurs de taureaux, qui se montraient de loin au travers de la poussière. Ils l'auront sans doute fait monter à cheval, et ils l'amèneront ici ; cependant s'ils ne se hâtent pas, l'orage les devancera.

Un éclair rougeâtre sortant de la nue, et qui fut accompagné d'un coup de tonnerre éclatant, vint confirmer la crainte de l'Indienne. Mais en même temps on entendit au loin et du côté de l'entrée de la mission, les cris et le tapage de la horde qui revenait des savanes où elle était allée chasser les taureaux.

— Ils arrivent! s'écria Inès satisfaite, et elle se rendit près de la porte de la maison pour y regarder à travers la fente.

— J'aurais presque oublié mon hôte! se dit cependant le curé avec un reproche senti : Comme l'âge rend distrait!

Il s'approcha d'un petit escalier, appelant : Père Xavier! père Xavier! êtes-vous à la maison?

Point de réponse. Le curé se couvrit promptement de son manteau, mit son chapeau de roseaux et marcha aussi vite qu'il put vers le petit jardin qui, placé entre la cour et les terres de labour avoisinait la partie postérieure de l'édifice. Celui qu'il cherchait se reposait sous le tronc d'une Algarova, absorbé dans ses pensées. — La voix du curé le rappela à lui-même. Il se retourna et demanda :

— Que voulez-vous, mon ami?

— Je vous demande quel est votre dessein, repartit Luis. Le vent fait déjà plier les palmiers, et vous, vous voulez le défier? Revenez à la maison. Ne m'inquiétez pas plus longtemps.

L'hôte du curé se leva machinalement.

— J'obéis, dit-il, bien que je préférasse être porté par l'ouragan dans la bruyère hantée du tigre, ou dans les vagues du fleuve.

— Quelle parole pour un chrétien et surtout pour un ecclésiastique! réprimanda doucement le père Luis : ne faites plus entendre de pareils discours à votre confesseur!

— Autrefois je parlais comme vous, mon père, répondit l'hôte : mais depuis huit jours il s'est opéré tant de changements!...

— C'est la volonté de Dieu! dit le curé pour le consoler : fiez-vous y, père Xavier, et rentrez. Vos cavaliers de louage sont de retour, et, à en juger d'après leurs cris, il faut que leur capture ait été considérable : allons faire mettre les peaux à l'abri dans le magasin.

L'idée de cette occupation fut agréable à l'hôte mélancolique. Les portes du magasin de cet entrepôt de tout l'établissement, furent ouvertes. Les Indiens accoururent, jetèrent à bas de leurs chevaux les peaux dont ils étaient chargés et s'éloignèrent au plus vite, pour échapper à l'orage. De cette manière désordonnée, le butin fut bientôt placé à terre, et le père Xavier était occupé à calculer avec le chef qui avait conduit l'expédition dans les savanes, lorsqu'il arriva une troupe de cavaliers retardataires, dont les chevaux étaient très-chargés, et parmi ces cavaliers, il s'en trouvait un qui en avait un autre en croupe. Les chasseurs sauvages n'eurent rien de plus pressé que de sauter à bas de leurs montures pour se mettre à l'abri de la pluie, qui tombait par torrents ; et l'homme qui avait partagé le même cheval avec un autre vint se jeter, en poussant une exclamation de bonheur, au cou de Xavier. Celui-ci ne put se défendre de l'empressement dont il était l'objet, ni reconnaître la personne enveloppée dans un manteau indien, en feuille de palmier, lorsque, laissant tomber son manteau et écartant les cheveux de son visage, elle lui arracha ces paroles : James! James! d'où viens-tu? Quel ange tutélaire te conduit dans mon exil?

James, pendu au cou de son père nourricier, répandit un torrent de larmes et fut incapable de parler, il ne put que sangloter et pleurer, jusqu'à ce que le père Luis, les prenant tous les deux par la main, les conduisit dans l'intérieur de sa maison.

— Le sentiment qui vous maîtrise est trop noble pour servir de pâture à la curiosité des abatteurs de taureaux, dit-il : ici vous pourrez pleurer et parler à votre aise, mes amis ; car la solitude est aussi bien faite pour les personnes qui se plaignent, que pour celles qui se réjouissent dans le cœur.

Il se retira discret et silencieux. Munzner ne put se lasser de contempler le visage de son fils d'adoption et de répéter mille fois :

— Est-ce bien toi que je trouve ici? Est-ce bien ici que je devais te retrouver, mon bon James?

Il s'informa enfin des circonstances qui l'y avaient amené.

XXIII

James répondit : Lorsque vous fûtes parti je ne pus suivre le supérieur. Cela me fut impossible. Néanmoins je sauvai le sénateur.

— Je le sais, mon fils. L'action était noble et digne. Mais le sacrifice qu'elle exigea... déchira mon cœur, lorsque je l'appris.

— Dieu nous conduit partout, répartit James ; je n'avais que ce moyen pour sauver Justine des dangers qu'elle courait.

— Et tu as réussi? demanda Munzner surpris : c'est plus que je n'avais espéré. Je la croyais perdue à jamais parmi des protestants.

— Vous vous trompiez, mon père, continua James ; et il raconta les aventures de Justine sur le clocher, le hasard heureux qui la lui avait fait retrouver, et sa résolution de la délivrer du danger que madame Laynez et le sonneur de cloches lui préparaient.

— J'aimais cette jeune fille, dit-il avec une ardeur enthousiaste et mélancolique, je croyais alors être aimé de Justine. De quel œil pouvais-je envisager sa position? Je tombai sur la pensée la plus aventureuse. Le capitaine de recrutement était arrivé la veille ; c'était un Français agréable et facile dans sa manière d'agir ; il avait, je crus le remarquer des façons chevaleresques ; j'osai le prendre pour confident. Lorsqu'il sut qu'il s'agissait de délivrer une femme jeune et jolie, il accepta avec joie. Peut-être espérait-il quelque aventure galante. Que m'importait? Justine put être prévenue, et le soir nous allâmes l'attendre avec une voiture et de bons chevaux à quelques pas du clocher. Par malheur, ce soir-là même Paihens, accusé de faire partie de la secte proscrite, fut arrêté, des soldats l'emmenèrent et il fut remplacé au clocher par un autre gardien. Au bruit de l'arrestation, madame Laynez s'était éveillée ; elle appelle Justine, pas de réponse. L'épouvante la prend alors, elle devine ce qui s'est passé et veut fuir. Comment faire? la porte est fermée ; se montrer au nouveau gardien, c'est se perdre. Tandis qu'elle s'ingéniait à trouver quelque moyen adroit, elle entendit les ronflements du successeur de Palhens; s'avancer à pas de loup jusqu'à sa chambre, lui prendre ses clés, ce fut l'affaire d'un instant. Elle n'avait plus que quelques pas à faire pour être libre, lorsqu'à ses pieds elle aperçoit Justine encore à demi évanouie. Madame Laynez éprouve une profonde pitié de son état; n'obéissant qu'au moment et au désir de recouvrer sa liberté, elle soutient la jeune fille affaiblie, l'aide à descendre les escaliers... La porte craque... s'ouvre... Justine s'élance au grand air, madame Laynez la suit, referme prudemment la porte, et notre voiture approche promptement, quand nous apercevons des vêtements blancs dans l'obscurité.

— Il y a deux dames? me dit à voix basse le capitaine; je n'avais d'yeux que pour Justine, qui s'appuya familièrement, comme un enfant sur mon épaule, quand je la soulevai pour la faire placer dans la voiture Madame Laynez, surprise et ignorant ces préparatifs, ne la suivit pas moins. Le capitaine couvrit de son manteau les deux belles fugitives, donna l'ordre au cocher d'aller grand train, et me garda sur le banc de devant, à côté de lui.

— Tu m'accompagneras jusqu'à la première station, me dit-il : de là tu retourneras avec la voiture, et moi je reconduirai ces dames à quelque distance.

Le jour n'était pas encore venu, quand nous nous arrêtâmes. Une misérable auberge nous recueillit, on devait y déjeûner. Ici tout se découvrit. La lampe de l'aubergiste éclaira nos traits.

— Mille tonnerres! s'écria le capitaine, n'est-ce pas madame Laynez?... Par saint Georges! c'est ma femme.

Madame Laynez fondait en larmes. Justine fut saisie d'étonnement; je ne le fus pas moins.

— Eh! bien, madame, quel a été votre sort, depuis que nous nous sommes séparés? Avez-vous oublié que nous nous jurâmes de ne jamais nous revoir? C'en est assez, je ne resterai pas un moment de plus avec vous!

Il se leva brusquement de sa chaise; je l'arrêtai.

— Que deviendront ces dames? lui répondis-je, inquiet pour Justine.

— Si mademoiselle éprouve de la répugnance à se confier à mes soins, et ne veut pas abandonner cette femme intrigante à sa destinée, je me retire de la partie.

Justine se refusa obstinément à quitter madame Laynez et à continuer la route avec le capitaine.

— Pardieu! dit enfin l'insouciant Français, s'il en est ainsi, je ne connais d'autre moyen de vous donner, ma belle, un représentant que vous préférerez. Monsieur, me dit-il, en se tournant de mon côté, en vertu du pouvoir que j'exerce dans mon dépôt, je vous donne votre liberté. Continuez, en revanche, de remplir auprès de mademoiselle mes devoirs de chevalier. Vos cœurs sont d'accord, mes yeux ne m'ont point trompé. Emmenez madame Laynez loin d'ici, bien loin.

Pour échapper à mes remerciments et aux gémissements de madame Laynez, il sauta dans la voiture et me laissa, pour la continuation de mon voyage, une bourse que je n'acceptai que parce que je croyais Justine dépourvue de tout, et le sénateur à Amsterdam. Celui-ci aurait acquitté indubitablement cette dette d'honneur.

— Mais... continue.

— Ce qui me reste à dire est bien peu de chose. Nous arrivâmes à Amsterdam. Ni vous, ni le sénateur n'y étiez plus. Le navire de Tormerpick vous avait emmenés. Van der Hocken me remit une lettre laconique du sénateur, qui ne contenait que ces mots : « Le père attend sa fille à l'Assomp- « tion du Paraguay! » Ces neuf mots ranimèrent étonnamment le courage de Justine, qui sut nous rendre, madame Laynez et moi, strictement obéissants à sa volonté. Nous hâtâmes notre départ; nous montâmes sur le vaisseau, nous franchîmes les mers; mais plus la mer devint limpide au-dessous, et le ciel serein au-dessus de nous, plus mon âme devint sombre. L'Américain m'avait trompé, ma passion m'avait trompé; toutes les espérances formées par mes désirs m'avaient trompé. Justine ne m'aime pas: elle ne porte pas mon portrait à son cou, ni dans son cœur. Ma vie est désormais sans objet. Je me suis montré à cette noble créature indigne et faux; je le sens : elle pourra me pardonner; elle ne peut que me supporter : aimer, est-ce jamais! C'est fini, maintenant, et je me bornerai à vous dire que nous jetâmes l'ancre à la rade de Buénos-Ayres, que nous remontâmes le grand fleuve de Paraguay, et que nous rejoignîmes, près de Dios-Padre, quelques ecclésiastiques et leurs serviteurs qui remontaient également le fleuve. L'un

d'eux est un dignitaire de votre ordre de la maison de Cordoue; l'autre est un recteur du collège de l'Assomption. Ils se réunirent à nous : leurs rameurs, plus nombreux que les nôtres, sont aussi plus habiles et plus obéissants. Ils surent bientôt nos noms, et le recteur vint me parler de vous et du sénateur; il me raconta que vous étiez partis tous les deux pour la doctrine de Santa-Dominica : vous pour effectuer une livraison de commerce; le sénateur, pour rétablir sa santé délabrée. Cette nouvelle inquiéta Justine, et redoubla son désir d'avancer promptement, afin de revoir son père plus tôt. Quant à moi, j'ai pris les devants sur un coursier rapide, pour annoncer notre arrivée et préparer le sénateur, afin que cette joie inespérée ne nuise pas à sa santé débile. C'est au plus tard demain, à midi, qu'arriveront nos amis, pour réclamer l'hospitalité à Santa-Dominica.

— Qu'ils soient les bien-venus au nom de mon aimable hôte, dit Munzner les yeux baissés et d'un ton embarrassé; il est seulement dommage que le bon sénateur ne puisse être présent à cet heureux moment.

— Il ne peut pas, mon père ! où est-il?

— Il a fait une excursion dans le pays, continua le jésuite toujours embarrassé; nous attendons son retour, et alors...

— Il a fait une excursion dans le pays, mon père? malade qu'il est, comment a-t-il osé?...

— Fort avant dans les terres, il croit un arbre, nommé Anguay, qui distille un baume précieux et salutaire aux poitrines délicates. Ce baume doit être pris dans cette saison, et sur les lieux mêmes. C'est pour chercher cette médecine que le sénateur est parti.

— Et vous ne l'avez pas accompagné, mon père?.... Ne me cachez-vous rien?

— Je ne t'ai pas dit de mensonge, répartit, en se détournant de lui Munzner d'un ton impatient et tranché; puis il se rapprocha, plus radouci, du jeune homme, lui tendit la main et dit : Viens-tu mettre le comble à ma joie? feras-tu le vœu qui te répugnait en Europe?

— Faut-il donc que cette question sorte de votre bouche dès les premiers moments de notre réunion? demanda James d'un ton peiné.

— Je me tais, répliqua Munzner en soupirant; sois cependant assez heureux, mon fils, pour ne pas entendre d'autres bouches que la mienne t'adresser cette question. Je te quitte pour aller instruire notre digne hôte de la visite qui doit lui arriver; nous l'attendrons sous le frais vestibule!

Munzner s'éloigna. James appuya sa tête contre la fenêtre, et regarda dans la cour... Déjà le crépuscule du soir s'étendait sur la contrée. Une jeune fille svelte, dans le costume simple et gracieux du pays, traversa la cour et se rendit au petit cabinet de verdure qui, s'appuyant contre le caroubier et les palmiers voisins, offrait un lieu charmant pour y jouir de la fraîcheur du soir. La table y fut préparée pour prendre le thé, et James, suivant les pas de cette aimable figure, qui portait une petite lanterne, la surprit lorsqu'elle eut fini ses arrangements.

— Ah! voyez-vous donc, dit-il; c'est la jolie personne qui me porta secours dans la savane! Me reconnais-tu, mon enfant? Tes paroles me furent bien douces, alors que j'étais assis au bord du chemin, sans savoir que devenir.

— Dieu nous assiste toujours ! répartit la jeune fille, pendant qu'elle le contemplait avec un calme naïf.

— Par ses anges ! ajouta James en soupirant. Cette magnifique fleur qui orne ton sein, comment la nomme-t-on?

— La fleur d'or de la lune, répondit la jeune fille en la lui présentant innocemment; la voulez-vous, monsieur?

James prit la fleur en hésitant.

— Tu te défais de ta plus belle parure, mon enfant; elle te sied mieux que ce collier en grains de verre jaune qui entoure ton cou.

— Ce n'est pas du verre, monsieur, répartit la jeune fille avec un petit ton doctoral; c'est un baume qui coule d'un arbre loin, bien loin d'ici, mais dont je ne sais pas le nom.

— Voudrais-tu me dire le tien? demanda James.

— Pourquoi pas, monsieur? je m'appelle Inès. C'est ainsi que je fus baptisée, et c'est le père Luis qui m'a baptisée lui-même, afin que je puisse entrer un jour au paradis.

— Innocente créature! Quel âge as-tu, ma bonne Inès?

— Depuis que je suis ici, l'algarova a fleuri douze fois, et je me souviens de l'avoir vu en fleurs trois fois, pendant que j'étais dans la forêt.

— Dans la forêt?

— J'y suis née, monsieur, un enfant sauvage, de parents sauvages, de la tribu des Abipones.

— Pauvre fille, malheureuse orpheline !

— Je ne suis pas pauvre, monsieur, je ne suis pas malheureuse ! N'ai-je pas trouvé en don Luis un père, et n'y a-t-il pas à l'église l'image de ma mère céleste, vêtue d'or et de soie ?

James se tut, et la pieuse Inès se retira ; ses paroles laissèrent un écho dans les oreilles du jeune homme. Il compara involontairement l'Indienne à Justine. Toutes deux belles, toutes deux actives et résolues ; toutes deux également innocentes, et cependant si différentes ! Le thé, tout bon qu'il fût, n'eut pas d'arôme pour lui. La conversation des jésuites, faite en latin, ne lui convint pas. Il alla se coucher de bonne heure sur sa natte qu'il quitta au point du jour. Les nombreux troupeaux mugissaient en passant devant sa demeure. Des gens pourvus d'instruments aratoires se réunissaient en foule sur la place. A un signal donné par la cloche, ils s'arrêtèrent devant la porte de l'église. Elle fut ouverte : les cierges étaient allumés, l'encens fumait ; le vieux don Luis commença la messe. La bienséance et la dignité de sa part, le recueillement de celle des assistants se réunissaient pour atteindre le but désiré. Les Indiens se rendirent satisfaits et silencieux aux travaux des champs, pour y attendre l'heure où Dieu leur enverrait la nourriture par la main de leur pasteur.

XXIV

James félicita le Curé, lorsqu'il sortit de l'église, du calme et de l'union qui régnaient dans sa colonie. Luis sourit et dit :

— Tu trouveras cela partout dans nos *Doctrines*. La paix est la première condition du bonheur, et nous la maintenons.

— Cependant ces gens-là ne possèdent rien, objecta le jeune homme : ils sont dépendants sous tous les rapports.

— C'est pour leur avantage, mon ami, dit Luis avec vivacité ; à la vérité le temps de leur émancipation viendra, mais je ne vivrai pas jusque-là.

— Votre santé, mon père, résistera encore bien des années aux efforts du temps.

— Le temps, mon fils, est comme la goutte d'eau qui creuse le rocher. Cependant je rends grâce à Dieu de la vigueur et de la gaieté d'esprit qu'il a daigné m'accorder jusque dans mes vieux jours. Mais sais-tu d'où cela provient ? Toute ma vie mon âme a été tranquille. C'est pourquoi je suis frais et bien portant ; plus frais que votre père d'adoption, qui a vingt ans de moins que moi. Le chagrin oppresse son cœur ; je ne connais pas le sujet de son affliction. Il est malheureux parce qu'il en sait trop, parce qu'il a été forcé de trop faire... mais j'oublie que je parle à son meilleur ami qui doit connaître toutes ces choses bien mieux qu'un ecclésiastique à l'esprit borné du pays de la Mission. J'ajouterai seulement en passant, que ton refus, mon cher fils, de prendre enfin l'habit, contribue beaucoup aux chagrins du père Xavier.

— Mon père !...

— Ne fais pas l'étonné, interrompit le curé avec bonté, mais avec instance ; écoute-moi : tu t'es engagé, il faut que tu te dégages : voilà le premier point. Il faut que tu dégages celui qui, par charité chrétienne, est devenu ton garant ; voilà le second point. Enfin il faut que tu deviennes le serviteur de Dieu : voilà le troisième et le plus indispensable. Si nous étions en Europe, au milieu de la toile de la grande araignée, pour être des preneurs de mouches à sa solde... je pourrais hausser les épaules, passer mon chemin, et ne pas m'occuper de tes actions. Mais ici, dans ce monde jeune et neuf, où les bouts de filets sont attachés, où ils sont plus légers, plus déliés, ici c'est autre chose. Dans ces contrées nous pouvons être véritablement utiles. Une vigueur d'homme peut s'y faire sentir, un cœur pieux et être heureux. Laissons leurs intrigues à ces messieurs de l'Assomption et de Cordoue. Tournons nos efforts vers ces pauvres Indiens, et agissons selon la volonté de notre Père éternel ! Jette les yeux autour de toi ! C'est moi qui ai fait élever cette église, bâtir ces cabanes. Il ne se trouve dans ce village personne au-dessous de la quarantaine que je n'aie baptisé, personne sous la terre de notre cimetière que je n'aie enseveli. Aussi bien que les palmiers et les tamarindes de ma cour, j'ai vu jeunes tous ceux qui vivent ici. Les hommes âgés ont vieilli avec moi, et je n'échangerais pas contre le généralat de Rome ma modeste cure, dans laquelle je suis revêtu de la dignité de Melchisédech, dignité que je n'exerce pas en vain, puisque ma conscience me dit : Ta vie n'a pas été oisive, ni inutile !

James tenait encore avec intérêt et en souriant ses regards fixés sur les yeux brillants du vieillard, quand un grand bruit se fit entendre du côté de l'entrée de la Mission, et que l'alcade arriva à pas précipités.

— Mon père, dit-il au curé, le garde-champêtre voit remonter sur le fleuve de pesantes barques, chargées de beaucoup de monde.

— Ce sont nos amis ! s'écria James, en s'empressant de courir du côté du fleuve.

Des taureaux apprivoisés et des chevaux tiraient les navires, secondés qu'ils étaient par une quarantaine de rameurs qui frappaient en cadence les vagues rapides du fleuve. La cloche de la Mission sonna. Tous les habitants accoururent des champs et des prés. Le père Luis, accompagné du corrégidor, de l'alcade et des anciens parmi les Indiens, attendait près du rivage le débarquement des étrangers. Les dames furent portées par dessus les ondes sur les épaules vigoureuses des payaguas ; les seigneurs ecclésiastiques débarquèrent ensuite. Le curé reçut ses supérieurs avec une humilité tranquille ; James accueillit ses compagnes avec des cris d'allégresse. Justine, jetant autour d'elle ses yeux brillants, s'écria :

— C'est un lieu charmant, monsieur White ! mais où est donc mon père ? Est-il malade à tel point que la nouvelle de l'arrivée de sa fille ne puisse l'amener au rivage ? Conduisez-moi vite, bien vite auprès de lui ! je ne vivrai pas un quart d'heure si je ne le vois point !

James la conduisit et tâcha de la préparer à la nouvelle que son père était absent. La vive Justine ne l'écoutait pas. Elle était occupée des lieux environnants, que son regard étincelant embrassait à la fois. Le presbytère fut enfin atteint ; Justine était à la porte, son cœur battait violemment, sa bouche s'ouvrait pour appeler son père. Ce fut Munzner qui parut. Les traits de Justine s'obscurcirent.

— Soyez la bienvenue, fille chérie de mon ami ! dit Munzner, s'apercevant de l'impression qu'il avait produite ; j'aurais désiré vous être plus agréable dans ce premier moment.

— Cela n'est ni possible ni nécessaire, repartit Justine d'un ton sérieux et décidé. Votre vue, monsieur, me rappelle trop de souvenirs. Permettez que je vous remette ici une amie, qui a souffert à cause de vous, et que j'ai arrachée à ses persécuteurs, bien qu'elle ait usé, comme d'autres, de fausseté avec moi. Veuillez reconnaître ce service, en me disant où je pourrai trouver mon père.

Munzner se tut d'un air significatif, et James, afin de calmer l'inquiétude croissante de la jeune fille, voulut répondre à la place de son père d'adoption. Il fut interrompu par l'entrée bruyante du curé, des supérieurs et du peuple que la curiosité attirait après eux. Deux Indiens de la section des chasseurs, qui venaient de rentrer, se firent violemment jour au travers de la foule, et s'approchèrent avec hâte du curé.

— Voilà, père Luis, dirent-ils avec des gestes affligés ; voilà tout ce que nous avons trouvé de ton hôte ! c'est dans le repaire d'un féroce tigre tué par nous, que nous avons trouvé ces dépouilles.

Le père Luis surpris regarde d'un œil fixe les messagers. Munzner pâlit ainsi que James. Justine pousse un cri déchirant ; car, bien que la langue des chasseurs lui soit incompréhensible, elle a reconnu l'habit de son père, que ceux-ci viennent de poser ensanglanté aux pieds du curé. La jeune fille, les yeux égarés, se tord les bras, et s'écrie du ton le plus déchirant :

— Que s'est-il donc passé ? qu'est-il arrivé à mon père ? si quelqu'un a compassion de moi, qu'il ne me cache rien. Que celui dont le sein renferme quelque pitié, me découvre le secret le plus épouvantable qu'une fille puisse apprendre !

Profond silence. Enfin le curé se recueillit et lui dit en mauvais allemand :

— Il vaut mieux, ma fille, que le chrétien fort écrase le serpent du doute ; car la vérité est aimée du ciel, et agréable à la terre. Votre père est absent depuis une semaine. Il s'éloigna sans nous en prévenir, pour aller chercher dans des forêts lointaines, le baume qui devait guérir sa poitrine malade : un Indien l'accompagnait. Point de nouvelles de lui jusqu'à cette trouvaille terrible, qui nous apprend avec trop de certitude que le malheureux est devenu la proie d'une bête féroce. Calmez-vous. Les desseins de Dieu sont impénétrables, mais sages.

Justine tomba sans force dans les bras de madame Laynez, dont les yeux répandaient des larmes amères. James assistait son père adoptif qui se mourait de douleur, et répétait sans cesse d'un air lamentable :

— C'est ma faute! c'est ma faute! et ma très-grande faute!

La douleur de Justine devint brûlante comme les blessures de son cœur déchiré. Elle repoussa madame Laynez et James, qui voulaient la consoler, Munzner qui cherchait à unir ses chagrins avec les siens.

— Loin d'ici! s'écrie-t-elle hors d'elle-même. Eloignez-vous tous de moi, car c'est vous qui avez causé notre malheur. Vous avez tué mon père dans sa fortune, son bonheur, sa vie. Que me fait votre compassion! Et toi aussi, continua-t-elle avec colère, en écartant le vénérable Luis qui s'approchait : Tu portes le même habit que ces assassins, que ces ravisseurs de biens, de vie, d'honneur! loin d'ici! tes cheveux blancs sont mensongers, comme ton pieux visage! rendez-moi mon père!

— Calmez-vous! dit le recteur de l'Assomption. Français de naissance, flatteur et doux comme le miel. Votre répugnance à recevoir nos consolations est incompréhensible. Ne nous maudissez pas, ne maudissez pas ce pays, que l'on pourrait appeler un Canaan pour vous. Vous n'êtes pas encore catholique, mais plus tôt vous le deviendrez, plus tôt la consolation divine viendra vous visiter.

— Monsieur! s'écria Justine révoltée, et en le toisant avec des yeux brillants de colère.

Le recteur ne s'en laissa pas troubler et dit du ton de la politesse :

— Quel bonheur! si votre digne père eût été en état d'offrir lui-même sa fille au Dieu dont la grâce a sanctifié les dernières années de sa vie. Mais à son défaut, il m'appartient, comme exécuteur du testament qu'il remit en mes mains avant son départ de l'Assomption, il m'appartient, dis-je. de remplir ses devoirs envers vous et envers l'Eglise. Le père José Aculcho, vous conduira sous sa protection à Cordoue. Au couvent des carmélites, vous trouverez l'instruction nécessaire, des cœurs compâtissants et une existence libre de tout souci, conforme aux besoins de votre position et à la dernière volonté de votre père!

— Juste ciel! s'écria Justine qui comprit seulement alors où il en voulait venir, que dites-vous? vous oseriez forcer une fille libre. qui n'est soumise ni à vos dogmes, ni à votre autorité, à mener une existence qu'elle déteste?

— Votre fortune, héritage de votre père, est dans nos mains, sans préjudice des prétentions que nous pourrions avoir un jour à vos biens d'Europe, répondit avec sécheresse le recteur.

Justine jeta des regards perçants et interrogatifs sur le docteur Munzner. Celui-ci inclina la tête, et dit d'un air abattu :

— C'est la vérité, ma chère demoiselle. Votre père a promis par écrit sa fortune à la société de Jésus, votre âme à l'Eglise catholique, et votre corps à la vie contemplative d'un couvent.

— Oh! quelle malice il fallut pour l'amener jusque-là! repartit Justine avec une extrême violence. Si l'avarice fut le mobile de vos actions, prenez-le donc, ce misérable argent! que les biens périssables de mon père, restent là où son corps est demeuré. Laissez-moi partir à ce prix.

— Infortunée, dit Munzner, en lui-même, tu ignores donc que personne ne sort du repaire du lion.

Le recteur se prit à sourire de l'excitation de Justine, et parla espagnol avec le conseiller; celui-ci, avec la gravité d'un supérieur, fit signe au curé, et lui dit :

— Vous me répondez que cette personne n'attentera pas à ses jours, et que je la retrouverai à mon retour.

Justine, baignée de larmes, le visage caché dans ses mains, ne fit plus attention à ce qui se passait autour d'elle. Madame Laynez et la jeune Indienne tâchaient vainement de lui donner quelques consolations. Munzner se promenait dans la chambre en se tordant les mains. James tenait les yeux fixés à terre, et le curé ayant éloigné le peuple curieux, il fut conseiller d'un ton modeste, mais décidé :

— Mon père, je vous rappellerai que mon presbytère n'est point une prison, et cette demoiselle me paraît encore moins une criminelle.

— Vous obéirez! je prends tout sur moi près du provincial.

— Songez donc, dit Luis, que si le capitaine-général en était instruit ..

— Que dites-vous là? s'écrièrent avec emportement le conseiller et le recteur. C'est saint Ignace qui est ici capitaine-général.

— Cela ne prendra pas une bonne fin! dit Luis, je proteste.

— Mademoiselle Mussinger est étrangère, dit James qui ne s'était contenu qu'avec peine jusqu'alors, comment pourrez-vous justifier ce que vous faites?

— Qui ose parler ici? demanda le recteur d'un air menaçant. Mademoiselle est devenue notre pupille par la mort de son père.

— Vous voulez abuser de ce pouvoir acquis par fourberie! s'écria James avec chaleur.

— Mon fils, songe où tu es! interrompit Munzner inquiet. Et vous, mes pères et mes supérieurs, pardonnez à ce jeune étourdi, qui s'avise de dire son opinion.

— Il s'en trouvera mal! dit le recteur courroucé. Les lettres du provincial d'Allemagne parlent de cet Anglais récalcitrant, qui aurait envie d'éluder ses devoirs. C'est ici que le provincial prononcera son jugement.

— Malheur! soupira Munzner en saisissant la main de James. Vois-tu? mon pressentiment!

— Mon jugement! dit James avec emportement, que vous ai-je fait, qu'ai-je fait à l'Ordre?

— Tu nous as d'abord beaucoup coûté, puis tu as voulu tromper nos espérances, répondit le conseiller d'une voix dure : tu as mérité une pénitence sévère, et ta déférence à nos volontés pourra seule te faire obtenir une place convenable dans une de nos maisons.

— Jamais! repartit James. Cette brebis innocente sera sacrifiée, et moi de même. Faites de moi votre esclave, si vous pouvez, mais jamais vous ne ferez de moi votre frère.

— Quel audacieux langage! dit avec colère le recteur.

— Il lui passera, ajouta sur le même ton le conseiller : la prison des pénitents à Cordoue le rendra plus souple. Avant tout, apprends que tu ne quitteras point cette Doctrine. Le curé et le régidor me répondent de toi, comme de cette demoiselle.

James grinça des dents. Munzner se plaça d'un air conciliant devant lui et dit au supérieur courroucé :

— Pardonnez-lui son emportement! tout s'arrangera. Je réponds que vous le retrouverez ici plus tranquille.

— Et qui me répondra de vous, père Xavier? demanda avec ironie le conseiller, j'ai votre sort en poche. Votre provincial vous réclame. Vous partirez incontinent pour l'Europe, pour vous justifier devant lui de l'issue de votre dernière mission. Vous êtes accusé de choses graves.

Munzner fut comme frappé de la foudre, puis, il leva les yeux vers le ciel et dit :

— Ta volonté soit faite, Seigneur!... mais te quitter, te laisser ici, James!... ajouta-t-il.

— Tant mieux, dit le recteur avec amertume : votre exemple, à vous autres allemands, détruit tout bon germe. Vous formez des raisonneurs, des raffineurs d'esprit, et ces raffinements conduisent au blasphème.

James, plein de rage, voulut s'arracher des bras du docteur qui le retint avec douceur.

— Ils finiront par te faire lier! dit-il en allemand au jeune homme.

Et dans le même moment, le conseiller ordonna à l'alcade d'apporter des chaînes d'esclave et de les attacher à James.

Le père Luis s'avança vivement et repartit avec une noble chaleur :

— Mes supérieurs me pardonneront! Ces choses sont inconnues dans ma Mission. Nous n'avons ni chaînes, ni fouets, nous n'avons pas même une corde pour lier un homme. Ces deux pauvres jeunes gens sont mes hôtes; l'hospitalité ne permet pas les mauvais traitements.

— Obéissez! s'écria le conseiller.

— Votre révérence me pardonnera, dit encore le vénérable vieillard. Je suis le père de mes subordonnés, l'ami des étrangers, et non pas leur geôlier. N'exigez pas cela de moi.

— Imbécille! dit le recteur avec mépris en lui-même.

Le conseiller menaça sérieusement le curé du doigt :

— Vous vous donnez à une mauvaise note, mon cher, dit-il. Du reste votre vicaire, en retournant à Cordoue, n'a pas tenu les meilleurs propos sur votre compte.

— Parce que je l'avais chassé, répondit de Luis. Mais le révérend père provincial m'écoutera aussi bien qu'il a écouté ce malicieux Andalou. Vieux comme je suis, je ne craindrai pas, par amour pour la justice, d'entreprendre le long voyage de Cordoue.

— Vous resterez tranquillement ici! répliqua d'un ton imposant le conseiller. Les règlements de discipline de notre société vous sont connus depuis un demi-siècle, ainsi pas une parole de plus.

— Je ne suis point un rebelle, repartit le curé déconcerté; mais ce que vous exigez de moi n'entre pas dans mes attributions.

— Vous commandez les milices comme colonel, dit en riant le conseiller, et vous ne connaissez pas les moyens de faire arrêter un homme? Señor corrégidor! ayez soin que cette jeune fille et ce jeune homme soient emmenés et placés séparément dans une maison bien gardée, jusqu'à mon retour.

— Calme-toi, mon fils! tu te rends malheureux, et tu contribueras à augmenter encore mes chagrins déjà si vifs, dit Munzner d'un ton affectueux à James, qu'il voyait sur le point de s'emporter, et qui laissa tomber ses mains avec ces paroles :

— Et vous aussi, mon père! je suis prêt à me soumettre à tout.

XXV

Le régidor et l'alcade tâchèrent d'obtenir quelque adoucissement dans les ordres du sévère Aculcho ; mais celui-ci, les prenant par leur côté faible, leur dit:

— Vous êtes excommuniés, si vous résistez plus longtemps. Le jeune homme est un échappé de nos maisons, cette jeune fille est une hérétique. Tous les deux sont justiciables de notre tribunal. et le capitaine-général de Buenos-Ayres avec tous ses archers n'a pas à prononcer sur leur sort.

Le mot *hérétique* fit reculer les bonnes gens qui étaient occupés autour de Justine. Inès aussi s'éloigna en faisant le signe de la croix. James rit avec amertume, et accompagna dans un sombre silence l'Alcade qui l'emmenait.

Le régidor signifia à Justine qu'elle eut à le suivre sans résistance. Levant les yeux et regardant au travers des larmes qui les obscurcissaient, elle demanda d'une voix affaiblie :

— Où me conduisez vous?

Mais comme le régidor ne pouvait l'entendre, et qu'aucun de ceux qui comprirent sa question ne voulut y répondre, elle suivit son conducteur comme un agneau, en prononçant ces paroles :

— Peu importe où j'aille, pourvu que ce soit hors de la présence de ces hommes dont les regards me tuent!

— Quant à vous, mon père Xavier, dit le conseiller, vous me donnerez votre parole de prêtre de ne quitter cette Doctrine que pour vous rendre à Cordoue, et de là dans votre patrie, et de n'aider en aucune manière votre disciple à s'évader.

Après quelque réflexion, Munzner consentit à donner cette parole.

— Je fais la première promesse avec plaisir, dit-il, et j'espère être prêt dans quelques jours à partir avec le bateau chargé de marchandises. J'éprouve de la peine pour la seconde ; mais je la fais dans la persuasion que mon secours ne ferait que préciper mon fils dans de plus grands malheurs.

Les jésuites étrangers ne répondirent pas une parole, et quand Xavier fut sorti, ils l'appelèrent un rêveur dont la punition pourrait être dure, mais jamais injuste. En même temps, madame Laynez, des actions de laquelle on paraissait bien instruit, fut invitée à faire de nouveaux essais auprès de Justine, et à ne rien omettre pour conduire celle-ci dans la voie du salut.

— Il n'y a que trop longtemps, comme nous l'apprenons, dit le recteur d'un ton dédaigneux, que vous travaillez à cette œuvre. Je vous conseillerai de ne pas manger le pain de la société en ouvrière inutile. Si vous réussissez à convertir la récalcitrante, avant le retour du père conseiller, vous serez récompensée selon votre mérite. La pieuse madame de Guébriant qui, pour éviter le spectacle des abominations de la régence, s'est réfugiée à Santa Fé, a besoin d'une femme de chambre et d'une lectrice ; cette place lucrative vous sera donnée.

Madame Laynez, offensée dans sa vanité, fit la moue et répondit également d'un air de dédain :

— Je vous remercie de votre bonne volonté, mes pères ; mais je suis trop faible pour la mériter. Il n'y a rien à faire avec cette jeune personne. Madame de Guébriant trouvera une autre femme de chambre et me laissera retourner en France, où la chaleur est moins accablante, la langue plus agréable et le costume plus décent.

— Il faudrait que vous fissiez cela dans tous les cas, répliqua le recteur d'un ton hautain. Nous ne sommes pas d'avis de nourrir dans les colonies des gens inutiles et d'un caractère douteux. Vous partirez avec l'allemand Xavier, et vous serez un digne couple de serviteurs paresseux. Retirez-vous à présent. Nous aurons soin de vous munir d'une bonne note.

Madame Laynez sortit sur cet ordre.

— Si j'avais de la fortune, dit-elle avec amertume au père Munzer, auquel elle raconta tout, ces financiers prudents m'auraient poliment priée de rester.

— Madame, répondit le docteur avec calme, n'augmentons pas nos embarras. Je vais retourner en Europe et c'est pour y mener une existence déplorable... Hélas! que je n'ai que trop méritée!...

Madame Laynez sortit en haussant les épaules, pendant que le curé entrait.

— Retourner en Europe? dit-il d'un ton de confiance, après avoir écouté aux portes et aux fenêtres, vous ne parlez pas sérieusement, père Xavier. N'allez pas vous offrir en sacrifice expiatoire à la haine furieuse des partis, qui vous ensevelira peut-être pour le reste de vos jours entre quatre murs.

— Ce sera en punition de mes péchés, répondit Munzner tristement. Et puis... mon devoir. J'ai fait vœu d'obéissance.

Luis poussa son bonnet de côté et d'autre.

— Notre société, dit-il promptement, est sur le point d'être déshonorée par une injustice commise par plusieurs de ses membres. Je remplis mon devoir envers elle d'une meilleure manière, si je préviens cette honte. Laissez partir les pères. Mes paroles ont de l'influence sur le régidor et l'alcade, que j'ai élevés et que j'ai choisis dans la commune pour ces emplois. Je n'aurai qu'à faire un signe, et les prisonniers seront en liberté. Je favoriserai leur fuite.

— Et vous vous exposeriez généreusement à la vengeance de vos supérieurs?

— Dans ma Doctrine écartée, sur les confins des domaines de peuplades barbares, je ne redoute pas pour ma personne leurs menaces. Ils ne m'enlèveront pas du pays où j'exerce mon pouvoir, où je veux attendre le jour de la résurrection.

— Supposons que vous sauviez mon élève et la pauvre fille dont la destinée me pèse sur la conscience... Que deviendrez-vous vous-même? Ne serez-vous pas exposé à retomber, dépourvu de toute ressource, au milieu d'un pays immense, dans les mains de vos ennemis, ou à périr misérablement?

— Écoutez! ces montagnes, que nous apercevons devant nous, s'enchaînent avec les monts du Brésil. Ces hauteurs soumises nominalement au sceptre du Portugal, sont restées presque inconnues à leur souverain. Des monts et des vallées d'une étendue prodigieuse n'ont jamais vu un Portugais. Dans une de ces vallées, entourée de forêts primitives et de précipices, et cachée comme le paradis, qu'aucun de nos circumnavigateurs n'a encore retrouvé, demeure un petit peuple, jeune et vigoureux, chez lequel vous et vos fugitifs pourriez trouver un asile. Nos supérieurs, de même que les gouvernements d'Espagne et de Portugal, considèrent, malgré leur sagacité et leurs informations, l'existence de ce petit état comme une fable, comme un conte populaire et absurde. Néanmoins ce séminaire du véritable christianisme existe, et la république le *Bon Jésus au désert* n'est pas un conte de bonne femme. Un de mes cousins, autrefois capitaine au régiment d'Aragon, et devenu mécontent de quelques passe-droits, prit à Cordoue l'habit de Saint-François; mais impliqué dans une mauvaise affaire avec notre Ordre, il fut forcé de prendre la fuite et se retira dans ces déserts, où il trouva une commune naissante, à la tête de laquelle il est placé maintenant comme père, prêtre, général et roi. Je vous adresserai à lui. Des gens éprouvés, en assez grand nombre, vous serviront d'escorte, et vous conduiront vers cette paix, que, dans ce monde livré aux orages, on ne peut trouver que dans la solitude des Troglodytes.

Munzner délibéra longtemps, il soupira avec anxiété :

— Pourquoi la connaissance de cette retraite ne m'est-elle pas venue plutôt? pourquoi seulement à cette heure et après la disparition et la mort du sénateur? Les lois de mon état m'ont ravi le repos, qu'ils prennent aussi mes jours! que James, ce jeune homme qui commence sa carrière, parte au nom du Seigneur. Peut-être le désert lui sera-t-il profitable; peut-être le désert bénira-t-il son amour. Je ne veux pas participer à son sort, afin qu'il ne lui arrive pas ce qui m'est arrivé. Quant à moi, je vais où ma vocation et l'obéissance m'appellent..... au-devant de ma punition la plus..... injuste..... hélas! la plus juste!

Inès s'approcha de lui; elle apportait des rafraîchissements et avait l'air triste.

Munzer s'informa de la cause de son abattement.

— Votre fils me fait de la peine, dit ingénuement la jeune fille, et la senora excite toute ma compassion. Pourquoi l'enferme-t-on? Votre fils garde un silence morne; la sénora pleure, se fâche et se livre à de sombres pensées.

La cloche de l'église se mit à sonner; Inès dut aller à la distribution du thé. Cette affaire se termina, comme tous les jours.

Pendant que le conseiller et le recteur prenaient avec Luis et Xavier leur frugal souper, Inès porta aussi les vivres aux pauvres prisonniers. James et Justine occupaient deux pièces différentes au magasin. Le fils de l'alcade, en sa qualité de gardien du jeune Anglais, se chargea de porter les aliments dans la chambre du prisonnier.

Le gardien de Justine laissa entrer volontiers Inès chez la senora affligée.

Justine était assise près de la petite fenêtre grillée, et contemplait le jeu étincelant de quelques lampyres (*scarabées lumineux*) qui se balançaient sur les lianes. Elle tressaillit lorsqu'elle se sentit touchée par les doigts d'Inès; mais l'expression de la joie succéda immédiatement à ce léger effroi. Elle attira avec vivacité l'aimable fille auprès d'elle, refusa de goûter aux aliments et à la boisson épicée, et fit connaître par gestes à la jeune Indienne qu'elle avait une prière à lui faire. Elle montra ensuite la natte placée dans un coin, puis le grand espace vide autour d'elle, et tâcha de faire comprendre à Inès qu'elle avait peur de rester seule, et verrait avec plaisir que la complaisante jeune fille voulût passer la nuit avec elle. Inès la comprit aussitôt et se montra disposée à répondre à ses désirs. Le gardien fut renvoyé, et la porte refermée en dehors au moyen des verrous de bois; le calme et l'obscurité régnèrent dans le bâtiment.

Dans la rue il n'y avait personne.

XXVI

Voici venir du côté du sud un léger bruit de pas de chevaux. Il arriva silencieusement dans le village une troupe de cavaliers: ils portaient de longues lances et avaient des chiens à leur côté; des torches cachées étaient au milieu de la bande. Ils firent halte sur la place; un murmure incompréhensible et de courte durée eut lieu parmi ces hôtes nocturnes; puis tout à coup la lumière éblouissante des torches brilla dans l'obscurité, et des hurlements affreux et des cris de guerre retentirent.

Ce cri, signal de l'épouvante, pénètre comme le tonnerre du ciel dans les chaumières paisibles des Quaraniens. Les hommes, arrachés au sommeil, courent aux portes et aux fenêtres. Pour la seconde fois, ce cri horrible retentit, et en même temps des traits enflammés volent sur les toits de paille et de jonc des cabanes.

— Ce sont les Abipones! c'est leur cri de guerre! s'écrient les femmes désolées, et les hommes saisissent furieux leurs haches. Cependant l'incendie fait déjà monter ses tourbillons de fumée vers le ciel, déjà l'ennemi a commencé ses massacres. Spectacle déplorable! des cavaliers sauvages parcourent avec toute la vitesse de leurs chevaux les rues du village, renversant, écrasant tout ce qui passe devant eux, lançant leurs javelots dans les poitrines haletantes des hommes, et jetant des brandons dans le feu, afin que les flammes s'élèvent davantage et éclairent mieux cette scène de désolation.

Une bande de brigands sauvages avait pris d'assaut le magasin, et s'était emparée des armes et des provisions de vivres. Les Quaraniens ne purent nulle part tenir tête, ni mettre un terme à leur rapacité; à peine purent-ils éviter la mort, car une ligne formidable de cavaliers armés de piques entourait la mission, et le désespoir seul réussit à s'y faire jour. Armés des bolas que tout paysan attache à son cheval quand il traverse la campagne, les plus courageux Quaraniens renversèrent un groupe de chevaux et frayèrent un passage à leurs amis et à leurs parents; les habitants demeurant le plus près du rivage se sauvèrent du côté où les navires étaient à l'ancre; les maîtres de ceux-ci, épouvantés par les cris de meurtre, ordonnèrent de couper les câbles. La foule se précipite dans les ondes du fleuve; des enfants, des vieillards sur les épaules de leurs pères, de leurs fils plongés dans l'eau jusqu'au cou, implorent du secours, demandent à être reçus, mais en vain: les pères, ne songeant qu'à leur propre salut et craignant que leurs navires ne fussent trop chargés, renvoyèrent avec dureté les fugitifs et se laissèrent dériver. Mais la nécessité n'a point de loi: les Abipones étaient derrière les fugitifs. Les gigantesques Payaguas, qui, bien que païens, défendirent mieux la retraite de leurs maîtres que ceux-ci n'avaient pris

à cœur le salut de leurs frères chrétiens, tombèrent morts. Déjà les flots de la Parana mouillent les pieds des chevaux des Abipones, déjà ces guerriers féroces se précipitent jusqu'au menton dans le fleuve..... Les fugitifs de Dominica arrêtent violemment les navires, ils y grimpent, et les pères sont forcés de souffrir que le bois de l'algarova soustraie aussi au glaive ces méprisables Indiens.

Détournons les yeux de ces gens désormais à l'abri du danger, et portons-les sur le presbytère en feu. C'est en vain que la cloche de l'église sonne le tocsin; elle ne peut pas arrêter les progrès de l'incendie dans ces maisons en bois, dans ces cloisons de jonc. Dans le lointain on entend les grelots d'argent du chevreuil; il cherche son maître, mais celui-ci tombe, en se rendant avec l'alcade au magasin, dans les mains de l'ennemi, tandis que sur les degrés de l'église le père Xavier est lié par quelques Abipones qui le prennent pour le curé.

Des fenêtres de l'entrepôt, où le feu a aussi pénétré, sortent, en même temps que d'épais nuages de fumée, des cris d'angoisse de femmes. Deux guerriers, terribles à voir avec leurs énormes couronnes de plumes, sont attirés par ces cris. Des portes tombent avec fracas autour d'eux; un homme avec deux femmes, hors de lui, ayant les cheveux brûlés, vient à la rencontre des sauvages, qui l'arrêtent, le saisissent et le traînent, ainsi que ses compagnes, au grand air.

Là sont arrêtés, sur leurs chevaux fumants, des caciques dont le front est entouré d'un large bandeau rouge et brodé d'or, sur lequel ruisselle la sueur. La vue des belles femmes excite leurs désirs. Une querelle paraît imminente entre ceux qui les ont sauvées et les supérieurs, quand la plus jeune des femmes se jette aux pieds du chef, et lui crie:

— Ne vois-tu donc pas que je suis de ton peuple? Grâce et protection à cause de cela pour moi et cette femme, qui est devenue ma sœur!

L'étonnement se peint sur les visages des assistants; néanmoins, vaincus par les doux sons de la langue maternelle, ils battent vivement des mains et s'écrient:

— Vraiment, c'est une enfant de notre grand-père; qu'elle nous soit sacrée, qu'elle soit libre ainsi que sa sœur.

On fit monter Justine et Inès sur deux chevaux blancs, et elles suivirent les chefs, qui allèrent inspecter les calamités qu'ils avaient causées.

James fut lié dans l'église à quelques autres prisonniers, parmi lesquels se trouvait son père d'adoption. Ce n'étaient point les douleurs des brûlures qu'il avait eues en voulant sauver Justine, ni l'incertitude de son triste sort qui le faisaient souffrir, c'étaient les malheurs de son second père, ceux de Justine, qui remplissaient son cœur de chagrin et d'amertume. Il versait des larmes de compassion et de rage sur les mains enchaînées de son bienfaiteur. Celui-ci était debout devant lui, plus calme que jamais dans ses souffrances; on eût dit une image de saint.

— Si mon âme est tourmentée, c'est par ses craintes pour toi et pour Justine, dit-il avec calme. Que mon sort ne t'inquiète pas. Crois-moi, dans les malheurs qui nous accablent, mon cœur, déchiré par le doute et le péché, redevient fort.

James se tut, abattu. Munzner priait en silence du fond de son cœur.

Cependant la nuit s'était passée, et l'aurore commençait à poindre. Les gardiens des prisonniers signifièrent à ceux-ci de se mettre en route. Sur la place, le fifre et un petit tambour rappelaient pour le départ. Les prisonniers furent attachés avec des lianes sur des mulets, que des guides conduisirent par la bride. Le départ des Abipones fut victorieux et bruyant.

Chaque guerrier à cheval, et conduisant encore d'autres chevaux pour pouvoir en changer, était chargé de toute sorte de butin. La colonne tourna vers le Midi, en traversant les plantations de tabac et de cacao. Cette contrée, hier encore dans toute la beauté du bien-être et de l'abondance, gisait maintenant ruinée sous les yeux des prisonniers. Celui d'entre eux qui tournait les yeux en arrière, voyait avec douleur les colonnes de fumée s'élever au-dessus des décombres de Dominica, et les hauts palmiers abaisser tristement leurs feuilles sur ce spectacle de désolation. Aussi loin que l'œil pouvait atteindre sur la Parana, il n'y découvrait plus aucun navire.

Enfin, après de longues heures de marche sous une énervante chaleur, on atteignit les prairies, ce domaine incontesté des tribus indomptées.

— La savane! s'écrient l'Abipone et le Quaranien; le

premier avec joie, le second d'un air abattu, parce que là son sort doit se décider.

On met enfin le pied sur le bord de cette immense plaine d'herbes, sur laquelle on ne voit ni un arbre, ni un rocher, ni un village hospitalier, et rarement la fragile cabane d'un chasseur sauvage.

Justine, dont le cheval était conduit par un Abipone obligeant, oublia ses souffrances et ses dangers à ce coup d'œil nouveau pour elle. Inès revit avec émotion les usages de son peuple, et le souvenir des temps de son enfance se ranima chez elle; avec le souvenir, lui revinrent aussi en plus grande abondance les mots difficiles des Abipones, et sa langue les prononça avec plus de facilité. Que de fois elle aurait désiré quitter, de temps en temps, la tête de la colonne, pour aller voir les chers prisonniers! ce père Luis, dont elle avait aussi sauvé la vie par ses prières; ce jeune homme, auquel elle s'intéressait si vivement; cet ecclésiastique étranger, révéré par elle, parce qu'il avait été le père adoptif de James. Justine aussi, en dépit de son animosité contre Munzner et le jeune Anglais, ne put étouffer un sentiment de compassion, et tourna souvent la tête du côté où s'élevaient les derniers nuages de poussière.

Le chef, vieux cacique aux traits prévenants et au regard audacieux, chevauchait entre les jeunes filles, et ne les perdait pas de vue. De temps en temps il regardait Justine avec curiosité, et son visage pâle et noble lui inspirait, ainsi qu'à ses gens, une sorte de respect. En contemplant Inès, il devenait plus pensif, et moins il parlait par gestes à Justine, plus sa bouche s'entretenait avec Inès.

— Pauvre enfant sans père! dit-il avec compassion à la jeune fille; les pointes de nos toits commencent à se montrer là-bas. Oublie ton chagrin. Tu trouveras beaucoup de mères et de sœurs, chacun de nous est ton ami, et celui de l'étrangère, parce que tu l'aimes.

— Mais vous ne ferez pas de mal aux autres? demanda Inès avec inquiétude.

— Le capitan, mon frère, en décidera, ainsi que la sage Pilagotérigénat, répartit le cacique en haussant les épaules; mais plus je te regarde, mon enfant, plus je sens mon cœur touché. Je n'ai jamais eu de fille, sans cela tu serais à coup sûr la mienne.

Le camp de la tribu devient visible et plus distinct De légers toits de joncs, soutenus par de minces poteaux, s'élevaient en l'air. Quelques tentes déchirées, enlevées jadis aux Espagnols, se gonflaient, avec leurs pavillons barriolés, au milieu des cabanes placées sans symétrie.

Les femmes arrivèrent au galop, leurs cheveux étaient noirs comme le jais, leurs visages agréables. Le revoir eut tout le feu du midi. Un gai désordre s'introduit dans la colonne, les lances et les arcs sont soulevés aux hommes, on leur présente à boire du chica; et, après la première joie de la bienvenue, la troupe vient se ranger autour d'Inès et de Justine. La couleur éblouissante de celle-ci, ses vêtements étrangers, la résolution avec laquelle elle montait à cheval, son amabilité, malgré son état de prisonnière, excitent l'intérêt. Les femmes lui touchent les mains, le visage, elles passent leurs doigts dans ses cheveux soyeux, s'étonnent de ses sourcils et des cils de ses yeux, qui sont détruits chez les Abipones; elles sont surprises de ce qu'elle n'a pas une croix marquée sur le front, ni des figures sur les bras et les pieds, comme les femmes Abipones; elles lui disent mille paroles flatteuses, auxquelles la pauvre Allemande n'entend rien, et la conduisent, ainsi qu'Inès, qui reçoit le même accueil, et qui ne peut suffire aux questions, à la tente de Capitana. Cependant les guerriers vont se reposer dans leur ville ambulante, après avoir fait des cadeaux à leurs femmes, déchargé les effets et chassé les chevaux au pâturage.

XXVII

La Capitana était assise à l'entrée de la tente, et sur ses genoux reposait un enfant mâle, né depuis quelques jours. Les jeunes filles frappèrent avec des branches contre la toile de la tente, et s'écrièrent:

— Que l'étrangère que nous t'amenons porte bonheur à ton fils!

La femme du principal cacique, la même qui était assise à l'entrée, n'était plus jeune, mais encore robuste; elle se leva, alla à la rencontre de Justine, et lui tint un long discours; Inès répondit à cette salutation. Tout à coup les assistants battent des mains, et s'écrient:

— Par nos ancêtres! celle-ci n'est-elle pas notre mère?

L'autruche de la Savane n'a jamais pondu deux œufs qui fussent plus pareils!

La capitana pousse un cri, et tombe dans les bras d'Inès.

— Hélas! dit-elle en pleurant, est-ce toi, est-ce bien toi, ma pauvre Missinga? toi que j'ai perdue en te laissant tomber de mes bras, lorsque, poursuivie par l'ennemi, je m'étais endormie de fatigue sur le cheval? la bête féroce ne t'a-t-elle pas dévorée? l'Espagnol ne t'a-t-il pas maltraitée? est-ce véritablement toi, et n'es-tu point une magicienne qui veut tromper une mère?

Inès reconnaît la voix de sa mère, elle ne pouvait, elle ne voulait plus en douter. Les femmes battirent joyeusement du tambour; et la capitana entraîna sa fille et Justine dans la tente, en s'écriant:

— Viens auprès de ton père!

Le capitan, conformément à l'usage de ce peuple, y était étendu sur une natte, enveloppé dans des couvertures, et tenait, sous le régime d'une diète sévère, les couches pour sa femme. Il tendit ses mains à Inès et l'appela la bienvenue. Plusieurs jeunes gens, qui avaient fait partie de l'expédition, saluèrent et embrassèrent Inès, comme leur sœur. La capitana ne se possédait pas de joie; enfin tous ensemble bénirent aussi bien le sort qui leur avait procuré ce bonheur, que les hommes bienfaisants qui avaient eu soin de Missinga.

Inès profita de ce moment et dit:

— Père, mère, frères! voilà des hommes que vous avez faits prisonniers. Brisez leurs liens, et remplissez pour moi le devoir de la reconnaissance!

— Ils seront mes hôtes, si Pilagotérigénat le permet, dit le cacique en jetant les yeux sur la laide femme.

Celle-ci, magicienne et prophétesse de la horde, tourna les yeux d'un air méditatif, frappa avec des gestes étranges sur le tambour en peau de loutre, placé à côté d'elle, et répondit d'un ton chantant:

— Balichu veut plus que des chevaux tués, il veut les peaux du crâne des ennemis, sans cela notre grand père ne guérira jamais.

À ces mots une tristesse générale se répandit parmi les femmes: elles se jetèrent par terre, se frappèrent le sein, et s'arrachèrent les cheveux.

— Il faut que les bienfaiteurs de Missinga restent en vie! s'écria un des frères de la jeune fille; nous avons capturé des Quaraniens, que ceux-ci soient sacrifiés!

— Ne tuez aucun homme! dit Inès d'un ton suppliant, cela ne porte pas bonheur.

Les prisonniers furent amenés dans la tente. La magicienne jeta les yeux vers le ciel qui devenait obscur et dit:

— Lève-toi, Capitan. Ton temps est fini. Ton enfant n'a plus rien à craindre. Mange, bois, et choisis avec tes amis les victimes pour Balichu.

Le cacique obéit avec empressement à cet ordre, fit apporter à boire et à manger, et s'assit avec ses amis, les chefs, sous l'entrée de sa tente, pour commencer le festin et présider le tribunal.

XXVIII

Le vénérable Luis, fatigué, mais plein de courage, était à la tête des prisonniers; Munzner le suivait, tête levée, ferme, résolu à tout événement; James, le troisième, jeta un regard de réconciliation et d'angoisse à Justine, dont les yeux lui inspirèrent du courage. Quelques Indiens, garrottés et abattus, venaient ensuite.

Inès court se jeter au cou de Luis, étendit ses bras audessus de James et de Munzner, et s'écria:

— Ceux-ci m'appartiennent! ils ne mourront point, mais ils prieront pour nous auprès de notre père.

Pilagotérigénat, touchée de l'air vénérable des prêtres, fit un signe de tête approbatif, et les liens de ces protégés d'Inès furent déliés; ils s'assirent au festin du capitan, qui les toucha au front, leur offrit à manger, et sanctionna ainsi leur mise en liberté.

Tous les regards se dirigèrent alors sur les Quaraniens désignés pour le sacrifice, et les lèvres du noble Luis se remuaient déjà pour proférer des paroles de prière en faveur de ces infortunés. Connaissant la langue des Abipones, et ces sauvages étant un peu familiarisés avec l'espagnol, il pouvait espérer d'être écouté. Les Quaraniens, de leur côté, prévoyant leur sort, eurent recours au dernier moyen, et coururent auprès de la magicienne, se jetèrent à ses pieds, lui donnèrent mille noms flatteurs, l'appelèrent *pleine lune*, *beauté florissante*, et supplièrent pour leur vie. La vanité de la vieille femme fut excitée. Ses yeux devinrent hagards, d'horribles contorsions agitèrent son corps, et d'une voix inspirée elle s'écria :

— Écoutez, capitans, écoutez, Abipones ! Nos divinités vous font savoir leurs volontés par ma bouche. Que ces prisonniers aient la vie sauve ! c'est le désir de Balichu. Mais, comme il faut une victime aux colères de nos dieux, sacrifiez-lui l'étranger tombé il y a un mois entre nos mains : son sang assurera notre salut.

La déclamation de la sorcière fut accueillie par des cris bruyants, et beaucoup de jeunes gens coururent vers la cabane où gisait l'infortuné, condamné à mort avec tant de sangfroid.

Un homme souffrant fut apporté sur une peau de taureau. Deux jeunes gens, brandissant des couteaux à scalper, dansaient devant lui. Tout le monde se leva avec curiosité pour voir l'homme destiné à la mort, qui fut déposé aux pieds du capitan.

Les femmes poussent des hurlements. les hommes entonnent un chant de mort, les sacrificateurs s'approchent de la victime avec des gestes étranges et pathétiques. Derrière le peuple, Luis et Xavier, les yeux fermés, sont agenouillés et prient. Inès, tremblante, embrasse convulsivement Justine ; celle-ci, cependant, se débarrasse d'elle et se précipite avec un cri déchirant sur l'objet de la compassion et de la rage, et, le saisissant dans ses bras, elle s'écrie, de manière à faire retentir la vaste plaine :

— Pour la grâce et la miséricorde de Dieu, arrêtez ! arrêtez ! c'est mon père !

Une confusion générale s'ensuit. L'action de la jeune étrangère excite l'étonnement. Les prêtres lèvent les yeux et reconnaissent le sénateur, qui, maigre comme un squelette, misérablement enveloppé dans une couverture, s'appuie sans force contre le sein de sa fille au désespoir. James voit briller les couteaux meurtriers au-dessus de la tête de Justine, le danger de la jeune fille lui fait franchir les bornes de la réflexion.

— Justine ! s'écrie-t-il, et il saute au milieu du cercle, repousse loin d'elle les hommes altérés de sang.

La sorcière, écumante et tremblant de tous ses membres, s'élance au-devant de lui, pousse des cris affreux :

— Éloignez, chassez cette folle étrangère ! hurle-t-elle ; éloignez-la, si la vie et le grand-père vous sont chers !

Parmi ce grand nombre de personnes, il en est qui obéissent aveuglément à la superstition : celles-ci jettent James par terre et l'entraînent ; Inès, afin de sauver sa bonne senora, embrasse Justine de toutes ses forces ; mais les autres femmes, n'écoutant pas ses cris lamentables, l'arrachent d'auprès de son père. L'infortuné, cependant, n'est pas encore livré à l'ennemi, car le père Xavier, fort et fier comme un lion, est prêt à le défendre. Un héroïsme digne de la victoire brille dans ses yeux, il paraît avoir vingt ans de moins.

— Mussinger ! crie-t-il à l'oreille de celui-ci, tu vis encore, je te revois encore ! pardonne à l'homme repentant : je mourrai pour toi ou nous mourrons ensemble !

Pendant que James se débat avec fureur, que Justine pousse des cris déchirants, que la magicienne fait rage et que la foule réunie autour des deux amis, qui se tiennent embrassés, contemple avec irrésolution ce spectacle, le père Luis parle avec énergie aux caciques et leur représente l'abomination du meurtre, l'erreur où ils sont plongés et les mensonges de leur prophétesse.

Enfin il réussit à les convaincre. Les ennemis s'embrassent, et l'hydromel et le chica coulent à grands flots pour les prisonniers ; on ne songe plus au sacrifice, ni à la magicienne, qui s'était retirée couverte de honte ; Justine s'est jetée sans empêchement dans les bras de son père, tandis que les chefs, agenouillés autour du curé, jurent d'embrasser le christianisme.

Cependant James et Munzner s'étaient éloignés de la foule et marchaient en causant, pleins de contentement, le long du fossé. Ils arrivèrent à une petite tente formée de roseaux, où par les soins d'Inès le sénateur et Justine avaient été conduits, afin de ne pas être troublés. Le père malade dormait. Justine était assise à ses pieds, et son cœur éprouvait en même temps la douleur et la joie. Inès était arrivée à la dérobée, et les jeunes filles, accroupies vis-à-vis l'une de l'autre, se serraient les mains, se flattaient les joues et n'avaient pas le moindre besoin du langage. La lumière des étoiles était assez vive pour permettre à Justine de reconnaître le docteur et son compagnon à leur entrée dans la tente. Elle se leva promptement, étendit ses mains au de-

vant d'eux et dit avec cet accent de douleur contre lequel la méchanceté elle-même n'a pas d'armes :

— Que voulez-vous ici, monsieur le docteur ? Que demandez-vous, monsieur White ? Oh ! retournez sur vos pas, je vous prie ! Voici mon père qui dort peut-être de son dernier sommeil. Laissez-le du moins mort à sa fille.

Elle s'assit muette à côté du malade, et les hommes se retirèrent à son discours. Ils continuèrent leur promenade, James les larmes aux yeux, Munzner le sein oppressé d'une douleur cuisante.

— A peine rendu à une vie nouvelle par la vie de mon ami, dit le docteur d'un air mélancolique, je me vois chassé par les reproches, hélas ! trop mérités, de la fille de cet ami. Combien j'ai besoin de pardon ! du tien aussi, mon fils. Mes idées, mes espérances ont été faussées, et de plus j'ai agi avec fausseté. Avoir voulu faire le bien et fait le mal... Quelle vie perdue !

— Nous joindrons nos efforts, répartit James, et nous souffrirons ensemble, si ces brigands de sauvages ne nous tuent pas en même temps. Entendez-vous leurs cris de joie ? Écoutez leurs chants d'ivresse ! quelles horreurs nous environnent ! dans quelle position inouïe nous trouvons-nous ? N'est-ce pas un songe ?

— Plût à Dieu qu'il en fût ainsi ! répliqua Munzner ; malheureusement nous vivons dans une triste réalité. Tout est réalité autour de nous, mais la toute-puissance de Dieu est également avec nous, aussi vrai que dans le lointain une mer de feu paraît descendre des hauteurs.

— En vérité ! dit James après y avoir tourné ses regards ; quel nouveau phénomène ! tout n'est-il pas merveilleux dans ce pays d'enchantements ?

Ils retournèrent à grands pas au lieu de la fête. Les Indiens avaient également remarqué le phénomène et ils le contemplaient en silence. Le feu changeait de lieu, descendait, disparaissait tantôt et tantôt se faisait voir de nouveau ; enfin il atteignit le bas des côteaux et l'on n'en distingua plus que le reflet au firmament.

— Ce n'est point une forêt incendiée, ni un feu de la terre, dit un Abipone dont les yeux, même dans les ténèbres, avaient la vue subtile du faucon, ce sont des torches ambulantes, c'est un ennemi roulant des projets sinistres contre nous, qui s'approche.

Les Abipones entrèrent dans une grande agitation. Les hommes sifflèrent les chevaux, les femmes appelèrent les chiens. Enfants et troupeaux, vieillards et malades, armes et provisions, furent réunis sur un seul point ; on éteignit tous les flambeaux, un profond silence fut ordonné, et les sentinelles avancées de la peuplade placèrent l'oreille contre terre.

Ces enfants de la nature, doués des sens les plus subtils, entendirent les pieds des animaux de la savane, chassés de leurs gîtes, des murmures et un bruit d'hommes.

— Tranquillisez-vous, dit le père Luis à ses deux hôtes, le docteur et James, je sais ce qui s'approche, j'y compte avec confiance. Ces montagnes sont les boulevards du Brésil. Un Indien, mon père, a été fait prisonnier avec nous la nuit dernière ; ayant été attaché avec moi sur le même cheval, il a su se défaire de ses liens. « Que Dieu te protège ! mon père, dit-il en se laissant tomber doucement au milieu du troupeau de bétail, je t'amènerai du secours. Là-bas, derrière les monts, se trouve le *Bon Jésus* dans les déserts, je vole comme un trait, à moins qu'un Abipone ne me tue de sa flèche. » Il se glissa ensuite dans l'herbe et disparut à mes yeux. Je suis persuadé que cette mer de lumière nous annonce du secours, nos flambeaux ont fait connaître le lieu de notre séjour, aux habitants du Bon Jésus, et ils viennent certainement pour nous délivrer.

Les Abipones ne bougèrent pas, perdus qu'ils étaient dans la contemplation de ce phénomène étrange, et confiants dans la parole du curé, qui les assurait qu'il ne leur arriverait rien, ni aux leurs, tant qu'il serait avec eux.

Le jour avait déjà commencé à poindre, et la scène commença bientôt à se développer à la lumière matinale. Une troupe considérable s'approchait au travers de l'herbe élevée. Des armes brillaient dans de longues files. Cette vue découragea les Abipones, et, ennemis qu'ils étaient de la poudre, ils allaient prendre la fuite. Le père Luis les retint, les guerriers étrangers firent halte à portée de fusil. Ils étaient presque tous montés sur des chevaux pris dans la savane. Un brillant drapeau flottait au milieu d'eux. Les Abipones regardèrent avec étonnement la bannière à la croix d'or, et jetèrent ensuite les yeux sur don Luis, qui, se faisant suivre par les principaux d'entre eux, par le père

Xavier et James, s'avança, agitant des plumes blanches vers les étrangers. Des hommes blancs, noirs et rouges, la longue carabine au poing, pauvrement vêtus, mais pleins de force et de courage, étaient assis immobiles sur leurs chevaux. Entouré de quelques chefs mieux habillés, le capitaine de cette troupe considérable se trouvait près de la bannière : c'était une magnifique stature d'homme, avec une barbe noire et des joues fraîches et colorées, enveloppé dans un léger froc brun, portant des bottes et des éperons aux pieds et un chapeau de paille orné d'une plume de couleur sur la tête. Un large ceinturon de cuir soutenait une paire de pistolets et un grand sabre ; un fusil à deux coups était suspendu sur son dos.

A peine eut-il aperçu le père Luis de loin, qu'il sauta de cheval et accourut avec impétuosité au-devant de lui.

— Par Saint-Jacques ! lui cria-t-il en espagnol, mon oncle, reconnaissez-vous encore votre neveu Véreira ? Sommes-nous ici enfin et ne suis-je pas arrivé avec la rapidité de l'éclair ? Votre nom que me dit le messager, fut suffisant ; ma troupe se réunit aussitôt et nous voilà, presque mécontents de ne plus vous trouver dans les chaînes, afin de vous pouvoir prouver combien nous prenions la chose au sérieux.

— Je vous amène ici une peuplade de prisonniers, répartit Luis ; des prisonniers de la foi. Au lieu d'être son ennemi, soyez son parrain.

XXIX

Les Abipones jaloux de tenir leur parole, bien qu'ils l'eussent donnée dans l'ivresse, pénétrés de reconnaissance pour le père Luis, ne se refusèrent pas au baptême, qui eut lieu avec autant de solennité qu'on put en mettre dans la savane.

D'après le capitaine Véreira, neveu du prince ecclésiastique du Bon Jésus dans les déserts, tous les hommes de sa tribu reçurent le nom de Fernandez, et d'après l'aimable fille du cacique, toutes les femmes et les filles celui d'Inès.

Quand la cérémonie fut terminée, tous les chefs des Abipones s'approchèrent de Luis, lui serrèrent la main, baisèrent son habit et dirent :

— En vérité, tu es un brave homme, quoi qu'en ait pu dire Pilagotérigénat, que nous avons chassée pour qu'elle ne revienne plus. Si tu consens à nous nourrir et que tu ne veuilles pas nous infliger de punition, nous te demandons à nous rendre avec toi dans ton pays. Nous avons brûlé ta cabane, nous la rebâtirons ; nous serons ton peuple ; nous ne voulons pas nous rendre dans la montagne avec cet étranger, parce que nous serions forcés de tuer nos chevaux. Dans ton pays la terre est plate, le gibier, l'herbe et l'eau n'y manquent pas, et puisque tu as conservé Missinga, tu ne nous abandonneras pas non plus : voilà ce qui nous fait t'aimer.

La réponse du curé fut affirmative, et son sein de vieillard battit avec plus de joie à la pensée d'introduire de nouveaux enfants dans sa plantation dépeuplée.

Réfutant toutes les objections du jeune Véreira, il résolut de retourner chez lui à la tête des Abipones, et se borna à recommander à son cousin de ne pas abandonner les étrangers, qui ne pouvaient remettre les pieds à Santa-Dominica.

Véreira le promit avec cordialité, et chacun, de son côté, alla faire ses préparatifs pour la prochaine séparation. Dans le trouble qui en résulta, le docteur rencontra Justine, qui l'avait cherché et découvert dans la foule. Lorsqu'ils furent face à face, le visage de Justine exprima l'embarras, celui de Munzner la surprise.

— Un mot, monsieur, dit la première avec timidité, un mot de prière, monsieur. Je vous prie de venir auprès de mon père, qui vous demande. Ne lui refusez pas cette consolation, ni à moi l'occasion de vous devoir une nouvelle reconnaissance.

Elle se tut dans l'attente, après avoir remporté cette victoire sur son ressentiment et sur elle-même.

Munzner parut honteux devant la vertu d'une enfant, qui aimait son père par-dessus tout.

— Mademoiselle ... répartit-il.... si vous saviez combien vos paroles touchent mon cœur.... Il n'acheva pas ; des larmes, que ses yeux réprimaient avec force, l'en empêchèrent.

Mais alors qu'il revit son ami, étendu mourant sur une misérable natte, privé de médecin, de toute commodité, et avec cela calme et patient comme un homme déjà mort, les armes l'assaillirent de nouveau, et il n'en fut plus le maître.

S'inclinant vers le sénateur, il posa son front sur le front brûlant du malade, et ne proféra que ces paroles :

— Nous revoir ainsi, mon ami !

— Hélas ! il suffit que nous nous revoyions encore, répartit le sénateur. J'étais devenu las de la vie. Ma maladie augmentait. Je n'espérais plus revoir ma fille. Le temps se passait bien lentement pour moi. Enfin, je pensais que j'agirais bien d'aller à la découverte de l'arbre nommé Anguay, dont les Quaraniens me parlaient tant. Je me disais : son baume te guérira, ou la fatigue de la route te tuera. Afin de ne pas vous donner d'inquiétude, je tins mon projet secret et l'exécutai sans vous en instruire. La deuxième matinée de notre voyage fut la dernière de mon infortuné guide. Chargé de mon sac de voyage et de mes habits, il marchait devant moi : un tigre, qui déjà avait la gueule fumante et ensanglantée, vint bondir sur lui, le renversa et l'entraîna dans les buissons. Je m'enfuis, presque sans vêtements, sans nourriture et ne connaissant pas le chemin. Un Abipone me trouva, le soir, étendu par terre et mourant presque d'inanition, et me conduisit dans le camp de sa horde. Les sauvages me traitèrent avec humanité ; mais peut-être le nom de Santa-Dominica, que je balbutiai, a-t-il été la cause de votre malheur... de mon bonheur, car je puis espérer de mourir dans vos bras et dans ceux de ma fille.

— Je retourne à Dominica, répliqua Munzner avec tristesse et embarras ; le devoir de mon état me rappelle en Europe.

— Il est donc bien vrai ? soupira le sénateur, vous voulez me quitter ; moi, qui vous suis tant attaché !

Munzner montra Justine, qui était assise en face, pâle et silencieuse.

— Vous avez une excellente fille, dit le docteur.

— Oui, grâce à Dieu ! répartit Mussinger, en serrant la main de Justine ; elle est bonne ; mais son amour, sa tendresse ne suffisent pas au moribond, à l'homme chargé de péchés. Le devoir le plus sacré vous retient auprès de moi.

Munzner se tut, réfléchissant, résistant, comparant, et se livrant un combat intérieur. Justine se leva, se plaça devant lui, et lui dit avec une douceur simple et touchante :

— Oui, monsieur, votre devoir le plus sacré.

— Comment, mademoiselle ? demanda Munzner en hésitant : vous.... vous aussi, vous me retenez ? vous, qui me haïssez, qui.... me méprisez.

— Je ne suis pas irréconciliable, dit Justine avec beaucoup de franchise. Partagez avec moi les soins que réclame mon père.

Munzner ne put résister ni aux prières du sénateur, ni aux discours simples de sa fille.

— Vous rassemblez des charbons ardents sur ma tête, dit-il, je resterai avec mes pauvres amis.

— Bien, mon ami, dit le père Luis, qui entendit ces dernières paroles en entrant dans la tente avec Véreira et James. N'oubliez pas ce bon jeune homme, qui ne peut retourner à Dominica sans prendre un habit qu'il n'aime pas.

— M'est-il permis ? demanda timidement James, sans oser lever les yeux sur Justine.

— Mon sauveur, s'écria le sénateur avec joie et en le pressant en pleurant contre sa poitrine ; avec quoi pourrai-je te récompenser de ce que tu as fait pour moi ? Je suis devenu un mendiant, mon bon James. Il faut que je meure de faim, si des sauvages ne me nourrissent ou des chrétiens compatissants ne me soutiennent.

— Votre entretien est l'affaire de cet homme, répartit Luis en désignant Véreira. Du reste, vous n'êtes pas un mendiant. Il faut qu'on vous restitue votre testament. J'écrirai au père provincial.

— N'y comptez pas, lui dit avec tristesse et à voix basse Munzner à l'oreille ; le reçu du document est devenu, avec le presbytère, la proie des flammes.

Inès, accompagnée par ses parents, entra, courut à Justine, l'embrassa avec des sanglots, prit congé d'elle avec les signes d'une vive douleur, et dit ensuite en s'adressant au père Luis :

— Tout est prêt, mon père ; conduis-nous, nous tous que la grâce de la sainte Vierge a éveillés, dans notre seconde patrie. Nous te suivons.

Luis regarda les amis qu'il allait abandonner... son œil devint humide. Il étendit, en signe de bénédiction, ses mains sur la tête de Mussinger, et quitta la tente sans proférer une parole. Tous, à l'exception de Justine, qui resta auprès de son père, le suivirent.

Aussitôt, la horde des Abipones se mit en mouvement.

Inès était assise, pleurant sur son cheval, sans jeter un regard derrière elle. Ses parents, qui tâchaient de la consoler, chevauchaient à côté d'elle, ainsi que Luis, qui tourna encore plusieurs fois la tête et fit des signes avec son mouchoir, jusqu'à ce qu'il disparût dans la foule des nouveaux convertis. Enfin, il n'y eut plus que les lances qui parussent sur l'horizon, et James était toujours là, regardant, les bras croisés, les ombres qui disparaissaient.

Le cor des guerriers du Bon Jésus le rappela à la vie. Le sénateur, porté sur un fauteuil commode, fait de branchages et d'herbe, venait de passer devant lui, pour être placé sur un des animaux les plus doux de la troupe.

James se joignit, sans proférer une parole, à Justine, qui suivait son père, en donnant ses ordres avec calme et en le surveillant avec inquiétude. Le jeune homme aperçut des larmes aux yeux de Justine, et en demanda discrètement le motif.

— Je pleure la perte de cette bonne Inès, répondit la fille de Mussinger; de cette jeune Indienne, qui, sans pouvoir parler avec moi, m'aimait plus qu'âme au monde. Je regrette presque qu'elle ait retrouvé ses parents, et qu'elle les ait suivis. Elle ne se serait point séparée de moi. A présent je suis seule; car cette pauvre Laynez a été dévorée par le glaive de l'ennemi ou par le feu.

— Seule, mademoiselle? demanda James avec un reproche ménagé; est-ce que nous ne vous sommes pas restés? Repousserez-vous nos mains amies? N'avez-vous pas appris à avoir confiance en moi?

La colonne se mit en mouvement, et avança lentement en attendant la fraîcheur du soir. Il faisait tout à fait obscur quand les voyageurs arrivèrent au pied des montagnes. Ici le malade fut placé sur les épaules de vigoureux porteurs, et l'on gravit les hauteurs à la lumière d'une infinité de torches résineuses. Les chevaux furent relâchés et retournèrent au galop dans les savanes. On conserva seulement des mulets pour Vereira, Justine et le père Munzner. L'aurore les trouva sur la côte, dans des sentiers traversant une forêt romantique, et allant toujours en montant, jusqu'à ce qu'ils aboutirent à une plaine aride et rocailleuse, entourée de tous côtés par le bois, à l'exception d'une clairière qui ouvrait une vue délicieuse sur un paysage lointain.

— *He acqui el nuestro paraiso del buen Jesu en los bosques!* s'écria Vereira avec une voix de lion, et en désignant le lointain; puis il se jeta à l'ombre des derniers arbres. Les siens suivirent son exemple en poussant des cris de joie, et la troupe se reposa, pour laisser passer la chaleur du soleil et donner le loisir aux yeux de tout le monde de se récréer à cette vue magnifique.

— La terre promise! dit Munzner à son élève, en montrant la vallée qui s'étendait sous leurs pieds.

Un repos de dimanche paraissait répandu sur la vallée. Les champs étaient dépeuplés, point de troupeaux sur les prairies, aucun homme, ni dans la campagne, ni sur les chemins.

— C'est aujourd'hui jour de fête, dit Vereira et tous nos vieillards, les hommes et les enfants sont à l'église. Les hommes vigoureux sont tous ici sous les armes auprès de moi, et l'oncle seul avec les faibles garde la maison. Ne vous attendez pas au son des cloches ni au chant du chœur. L'un ni l'autre ne sont en usage chez nous, afin que le son, s'étendant au loin, ne trahisse pas notre existence à l'ennemi; car notre ennemi est tout Portugais, tout Espagnol qui arrive armé et au service de son maître. Les Portugais agissent comme s'ils voulaient réellement s'approprier l'intérieur du pays, et la Quasta, leur poste militaire le plus avancé, est à peine éloigné de six heures de chemin du Bon-Jésus. Mais le désert abrupte et rocailleux qui nous entoure et nous cache de ce côté, fera passer le goût à ces efféminés de pousser bien loin leur envie de découvertes. Si cela arrivait... malheur à eux! le détachement ne sortirait pas vivant de notre vallée.

— Mais, monsieur, demanda James surpris, on vante la douceur de votre oncle, ainsi que la bonté patriarchale que l'on dit être le fondement de son gouvernement. Comment cela s'accorde-t-il avec vos manières guerrières et votre état?

— Je ne suis point ecclésiastique, répondit Vereira en souriant, et si je porte un froc qui ressemble à l'habit de saint François, ce n'est que pour porter l'uniforme de mon oncle; à proprement parler, pour me légitimer aux yeux du peuple comme le soi-disant prince royal du Bon Jésus dans les déserts.

Mon oncle, qui a été un brave soldat dans les carabiniers d'Aragon, pense, du reste, comme moi, que la paix en cas de besoin ne peut être maintenue que par la guerre. Les disciples de Loyola, et les gouverneurs du roi Jean, nous sont également suspects. En vérité, mon père, si vous n'étiez pas Allemand, possédant plus d'honneur qu'un Portugais, un homme qui sait se taire, et apprécier assez l'hospitalité du bon père Luis pour ne pas trahir ses parents, nous ne vous aurions pas amené avec nous. Avec un Portugais on ne fait pas beaucoup de façon; on lui lave la tête avec du plomb, et puis on lui permet de faire ce qu'il lui plaît.

— Vous devriez commander une armée, répartit Munzner en souriant.

— Par saint Jacques! poursuivit le joyeux Fernandez, ce serait justement ce qu'il me faudrait. Un commandement contre les Portugais!

Vereira ordonna aux siens de se préparer et de le suivre bientôt. Puis, suivi seulement de ses chiens et de quelques tireurs, il se perdit dans la forêt qui conduisait au fond de la vallée.

Plongé dans ses pensées, il n'avait pas encore fait beaucoup de chemin, lorsque ses chiens donnèrent de la voix, et qu'un chasseur siffla ses compagnons. En même temps on entendit le feuillage s'agiter, comme si un homme le traversait en courant, et en effet il en sortit un, qui tomba sans force près d'un rocher quand il aperçut le cavalier.

Fernandez fut un moment surpris de cette apparition inattendue, puis, sautant de sa monture, il vint, le sabre à la main, sur l'étranger; car celui-ci portait l'uniforme Portugais.

— Misérable! que fais-tu ici? lui cria-t-il d'une voix rude, et en brandissant le sabre.

L'homme, malgré son épuisement, jeta un regard intrépide sur Vereira, ferma ensuite les yeux et attendit le coup.

Cette conduite fit tomber la main de Fernandez.

— Qui es-tu? Comment viens-tu ici? demanda t-il avec plus de douceur, et en faisant signe aux tireurs, qui accouraient, de se tenir éloignés.

L'étranger répondit en mauvais portugais :

— Je suis soldat... je ne veux plus l'être... Plutôt mourir!

— Ah! que t'a-t-on fait? d'où viens-tu?

— De la Guasta. Aujourd'ui notre détachement a été relevé, et en nous en retournant, non loin du poste, j'ai été maltraité par l'alfieri, un enfant. Je l'ai jeté par terre, et j'ai pris la fuite. Me voici. Tuez-moi, mais ne me livrez pas.

— Tu parles comme un homme; tu en es un aussi, et non un Portugais, à ce que je présume.

— Je suis étranger. Un misérable marchand d'âmes me conduisit dans ces parages. Un corsaire portugais s'empara de notre vaisseau et me vendit sur la côte de Fernambouc; de là on m'envoya dans l'intérieur du pays. Jamais je n'avais trouvé l'occasion de m'enfuir; la nécessité m'y a forcé aujourd'hui.

— Où veux-tu aller?

— Je ne connais pas le pays; mais plutôt mourir que retourner...

— C'est bien. Tu ne sais pas qui je suis, qui sont ces gens là-bas qui me suivent?

Le soldat regarda vers la hauteur, où parmi le feuillage vert se montrait la tête de la colonne, et dit avec indifférence :

— Sur l'honneur, je ne connais ni vous, ni vos gens, et je ne réclame rien de vous, sinon la mort à l'instant, ou bien la liberté et un morceau de pain; j'ai marché et couru toute la journée, et je succombe de faim et de fatigue.

Un tireur lui donna un fruit rafraîchissant, et Fernandez reprit :

— Tu ne manqueras de rien, si ce n'est de la liberté que je suis forcé de t'ôter pendant quelques jours, afin qu'on puisse voir quel pèlerin tu es; si tu es un honnête homme, ou un espion.

— Un espion? monsieur, je suis Anglais!...

— Ah! j'aurais dû m'en apercevoir à ton accent. Ton nom?

L'étranger fut dispensé de répondre. Un cri de surprise se fit entendre au milieu de la colonne.

— Mon père! s'écria la voix de Justine; pour l'amour de Dieu! levez la tête! regardez! il se passe des miracles! monsieur Birsher! Georges Birsher!

XXX

— Qui m'appelle? demanda le soldat en regardant autour de lui, et il parut pétrifié en voyant sa fiancée, le père de celle-ci, James et le docteur. Il se frotta les yeux, le front, voulut s'approcher de Justine, et recula précipitamment devant le sénateur. Mussinger succombant à la surprise fut incapable de proférer une parole. Une crampe violente attaqua sa poitrine, et il retomba comme s'il luttait contre la mort. Sa fille se jeta sur son corps en jetant des cris douloureux. Véreira donna l'ordre de se saisir de l'étranger. On obéit.

— Oui, mes amis! s'écria Georges éperdu aux hommes qui le tenaient; arrachez-moi à ce spectacle qui brise mon cœur. Je ne suis pas froid, je ne suis pas calme en ce moment; je ne puis envisager l'assassin...

A un signe de Fernandez, Georges fut promptement emmené, et la colonne le suivit incontinent, a fin que le malade, qui paraissait à l'extrémité, pût être mis à l'abri, et sous la protection du prêtre, prince et médecin.

La conduite du docteur offrait un contraste singulier, avec le trouble qui s'était emparé des autres Européens. Il marchait plein de joie sur le côté de la colonne; priant tantôt à voix basse, tantôt à haute voix; il étendit ses mains vers le ciel, et dit:

— Comment te rendre grâce, ô mon Dieu! de tout ce que tu m'as permis de voir en ce jour? Vraiment, James, ajouta-t-il, en s'adressant à son élève qui marchait triste et pensif à côté de lui, ce que je n'osais pas espérer, s'est réalisé. Je revois l'infortuné que j'ai aidé à pousser dans le malheur, je le vois libre au milieu d'hommes libres... O Seigneur! si tu as prononcé sur mon pauvre ami, conserve seulement une heure à ses sens leur énergie, afin que je le délivre de ce qui le tourmente; car voici le moment, voici le lieu et je te louerai éternellement.

— Et qu'il m'accorde à moi seulement une lueur de votre force, dit James, pâle comme un mourant, et d'une voix lamentable. A présent tout espoir de bonheur est perdu pour moi! Père Munzner, retournez avec moi à Dominica, à l'Assomption! je vous appartiens dès à présent, jésuites rusés et avides! Je veux m'attacher à votre égoïsme, à l'apparence de votre vertu, puisque la vérité, l'amour m'abandonnent!

— Tu m'affliges! mon fils, repartit Munzner avec énergie... Où est la force dont tu te faisais gloire? où est la bienveillance pour le genre humain qui te distinguait? Je te défends de songer dorénavant à l'Ordre. Tu y serais un monstre, tandis que je n'y ai été que faible. Ton manque de parole, je le prends sur moi, puisque j'en suis la cause.

James se jeta en pleurant dans les bras de son père d'adoption. Tous les deux revenus de leur préoccupation, regardèrent autour d'eux. Ils étaient dans la vallée, à la porte d'une maison bien aérée. Une double rangée de jeunes filles et d'enfants s'avançaient vêtus d'habits de fête, et portant dans les mains des fruits qu'ils offrirent avec une modeste hospitalité aux arrivants. Sous le léger avant-toit que surmontaient deux palmiers, était debout le prince souverain du Bon-Jésus, dans le costume simple et grossier de saint François, ceint du cordon et portant des sandales à ses pieds nus. Le seul ornement de cet homme très-âgé, était ses cheveux blancs comme la neige, sa barbe de la même couleur qui descendait jusqu'à la ceinture, et les yeux sereins et bienveillants qui animaient son visage vénérable. Il prononça la bénédiction sur tous, et adressa des paroles de consolation à Justine et au sénateur, qui avait de la peine à sortir de son évanouissement.

— Voici votre maison, mes amis, dit-il, que Dieu bénisse le malade et qu'il lui rende la santé! que Dieu bénisse les absents, et surtout le père Luis, car il nous a donné l'occasion d'être miséricordieux.

Le sénateur fut porté dans la maison, et avec une promptitude magique.

Francisco, le prince de ces déserts, était assis à côté du malade, qui eut une crise violente. La main du prêtre ne quittait pas plus le pouls, que les yeux de Justine à genoux ne se détournaient des traits de son père. Fernandez était appuyé dans un coin, et contemplait la jeune fille qui avait tant d'attrait pour lui; James, assis à quelque distance, livrait des combats à son cœur; le père Xavier, les mains jointes, était debout près d'une immense fenêtre, garnie de balustrade qui prenait presque tout un côté de la chambre, et donnait vue sur une place spacieuse, couverte de gazon, entourée d'une rangée de sycomores, plantés en demi-cercle.

Cependant l'état du malade s'améliora; mais il lui survint une grande faiblesse. La porte s'ouvrit, et un homme retenu par quelques gardes, voulut entrer. Francisco lui fit signe de s'approcher doucement.

— Le malade vous a demandé, dit-il, ayez des ménagements pour son état.

Georges, bien moins préoccupé, et avec du calme dans la voix, s'approcha du sénateur, qui lui tendit faiblement les mains.

— Je me doute, dit Georges, de ce qui peut vous avoir engagé à demander ma présence. Vous vous croyez aux portes de la mort, et vous voulez déposer dans mon sein un aveu pénible. Renoncez à ce triste devoir, réconciliez-vous avec le ciel; je vous ai pardonné, et mon pauvre père qui jette dans ce moment les yeux sur nous, ne tirera pas raison de la cruauté que vous avez exercée sur lui. Il implorera la grâce de l'Éternel pour le meurtre dont vous vous êtes rendu coupable envers lui.

Le sénateur tremblait de tout son corps, le sein de Justine se soulevait avec plus de véhémence; Munzner s'approcha lentement.

— Oh! est-il possible, reprit Georges en soupirant et s'oubliant lui-même dans la contemplation du malade, que cet homme, sur le visage duquel repose à présent une douceur angélique, ait pu tourner sa rage contre son hôte, qu'il ait pu l'étrangler! Quel mystère que l'homme!

— L'homme est sujet à errer, monsieur Birsher, repartit Munzner; vous êtes aussi dans l'erreur, fils réconciliable et prêt à pardonner. Monsieur le sénateur, ici il n'y a point de tribunal impitoyable, point de considération à garder sur les affaires publiques et secrètes de la vie. Parlez à ce jeune homme, afin que le cruel soupçon s'efface, et que celui qui a le plus contribué à votre malheur soit désigné.

Le sénateur s'étant un peu remis, prit la parole et parla en ces termes à Birsher:

— Vous êtes un ange du ciel, monsieur, vous me pardonnez sans condition, tout en croyant la chose la plus horrible de moi. Et cependant... en vérité, monsieur... quoique j'aie beaucoup contribué à la mort de votre père... que ma main soit maudite, si elle a attenté à la vie de cet homme généreux!

— Comment? demanda Birsher.

Justine commença à respirer.

— Je suis ruiné, lui ai-je dit alors qu'il m'engageait à payer, et tandis que je ne me doutais pas plus de sa bonté que de son véritable nom, poursuivit le sénateur, je mourrai plutôt que d'avouer ma banqueroute. Je pris dans le tiroir le pistolet que j'avais chargé pour moi. Grand Dieu! voulez-vous m'assassiner? demanda votre père en se levant précipitamment; et, fatigué déjà par le voyage, échauffé par une nuit sans sommeil, et saisi par un effroi subit, il tomba par terre, frappé d'un coup d'apoplexie. Ma frayeur... qui pourrait la peindre? Je voulus desserrer sa cravate tandis qu'il râlait encore... je fus maladroit, et il mourut plus tôt sous mes mains; et la pensée épouvantable d'avoir contribué à sa mort, m'accabla au point que je perdis moi-même connaissance.

Georges se mit à réfléchir, quand le malade, épuisé d'avoir trop parlé, se fut tu; puis il demanda:

— Tout en croyant aux paroles d'un mourant... et le mensonge n'est pas écrit sur votre front... je cherche d'où ont pu venir votre préoccupation, vos angoisses, votre silence à mon égard, tandis qu'une explication sincère aurait pu tout accommoder.

Le sénateur ne pouvant plus parler, Munzner prit à sa place la parole:

— Je vous en donne ma parole la plus sacrée de prêtre, aux yeux de notre Sauveur, qui élève là-bas avec tant de majesté sa tête divine dans le ciel, le sénateur dit la vérité. Cependant alors les remords de sa conscience étaient si puissants, que la vérité même lui était en horreur. Ayant la conscience de ses nombreux torts envers les lois de sa profession et de sa ville, il craignit devant les tribunaux partiels de celle-ci le commencement d'un procès qui l'aurait ruiné, retenu plusieurs années en prison, et peut-être, en faveur des apparences et malgré ses dénégations, conduit à l'échafaud et placé innocent sous le glaive du bourreau. Voilà quant à ce qui regarde son silence inexplicable en face du soupçon dont il fut l'objet. Pour les tourments de sa conscience, c'est moi qui dois en être chargé, et cet aveu n'est qu'une légère pénitence préparatoire pour tout ce dont je me suis rendu coupable envers vous, mes chers enfants. Clara... mon ami... vous recommanda à mon amour. Tenant à vous par un attachement sincère, je ne sus vous préparer de plus grand bienfait que l'entrée dans mon Église... votre réunion avec Clara au-delà du purgatoire. J'eus besoin d'un lien pour vous retenir; je profitai de la déplorable persuasion où vous étiez d'avoir tué par vos menaces le père de ce jeune homme; je m'en servis comme d'épouvantail; je vous démontrai que vous ne pouviez obtenir le pardon de cet horrible péché que dans la foi catholique. Enfin l'œuvre réussit, vous fûtes des nôtres ; dès-lors je m'efforçai d'éteindre votre crainte du crime imaginaire, par la rémission ; ce fut en vain, le ver rongeur resta, il devint même plus terrible qu'auparavant ; un résultat malheureux succéda à l'autre. Votre conversion devint l'affaire de l'Ordre... je vous vis arraché de mes mains, poussé tout à fait dans le précipice... Je vis les effets déplorables de mon entreprise, qui n'avait pris naissance que dans mon amour sincère ; je frissonnai en voyant mon propre ouvrage, et fus forcé d'apporter pierre à pierre, de bâtir fraude sur fraude, pour... oh ! permettez que je me taise là-dessus ! Mais vous, noble Georges, pardonnez-moi, si vous dûtes tomber victime de notre sûreté. Si vous aviez su !... nous naviguions sur le même vaisseau : vous ne pûtes être vu par le sénateur, enchaîné que vous étiez à fond de cale. Arrivés à Buénos-Ayres, je dus, pour notre propre salut, vous abandonner à votre triste sort !... La Providence divine, au lieu de vous laisser aller à Batavia, vous a conduit ici. A présent tous les voiles sont tombés ; vous voyez devant vous le monstre qui dut anéantir votre innocent amour, vos espérances, votre état de fiancé, peut-être tout votre bonheur d'ici-bas, ainsi que celui de ces deux personnes, et la paix de l'âme de ce jeune homme. Grâce à Dieu, j'ai enfin pu faire parler mes sentiments ; c'est à vous maintenant à me traiter comme vous le jugez convenable.

Georges et James se détournèrent avec horreur ; Justine contempla cet homme intrépide sans mépris, mais avec une sorte de crainte mêlée de joie que lui inspirait son énergie morale, et surtout la vérité qui avait coulé de ses lèvres : n'avait-il pas en effet absous son père du crime d'homicide, mis Birsher dans l'impossibilité de leur en vouloir sans injustice, et justifié James mieux que la jeune fille n'aurait osé l'espérer.

Le sénateur fit signe au père Xavier et murmura :

— Vous voulûtes pour l'amour de Clara me faire entrer au paradis. Je vous absous, mon ami, et je vous remercie de ce moment. Je ne vous hais pas.

— Ni moi ! s'écria James en pleurant et en se jetant dans les bras de son maître.

— Ni moi ! ajouta Georges avec une noble résolution en lui serrant la main. Dieu nous a rudement éprouvés ; mais n'est-ce point aussi par sa volonté que nous sommes réunis ici ! je pardonne, j'oublie, je ne vous hais pas ; cependant quant à votre Ordre qui...

— Ah ! monsieur, dit le père Munzner d'une voix attendrie et suppliante ; sur moi seul la coupe de votre colère ! je n'ai accusé personne que moi seul. C'est moi qui dois faire pénitence.

Georges lui fit un signe de tête et alla auprès du sénateur, dont il prit la main. Il présenta la main gauche à Justine, qui l'accepta en rougissant, mais avec plaisir.

— Je jure, s'écria-t-il, de ne jamais vous abandonner, aussi longtemps que le sort nous fera errer à l'aventure sur la mer orageuse de la vie. Unis par le besoin, la paix et la réconciliation, associons-nous tous. La misère n'est-elle pas derrière nous dans l'ancien monde, et le bonheur ne peut-il pas refleurir pour nous ici ?

Son regard rencontra celui de Justine. Il lut dans ses yeux la joie et la confiance.

— Donne-moi ta fille, mon père, si tu devais nous quitter, dit-il au sénateur, et celui-ci joignit en pleurant les mains des fiancés. James eut le courage de féliciter et d'embrasser son compatriote, et Munzner raconta la réconciliation qui venait d'avoir lieu, ainsi que ses suites, au prêtre Francisco et au neveu de celui-ci.

— Dans le vallon, dit-il, on pourrait espérer un bonheur tranquille pour ces personnes, jusqu'à ce que le monde extérieur leur redevînt accessible. Mais peuvent-elles compter sur votre protection, mon père ?

— Celui qui est vertueux habite avec sécurité ce vallon, répondit Francisco, et... pourvu que cet homme déserté des Portugais ne dépasse pas nos frontières de rochers, il peut compter sur notre appui.

— Par saint Jacques ! ajouta Fernandez, en frappant sur son sabre ; je le protégerai, parce qu'il doit être un brave, puisqu'il est aimé de la plus belle des Allemandes, pour laquelle je voudrais bien faire preuve de ma vieille chevalerie espagnole.

C'est ainsi qu'ils furent naturalisés dans l'état du Bon-Jésus dans les déserts. Les habitants, peuplade paisible, composée de toutes les couleurs, en partie poussée ici par le malheur, en partie élevée dans le vallon, s'attachèrent bientôt aux frères étrangers. Une maison de longs roseaux leur fut bâtie. Le père Francisco leur fournit les vivres du magasin de la commune, jusqu'à ce que leurs champs et leurs arbres portassent des fruits ; par ses soins il rendit au sénateur le bien le plus précieux, la santé. Le calme moral de l'homme hâta son rétablissement, et avant que vingt-huit jours se fussent écoulés il parcourait déjà, accompagné de sa fille et de Georges, les campagnes riantes de la colonie. L'amour du jeune couple rajeunit son esprit, et, s'emportant avec impatience, quoique avec plus de bonté qu'autrefois, il dit à ses enfants :

— Vous vous aimez ; ne vous en cachez pas. Pourquoi n'ai-je pas le bonheur de vous voir unis ? Pourquoi Francisco n'a-t-il pas encore prononcé sa bénédiction sur votre union ? Un patriarche ne pourrait le faire mieux que ce digne homme.

Justine et Georges se regardèrent d'un air sérieux et avec intelligence, puis ils serrèrent la main de leur père, et sa fille repartit :

— Non, pas ici, mon cher père. Ici ne règne pas notre foi, et comme j'ai résisté depuis longtemps aux séductions de l'autre Eglise, je ne veux pas qu'elle remporte dans la solitude la victoire sur moi.

— Le sort, dit Birsher, ne nous attachera pas toujours à ce sol ; j'en ai le pressentiment, nous reverrons ma patrie, et alors, mon père, nous formerons les nœuds du mariage devant le Dieu *invisible*.

Le sénateur honteux baissa les yeux, et Justine, afin de mettre un terme à son embarras, ajouta :

— Comment voulez-vous que je sois heureuse tant que vivra dans notre voisinage un homme dont la vue de notre union causerait le malheur ?

Elle montra James, qui passait à quelque distance, pensif, la tête baissée, et sans regarder autour de lui.

— Vous lui voulûtes du bien, mademoiselle, dit Georges en le regardant passer ; l'infortuné, que n'a-t-il pu obtenir pour le bonheur dont je jouis !

— C'est heureux pour moi, répartit Justine, attirée vers lui et repoussée en même temps, je dois mon repos aux intrigues dans lesquelles ses instituteurs l'ont impliqué. Je hais la fausseté... la loyauté réfléchie peut seule gagner mon cœur. Comptez donc si vous le trouvez bon, mon cher monsieur, sur ce cœur, et avant tout... espérons tous sur une prochaine délivrance de ce pays, et sur le retour dans la patrie. Car on ne peut disconvenir que ces lieux tranquilles et paisibles ne soient une prison dorée.

Justine disait vrai. Francisco, conformément à ses relations, exerçait le despotisme le plus sévère : la vallée était entourée de factionnaires ; personne ne pouvait quitter le pays ; l'œil le plus vigilant surveillait les étrangers, et particulièrement le jésuite, dont la robe excitait une méfiance plus grande que l'uniforme portugais que Georges avait déposé. pour ne pas causer de scandale. Et il fallut que ce fût justement Munzner qui, sans s'en douter, sortit de cette prison bien gardée.

XXXI

Malgré un oubli généreux et l'attachement que lui témoignaient ses amis, le dard était resté dans la plaie. Il ne put se sentir à son aise parmi ces hommes. Le morne chagrin dans lequel se consumait James faisait saigner son cœur. Il était tourmenté sans cesse d'avoir devant les yeux le malheur irréparable d'un jeune homme qu'il chérissait. La botanique, science favorite de sa jeunesse, lui offrit de la distraction et des jouissances. Il s'éloigna de ses compatriotes ; des jours entiers il grimpait le long des rochers, rampait dans les sillons de la vallée. Les factionnaires s'étaient accoutumés à ses promenades ; ses manières simples et ouvertes avaient éloigné le soupçon attaché à sa robe, et personne ne se méfiait plus de lui ; ils se relâchèrent dans leur surveillance, et il advint que dans une après-midi, le père, poussé par sa passion investigatrice, monta plus haut que de coutume, et se trouva tout à coup bien au-dessus des gardes. La flore magnifique qui l'entourait le conduisit plus loin ; bientôt il n'eut plus d'autre sentier que le sillon tracé dans l'herbe par le serpent gigantesque, et l'obscurité commençait déjà à descendre du haut des arbres, quand il s'arrêta et songea au retour. Mais où trouver le chemin ? Munzner chercha son salut en prenant au hasard un sentier latéral, d'où il crut voir au loin une faible lueur. Plus il avança, plus ce point devint distinct et lumineux : enfin une flamme parut aux yeux du voyageur.

Déjà il reconnaissait un bûcher allumé, et des hommes couchés autour. Son approche, trahie par le bruissement des arbustes, excita leur attention.

— Qui vive ! cria-t-on en langue portugaise ; et le père vit diriger sur lui le bout d'un fusil.

— Un homme égaré !... répondit-il, et dans un instant il fut entouré par toute la troupe, consistant en une douzaine d'hommes. Un d'eux, qui, sous son manteau, laissait apercevoir l'uniforme et les galons d'officier, demanda avec gravité d'où le révérend père venait et où il comptait aller. Sur la réponse indécise de Munzner qu'il s'était égaré, l'officier secoua la tête d'un air d'incrédulité, baisa néanmoins la main du père, et repartit :

— Votre déposition est obscure, révérend père. Puisque vous ne voulez pas me faire connaître le lieu de votre domicile, je suis obligé de vous faire conduire au quartier-général.

— Au quartier-général ?

— A la Guasta, à quelques lieues d'ici. Miguel, et toi Olas, prenez une torche, et conduisez le révérend père chez son excellence le brigadier.

— Quel traitement, quand je ne cherchais ici que protection pour une nuit !

— C'est l'ordre, révérend père. Donnez-nous, s'il vous plaît votre bénédiction sacerdotale !

La troupe entière mit genou à terre. Munzner fit ce qui lui était demandé, et après que sa main et sa robe eurent été dévotieusement baisées par tous, il dut se mettre en route. L'officier lui offrit du vin pour se rafraîchir et des cigares. Abattu et contrarié, Munzner refusa l'un et l'autre, et suivit les soldats, qui lui témoignèrent tout le respect et toute la dévotion imaginables, sans cependant le perdre de vue, et tenant toujours le fusil armé au bras.

L'aurore trouva le prisonnier sur le plateau aride de la Guasta. Tout autour des précipices, au fond des forêts ; une misérable maison de garde offrait un abri ; mais ce lieu désert fourmillait des soldats de quelques compagnies de milice, plus semblables à des coupe-jarrets qu'à des militaires.

Aussitôt qu'ils aperçurent l'ecclésiastique, ils ôtèrent leurs chapeaux, mirent genou à terre, et demandèrent d'abord sa bénédiction.

En ce moment deux hommes parurent sous l'entrée de la maison. A en juger d'après leur uniforme, et la manière soudaine dont se levèrent les soldats pour leur rendre les honneurs, l'un était un officier supérieur, l'autre un père de la compagnie de Jésus, qui parut très-surpris de rencontrer un confrère.

Munzner ne fut pas moins étonné de cette rencontre qui, au milieu de tant d'hommes armés, paraissait avoir un but important.

Le brigadier s'approcha modestement du père Munzner, et lui demanda :

— Ne voulez-vous pas être plus sincère envers nous qu'envers le lieutenant de l'avant-poste, mon père ? Selon toute apparence vous ne connaissez pas ces contrées sans chemin. Connaîtriez-vous peut-être mieux la région vers laquelle nous dirigeons notre marche, dans la vallée du Bon-Jésus dans les déserts ?

Munzner fut effrayé, l'idée de la ruine de ses amis traversa sa tête. Résolu de ne rien découvrir, il nia, sans pourtant trouver un prétexte qui justifiât sa présence en ces lieux.

— Je vous répète, mon père, continua le brigadier d'un ton mesuré et sérieux, mais toujours poli, que vous empirez votre position, nous ne nous laissons pas induire en erreur. Avouez que vous êtes un habitant de la colonie érigée dans les déserts, contre la volonté du roi et la permission de Dieu.

Munzner voulut se renfermer dans ses dénégations. Le père assistant le regarda avec des yeux perçants, sans proférer une parole. Le brigadier continua d'un ton haut et tranchant.

— Il est possible que la couronne d'Espagne favorise cet établissement rebelle sur la propriété de Joan, et qu'elle ait envoyé du Paraguay des pères de la compagnie de Jésus pour la gouverner. Ces motifs me portent à vous faire conduire à Saint-Sébastien, où tout sera éclairci.

Munzner, se soumettant à son sort, s'inclina en silence ; le père assistant, cependant, fit à la dérobée un signe au brigadier, prit ensuite le docteur par la main, et le conduisit dans une chambre solitaire de la maison de garde, et lui dit :

— Mon révérend frère dans le cœur de Jésus, je vous ai pénétré, et je me contente de blâmer les motifs de votre conduite, parce que je crois les avoir découverts. Quel est votre nom ? Quelles sont vos occupations ?

Munzner dit son nom, sa patrie, sa maison professe, sa mission en Amérique. L'assistant sourit avec satisfaction, et repartit.

— Votre nom m'est connu : la maison Minhao à Saint-Sébastien l'a inscrit dans ses registres et ses correspondances. Je prends confiance en vous, comme le veulent nos devoirs. Mais vous ne vous exprimez pas clairement. Sachez que je me suis rendu ici sur l'ordre du révérend père général de Rome. Depuis longtemps nous avons des renseignements sur le Bon-Jésus dans les déserts et sur les usurpateurs qui y règnent. Nous sommes aux portes de cet État mystérieux et nous voulons l'occuper pour le roi et l'Ordre. Deux espions du misérable franciscain qui y règne sont tombés dans nos mains. Le secret de notre approche n'a pas été trahi, nous sommes en possession de tous les renseignements nécessaires. C'est de votre bouche, de la bouche d'un homme civilisé, et auquel on peut se fier, que j'attends un éclaircissement complet... Vous refuserez-vous encore ?

— O mon père, s'écria Munzner ému, épargnez-moi cette nécessité. Il faudrait que je foulasse aux pieds la reconnaissance et l'amitié.

— Êtes-vous un frère de cette héroïque congrégation, d'où est sorti le sage et courageux Jacques Laynez, êtes-vous ce Xavier, si ferme dans la foi ? Au nom de votre vœu ! je suis ici à la place de notre très-révérend père général, et je vous ordonne de me découvrir, sans aucuns détours, tout ce que vous savez.

Cet ordre mit le père Xavier dans une extrême agitation. Un mépris mêlé de colère contre cet homme dur et exigeant fut son premier sentiment ; l'honneur, le respect des statuts de l'ordre, qu'il avait jurés, fut le second. Après avoir soutenu un combat entre l'avantage de ses amis et la foi promise, il pâlit à la victoire de cette dernière. Ce qui le soutint fut la considération que, la colonie étant dans tous les cas déjà dans les mains des persécuteurs, ses dépositions pourraient avoir plutôt des résultats conciliants que défavorables.

— Les explorateurs dont vous parliez, mon père, vous ont déjà découvert ?...

Le père assistant fit un signe affirmatif, en redoublant d'attention.

— Alors je suis prêt, en conséquence de mon devoir d'obéissance, à ne plus vous cacher le peu que je sais.

L'interrogateur commença ses questions. Elles comprenaient pour ainsi dire tout : la position, le nombre des habitants, la forme du gouvernement, de la religion, les forces militaires, les produits de la colonie du Bon-Jésus. Le père Munzner fut conduit de question en question, avec cette subtile sagacité qui se lisait d'avance dans les yeux étincelants de l'assistant. Le Jésuite prit note des noms et des nombres dans son portefeuille, et insista ensuite pour connaître d'une manière précise le chemin conduisant à cette communauté cachée.

Quand Munzner eut fait connaître sa propre ignorance à cet égard, l'assistant devint de plus en plus dur et pressant, et il échappa au père Xavier la demande :

— Mais comment est-il possible, mon père, que les émissaires de Francisco, que vous avez faits prisonniers, eux qui sont nés dans la vallée, ne vous aient pas donné les renseignements les plus précis.

Le père assistant ne répondit pas ; mais le brigadier se précipita, rouge de colère, dans la chambre.

— Voilà les suites de votre longanimité, mon père, s'écria-t-il plein de rage. Si vous aviez consenti à ce que mes soldats fissent, avec des mèches brûlantes, avouer la vérité à ces chiens de Topinamboux, à ces misérables Indiens ! A présent nous n'apprendrons plus rien de ces maudits espions de Francisco. Dans leurs trous ils se sont étouffés en avalant leur langue, et ont l'air de se moquer de nous, froids et roides qu'ils sont.

— C'est juste, excellence, ces gaillards ont ce qu'ils méritent ; mais s'ils se taisent eux-mêmes, le père que voici en a dit d'autant plus.

Et il montra d'un air de triomphe ses tablettes au brigadier. Celui-ci ouvrit la porte avec vivacité et cria dehors :

— Rompez vos rangs, soldats ! les choses sont changées, nous ne partons pas aujourd'hui.

Munzner envisageant la méchanceté de sa manière d'agir, se laissa tomber sur un banc et se couvrit le visage.

— Vous m'avez cruellement trompé! dit-il; je suis à présent le seul traître. Ces sauvages qui sont morts pour le foyer de leurs amis, sont devenus des saints!

— Vous blasphêmez, lui cria le père assistant; j'ai opposé à votre noire malice une ruse permise. Samson s'en est servi contre les méchants Philistins. Par votre conduite vous avez offensé la Société et le Sauveur. Je pressens une faute grave dans votre vie. J'aurai soin que vous soyez de suite transporté à Saint-Sébastien, pour attendre dans notre maison ce qui pourra être décidé sur vous.

Il laissa le père Munzner dans la position la plus désolante, et fit réellement commander un petit détachement qui devait le conduire sur-le-champ à Saint-Sébastien. Munzner voulut réparer autant que possible le mal qu'il avait fait, en priant de traiter avec ménagement ses amis, et son fils adoptif avec bonté; mais l'assistant ne l'écouta pas: il fut gardé dans la chambre solitaire; seulement quelques heures après, quand l'avant-garde qui s'était dirigée vers le point indiqué par Munzner fut revenue et eut rendu compte que du haut d'une colline de rocher, elle avait découvert une vallée parsemée de maisons, les troupes se portèrent en avant, elles qui avaient dû retourner par défaut de vivres à Saint-Sébastien. Au même moment Munzner fut placé sur le cheval libre d'une vivandière et emmené par le chemin opposé au Bon-Jésus. Quels furent ses sentiments quand il commença ce long voyage!

Plus courageuse, le sein palpitant, avide de trésors imaginaires, la troupe du brigadier avança, mais silencieuse et avec précaution. Le soir était arrivé, quand après des fatigues inouïes, les soldats parvinrent sur le bord du bassin de la vallée, et contemplèrent la tranquille colonie; les gardes placées sur le côté opposé aperçurent les redoutables étrangers, et des coups de fusils d'alarme se firent entendre. Toute la chaîne de postes fit feu également. Bientôt tout le monde fut sur pied dans la vallée; les hommes en état de porter les armes se rassemblèrent, on vit briller des armes de toutes parts; les Portugais, n'apercevant aucun sentier qui pût les faire descendre en masse, restèrent indécis. Alors le malheur voulut que Montehol, le plus audacieux grimpeur de Tra-Os-Montès, se jeta en bas des rochers, et pénétra dans le chemin creux bien caché, barré par un corps-de-garde et conduisant au défilé de la vallée. L'intrépide jeune homme appelle à haute voix ses camarades; quelques coups de fusils tirés par les créneaux du corps-de-garde l'étendent par terre; mais nageant dans son sang, percé de balles ennemies, il crie jusqu'à son dernier souffle:

— A moi, miliciens, à moi! vivent le roi et le Portugal!

Ses cris ont du succès, la foule se précipite dans le chemin creux, sans se laisser arrêter par les coups de fusils meurtriers, que des mains exercées dirigent sur eux de derrière le retranchement.

Le poste de Francisco se retirait lentement, lorsqu'il lui arriva une troupe assez considérable d'hommes armés, et qu'avec de grands fusils de remparts, les gardes placées en face, tirèrent sur l'ennemi, que leurs coups manquaient rarement. Mais si bien que les servissent les armes à feu, si courageusement qu'ils combatissent sous les ordres du brave Fernandez, et arrêtassent l'ennemi, ils n'en durent pas moins succomber. Pendant que les premiers rangs faisaient feu, le brigadier commanda d'une voix tonnante aux autres de mettre la baïonnette au bout du fusil.

On obéit. Dans un instant les tireurs ouvrent un passage. Dispersés et saisis d'une terreur panique, les hommes de Francisco prennent la fuite. C'est un sauve-qui-peut général devant les baïonnettes menaçantes et les tirailleurs épars. Des femmes, des enfants, des fuyards désarmés se jetèrent dans la poussière, baisèrent les pieds du brigadier, du jésuite, et demandèrent grâce.

Pendant que cette scène d'effroi se passait, Francisco, avec beaucoup de femmes et de vieillards, et quelques hommes fidèles, s'était sauvé dans un ravin qui, traversant le pays, et protégé par des torrents et des marais, conduisait aux possessions espagnoles. Parmi les fuyards qui avaient suivi le prêtre, se trouvaient Mussinger, sa fille et James, que Georges avait prié de ne pas quitter son amie. Lui-même, soit en combattant, soit en observant, voulait s'assurer comment les choses tourneraient.

Sous des rochers protecteurs, couchés sur le peu qu'ils avaient pu sauver de leurs propriétés, les fugitifs attendaient des nouvelles du théâtre du combat.

Enfin parut Georges, atteint légèrement à l'épaule par un coup de feu tiré de loin; il n'apporta pas de consolation. Enfin parut Fernandez, grièvement blessé, avec le reste de ses gens, et apportant la nouvelle certaine du malheur.

— C'en est fait de nous! cria-t-il à son oncle; sauvez-vous, don Francisco! Ces coquins de Portugais ont remporté la victoire au moyen de leurs lâches fusils à piques. Mais ils ne viendront pas ici. Nous défendrons ce passage jusqu'à la mort. Mais ce qui fait monter mon sang bilieux jusques au cœur, c'es que le jésuite, cet infâme Allemand, nous a trahis. On s'est aperçu de son absence depuis hier, et les yeux perçants de mes chasseurs l'ont vu à l'arrière-garde des Portugais, à côté du brigadier.

— Munzner! s'écrièrent ses compatriotes; serait-il possible?

Georges fit en silence un signe de tête affirmatif. Mais James, saisi d'une noble indignation, se leva soudain, et dit:

— Quelle calomnie! mon père adoptif un traître? Non, il ment par la gorge, celui qui le prétend.

— Jeune homme, répartit avec colère Fernandez, vous oubliez que je porte un sabre qui....

— Qui doit être voué au service de tous, interrompit Francisco en s'approchant; votre sang ne doit pas être versé dans un combat inutile.

Les adversaires se turent à la voix du vénérable vieillard. En même temps un bruit assez considérable se fit entendre dans le refuge des habitants de la vallée.

— Les ennemis? demanda Francisco; et l'ancienne humeur guerrière brilla dans ses yeux, tandis que sa main saisissait son sabre.

— Non, mon oncle, répondit Fernandez; les Portugais éviteront de pénétrer dans ce passage étroit, avant que leur arrière-garde ne soit arrivée.

Un homme armé vint apporter la nouvelle que les gardes établies sur les hauteurs du côté de l'est avaient saisi quelques étrangers en costume européen, et les avaient amenés.

— Les misérables nous auraient-ils cernés? dit Fernandez avec emportement; et il donna l'ordre de conduire les étrangers devant lui.

Leurs figures étaient brûlées par le soleil; ils portaient des habits peu apparents, des images de saints en plomb sur leurs chapeaux et des chapelets autour du cou; sans armes militaires, mais pourvus seulement de couteaux, de briquets et de bâtons ferrés.

La stature de ces hommes, ni leurs figures n'avaient rien d'espagnol ni de portugais; leur langue.... un castillan mal prononcé, montrait du reste qu'ils étaient tout à fait étrangers à la la Péninsule européenne.

Selon leur rapport verbal, ils avaient passé une chaîne de montagnes, et s'étaient égarés et perdus dans les immenses ravines, jusqu'à ce que le hasard et les coups de fusil les eussent amenés ici.

Francisco, ne se méfiant pas de leurs assertions, se contenta de leur demander s'ils avaient vu des troupes portugaises, et, sur leur réponse négative, de les faire surveiller. En s'éloignant de l'infortuné prince du désert, les étrangers rencontrèrent Master Georges. Celui-ci parut interdit en fixant ses regards sur le premier. Le visage de l'Américain frappa également celui-là.

— Georges Birsher! s'écriat-t-il tout à coup.

— Harry! Harry! Haverly! répartit l'autre tout aussi joyeux; et ils se serrèrent les mains avec cordialité.

— Toi ici? demanda Harry avec vivacité en anglais; nous te croyions avalé par un requin.

— Hélas, mon ami! répartit Georges; comment vont les affaires à New-York?

— On ne peut mieux. Il y a peu de mois que je l'ai quitté. Ton associé, comptant avec persévérance sur ton retour, continue les affaires, et la fortune a récompensé ses efforts au centuple.

— Mais toi, mon ami?

— Ne me trahis pas à ces gens. Prétexte que tu as appris à me connaître en Irlande. De la prudence! de la discrétion! une autre fois nous en dirons plus.

Les gardiens des prétendus Irlandais les forcèrent à aller plus loin, et les conduisirent dans un lieu écarté, où ils étaient séparés les uns des autres.

Fernandez avait vu leur accointance avec Georges, et il dit à son oncle:

— Ces étrangers ont porté malheur à notre colonie. Je les suspecte tous d'être les espions de l'Espagne ou du Portugal. Jugeons-les militairement.

— Jeune homme, où te laisses-tu entraîner par ta colère?

demanda le vieillard. Profitons plutôt de la nuit pour nous réfugier sur le territoire espagnol.

— Triste dénouement de si brillants projets! soupira Fernandez; mais le malheur ne nous accompagnera pas avec ces hôtes étrangers. Nous les laisserons en arrière. Coupables, ils recevront aide et protection de nos ennemis.... Innocents, Dieu les assistera encore mieux.

Le vieillard, comprenant la pensée de Fernandez, accéda à ce vœu, et fit faire secrètement les dispositions pour partir encore cette nuit. Georges cependant retourna dans la caverne, où Mussinger et sa fille attendaient avec une impatience pénible. James le rencontra. A la lueur du crépuscule, Georges s'aperçut que le jeune homme avait mis son uniforme portugais.

— Où allez-vous dans cet accoutrement? demanda Birsher étonné. Voulez-vous vous faire tuer par les nôtres?

— Pardonnez, Monsieur, si j'ai pris votre habit, repartit un peu vivement James, mais je ne puis supporter qu'on croie le père Munzner un traître.

— Comment, sir White, vous allez au milieu des ennemis?

— Cet habit me protégera, ainsi que la nuit. Et s'il devait m'en coûter la vie, il faut que je me persuade si mon père adoptif est le scélérat pour lequel on voudrait le faire passer. Adieu, monsieur Georges, j'apporterai de bonnes nouvelles... ou je n'en apporterai plus de ma vie.

George avait beau le rappeler; déjà il avait disparu dans l'obscurité.

XXXII

— James dégringola parmi les rochers revêtus de thym jusqu'à la sortie du ravin, et se glissa, comme un serpent, en passant à côté du poste des nègres. Non loin d'un ruisseau était établie une avant-garde ennemie. Des feux étaient allumés sur les hauteurs d'alentour.

— Pourquoi ce camarade court-il ainsi? demandèrent deux Portugais qui passaient, et une patrouille cria à James:

— Halte!

Le caporal lui présenta la pointe de sa pique.

— Halte-là, le mot d'ordre.

— La Vierge et tous les saints, répondit James, au hasard.

— Ce n'est pas cela! Arrête! tu es un homme travesti. Arrête!

On se saisit de lui. Dans son trouble une imprécation anglaise s'échappa de ses lèvres.

— Holà! s'écria un ancien soldat, qui avait été prisonnier jadis sur un vaisseau anglais. C'est de l'anglais, mes amis; c'est la langue des hérétiques; lions cet impie.

— Mais, mes frères!

— C'est le diable qui est ton frère! lui dit le caporal avec rudesse. Ou je suis fou, ou tu es le déserteur dont le signalement nous a été communiqué pendant la marche.

— Senor caporal.

— Ah! ah! le voilà qui devient poli. Par saint Jean-Baptiste! regardez vous-mêmes, camarades! grand, élancé; cheveux bruns, regard sérieux, et hardi, sans moustaches, un Anglais. C'est lui, nous avons gagné les huit mille réis qui ont été promis pour son arrestation.

— Comment? demanda James, effrayé de l'avenir menaçant de Georges, et quand les cris des soldats se furent un peu calmés. Vous cherchez l'Anglais? Sa tête a été mise à prix?

— Oui, par saint Jacques! fut la réponse; nous n'aurions pas cessé de te chercher, déserteur, afin qu'on fasse un exemple.

— Mon Dieu, soupira James à part lui, Georges si près d'ici, et dans un danger pareil?... Mes amis, ajouta-t-il promptement, que va-t-il m'arriver?

— Son excellence t'enverra à ton régiment. Mais disposetoi à la dernière heure.

James frémit.

— Faites alors vite, dit-il d'un ton froid; je suis celui que vous cherchez.

Satisfaits et bruyants, les soldats le menèrent au logement du brigadier.

Au milieu de la nuit un nègre échappé aux fers apporta au camp de Francisco la nouvelle du destin du jeune homme, et comment il s'y était résigné.

— Bien lui fasse à ce déserteur! dit sèchement Fernandez.

La nouvelle de cet événement fit une impression bien plus profonde sur Georges, sur le sénateur; elle en produisit une très-pénible sur Justine.

— James! s'écria-t-elle, en devinant comment tout lui était arrivé ainsi. Sachez mes chers amis, qu'il s'est sacrifié pour notre bonheur?

— Serait-il possible? dit le sénateur, pendant que Georges triste et livré à ses réflexions tenait ses regards fixés devant lui; serait-il destiné à se sacrifier toujours pour ceux qui brisaient son cœur, qui furent un obstacle à ses espérances les plus chères? aurait-il été destiné, lui, à sauver Georges d'un danger imminent?

— Certes, certes! repartit Justine, à présent ils croient tenir leur victime; à présent leur vigilance est calmée; à présent nous pouvons espérer, puisque le courageux James s'en va en prison pour l'ami le plus reconnaissant.

— Dites à la mort! s'écria Georges.

Justine fut prête à se trouver mal. Elle saisit d'une main convulsive les mains de Georges et de son père.

— La mort? balbutia-t-elle; c'est épouvantable; c'est plus affreux que je ne craignais! La mort! monsieur Georges! C'est pour nous qu'il doit mourir! Non, non, bon James! il faudrait que pas une goutte de sang chaud ne coulât dans nos veines, si nous pouvions balancer! Venez, mon père! venez, monsieur Birsher.

— Comment! où! demandèrent-ils tous deux étonnés.

La jeune fille courageuse poursuivit avec plus de feu:

— Au camp portugais, aux pieds du commandant, pour lui découvrir tout, et implorer de lui la liberté de cet infortuné!

— Ma fille! s'écria Mussinger en la retenant.

— Qu'allez-vous faire? dit Georges.

Justine lui lança un regard très-sérieux et repartit:

— Monsieur, je ne vous comprends pas; je m'abuse sur votre cœur. Ne savez-vous plus, que James a sauvé mon père?

— Justine, dit le sénateur sur le ton de la prière et avec toute sa vivacité d'autrefois; si tu n'écoutes pas les paroles de l'ami, entends au moins celles du père. Ce que Georges Birsher ne dit pas, il faut que je le dise. Ton vif enthousiasme nous conduit droit à notre perte. Il faut que l'innocence de James se découvre. Son régiment ne le reconnaîtra point, sa ruse sera mise au jour; l'humanité du gouverneur ne lui infligera qu'une punition légère. Afin de sauver un ami qui court peu de dangers, tu pousses l'honnête Georges dans la tombe; Georges, que tu estimes et honores, Georges dont tu dois devenir la femme.

Justine était comme pétrifiée et baissait les yeux.

— Ne soyez pas si dur, dit Georges d'un ton suppliant au père.

Mussinger néanmoins continua:

— Je sais que je blesse ton cœur; mais il est d'airain et doit être fortement touché. Veux-tu nous perdre tous par une démarche prompte, inconsidérée? Te livrer aux soldats.... Lui (en montrant Georges) comme victime, et moi, me laisser seul, sans secours, sans enfants!

Ce discours véhément ébranla la résolution de Justine. Un torrent de larmes coula de ses yeux, elle se jeta au cou du sénateur, et dit en sanglotant:

— Pardonnez-moi, père cruel, je n'avais pas réfléchi à cela! je ne suis point méchante; oh Dieu! comment pourrais-je songer sans frémir, à sacrifier monsieur que j'estime, et celui qui....

Elle s'arrêta, partagée peut-être entre la reconnaissance du dévouement de James et le souvenir de sa trahison d'autrefois.

La nuit cependant s'écoula pleine d'angoisses. Georges, qui sous son impassibilité cachait une inébranlable résolution, allait se mettre en route pour sauver James ou mourir avec lui, il sortait de la cachette où il était avec ses amis, lorsqu'un Indien l'aborda et lui remit ce laconique billet:

« Je ne cours aucun danger, fuyez; soyez heureux avec Justine et pensez quelquefois au pauvre James. »

— Peut-être me trompe-t-il, dit Georges, et il allait continuer sa route, lorsqu'un des espions envoyés au camp ennemi lui confirma les faits avancés par le fils adoptif de Munzner.

Le fiancé de Justine ne songea donc plus qu'à la fuite. Mais que de périls à braver avant de gagner un port où l'on put s'embarquer.

Mais la colère céleste s'était lassée. L'abandon où Francisco laissait ceux qui avaient été ses hôtes tourna à leur avantage.

Après avoir beaucoup souffert pendant les premiers jours, ils eurent le bonheur de rencontrer des planteurs américains en chasse dans la savane...

Leurs maux étaient finis.

Le sénateur, les larmes aux yeux, put assister dans une église protestante au mariage de Georges et de Justine. Il avait abjuré la fatale religion du père Minzuer.

Huit jours plus tard, un vaisseau les emmenait tous vers la libre Amérique.

Un souffle favorable protégea le navire qui portait des cœurs si éprouvés, si dignes d'être heureux.

Bientôt dans le lointain, une brume apparaît, c'est la terre; voici la côte qui se dessine, on distingue les forêts, les montagnes, les villes. Voici enfin le port et les forteresses qui le défendent. Les canons tonnent sur le vaisseau et le fort. Hurrah! crient les matelots impatients.

— New-York! s'écrie Georges Birsher en pressant avec transport, et oubliant toute contrainte de formalité, la bien-aimée Justine contre son sein. La ville, la forteresse, le port, le peuple qui s'y agite, les vaisseaux à l'ancre, les vagues de la mer sont invoqués comme témoins du serment qu'il fait de rendre heureuse celle qu'il aime... Et Georges Birsher n'a jamais manqué à sa parole.

XXXIII

Plusieurs années s'étaient écoulées, lorsqu'un soir, et pendant que le soleil brillait encore, plusieurs voyageurs s'approchaient du village de Santa-Dominica. Trois d'entre eux, des domestiques armés, à ce qu'il paraissait, se tenaient à une distance respectueuse derrière un quatrième, jeune homme au visage couvert de cicatrices, à l'air guerrier, portant un uniforme orné de galons d'or, sous un manteau simple, et qui faisait tantôt galoper son cheval en regardant la contrée avec des yeux pleins d'enthousiasme, et tantôt le remettait au pas, en baissant les regards tristement vers la terre. Les domestiques étaient silencieux, comme les champs veufs de travailleurs, et le maître se dit à voix basse à lui-même:

— Les voilà donc ces cabanes neuves et riantes! ce lieu que je désirais tant revoir à la Quinta, dans la vallée du Bon-Jésus; le voilà donc! Le quitterai-je aussi content que je l'aborde? Voici les chemins connus; là l'église, là le presbytère du bon curé! vénérable Luis, où es-tu, mon consolateur?

Cet homme de bien était au ciel. De frais tamariniers, qu'il avait tant aimés, ombrageaient son tombeau du tissu léger de leurs feuilles. Sous la porte de son ancienne demeure était, debout, un autre ecclésiastique à l'air important, au visage plat; il fumait son cigare, rendit avec condescendance le salut au cavalier, et quand celui-ci passa tristement sans s'arrêter, il envoya après lui une domestique pour l'engager à descendre chez lui. Cette servante avait les traits d'une Abipone. L'officier lui parla.

— Où est votre curé Luis?

— Là, répondit la femme en montrant le ciel et le cimetière.

Les yeux du voyageur s'humectèrent de larmes.

— Je n'ai point affaire avec votre curé actuel, repartit-il, bien qu'avec douceur. Remercie-le de ma part, mon enfant, et dis-moi où je pourrai trouver la belle Inès? Elle est de ta tribu, autant qu'il me souvient?

— Inès, monsieur? nous nous appelons toutes Inès.

— La fille de votre cacique, Missinga?

La femme montra une jolie métairie située sur le côté, et entourée de palmiers.

— Demandez Missinga là-bas, dit la servante avec indifférence.

Le cavalier poussa son cheval, et en une minute il fut devant la grille de la métairie. Un homme vint au devant de lui avec prévenance et mit la main à son chapeau.

— Fernandez Vereira! s'écria l'arrivant en sautant de son cheval.

— Senor White! répondit l'autre, en lui présentant amicalement la main.

— Vous ici? répétèrent l'un et l'autre plusieurs fois, et le métayer entraîna l'officier sous le vestibule ombragé du bâtiment, et lui offrit de son meilleur vin.

— La fuite de l'Egypte m'a bien réussi, dit-il au visiteur; nous nous cachâmes ici sous les ailes du brave Luis. Mon père obtint dans la suite sa grâce, et mourut peu après. Je suis resté ici un simple paysan... et rien ne manquerait au bonheur de ma vie, si je possédais encore mon père et le curé Luis, qui passèrent tous les deux presque le même jour à l'autre rive.

— Homme digne d'envie! repartit James, en lui serrant la main avec tristesse; moi, toujours malheureux, la fortune me fuit, bien qu'elle m'ait vêtu de plusieurs galons d'or. Je m'étais fait passer pour l'ami Georges. Le commandant, plein d'humanité, me rendit promptement la liberté, et le gouverneur, admirant une action, qui était pourtant si simple, m'offrit le grade de sergent. Privé de mon père d'adoption, de mes espérances dans l'Ancien, comme dans le Nouveau Monde, j'acceptai, et je portai en héros la hallebarde pour un roi que je ne connais pas, pour un pays que je n'aime pas. Mais de tout temps ma destinée a été de faire ce à quoi mon cœur répugnait. Dans les combats contre les indigènes rebelles je cherchai la mort et trouvai rang et honneurs. Je suis devenu capitaine, je pourrais goûter tous les plaisirs de la vie... je les dédaigne, et je viens les chercher ici, à cent mille de Saint Sébastien... dans le souvenir d'un temps bien doux et, hélas! bien douloureux. Cependant je ne trouve que des tombeaux.

— L'herbe croît sur eux, comme elle croîtra un jour sur les nôtres, répliqua Fernandez; cependant laissons aussi croître l'herbe sur le soupçon que j'avais dans le temps contre vous et vos amis. J'ai appris à apprécier vos actions et à devenir plus sage..... Que sont devenus ces amis, mon brave monsieur?

— Mon père d'adoption est retourné en Allemagne, répondit James en soupirant; j'en fus instruit trop tard et lorsque j'étais déjà lié par les devoirs du soldat. Je ne l'aurais jamais abandonné. Le sénateur vit auprès de ses enfants à New-York, à ce que j'ai appris, et leur sort a été, dit-on, des plus heureux. Hélas! je le leur souhaite. Que le ciel me persécute, pourvu qu'il soit favorable à Justine. Leur bonheur repose dans les vertus de Justine et celles de son époux, et non dans les richesses de Birsher, dans les billets de banque de Mussinger, qui...

— Qu'il perdit, interrompit Fernandez; l'entremise de Luis ne servit de rien. Les pères du collège de l'Assomption ont nié que le sénateur fût en vie, ont fait parade du testament, et pour l'exécuter, ils ont fait prendre à Cordone l'habit de carmélite à la demoiselle Mussinger.

— A Justine? demanda James interdit, je tombe des nues! est-ce une plaisanterie ou une énigme incompréhensible?

— Une méchanceté compréhensible, répondit Fernandez en haussant les épaules d'un air de mépris, si ce que prétendait le père Luis est vrai; c'est-à-dire qu'une dame française qui vous a accompagnés ici, et qui s'est sauvée dans cette nuit de meurtre et d'incendie, a été forcée par le provincial de Cordoue, d'entrer sous le faux nom de senora Mussinger dans ce couvent.

— Abominable!

— Et il n'y a pas à en douter. Luis n'a jamais calomnié, et avait fait lui-même le voyage à Cordoue. La conviction que jamais Mussinger ni sa fille ne reviendraient pour soutenir leurs prétentions, et le désir de posséder les sommes considérables du testament en ont été les mobiles; la règle sévère de l'Ordre empêchera à jamais la pauvre victime de l'arbitraire et de la tromperie, de rendre ses plaintes publiques.

— Ainsi cette femme, prise elle-même dans les filets qu'elle a aidé à tendre, y a trouvé sa punition! dit James perdu dans ses réflexions; la malédiction qui s'attache à ces instruments me défend presque de former quelques espérances; elle m'ôte presque le courage de vous demander, judicieux Fernandez, des renseignements sur la belle Inès, fille du chef des Abipones.

— Inès, la fille du cacique? pourquoi cette question?

— Je suis las de ma vie d'hermite à Saint-Sébastien. Je n'y ai point trouvé de cœur avec lequel je voulusse partager ce que le sort m'a donné. C'est auprès d'Inès seule que pourra se guérir mon cœur blessé auprès de son cœur aimant. Je déposerai les biens de la vie à ses pieds, je la conjurerai de goûter avec moi mon bonheur passager; je veux être son époux et mourir pleuré par elle.

Il avait dans le feu du discours saisi la main de Fernandez dont le front s'obscurcit, tandis que ses yeux exprimaient une amabilité forcée. L'Espagnol retira lentement sa main de celle de James, se leva ensuite, ferma les yeux et réfléchit un moment, tandis que les regards de James étaient attachés d'un air suppliant aux siens. Il dit enfin d'un ton sérieux, mais ému:

— Avant que je vous réponde, senor, venez avec moi.

James tressaillit.

— Vous parlez comme un oracle effrayant, dit-il avec anxiété; dois-je vous suivre à un tombeau?

Au lieu de répondre, Fernandez lui fit encore une fois siencieusement signe de le suivre. Le capitaine le fit avec effort et avec une répugnance pleine de pressentiments. Ils traversèrent la maison et s'approchèrent d'un charmant bosquet, qui avoisinait la cour. Après avoir passé à côté d'algarovas en fleur, ils arrivèrent devant un berceau tranquille et obscur. Une femme, plus belle que toutes les fleurs, y reposait sur un banc de gazon. Elle dormait, et à son sein était attaché, les yeux fermés, un riant nourrisson.

— Inès ! dit à voix basse et en soupirant le capitaine ; son sein oppressé ne laissa échapper que ce seul mot.

— C'est ma femme, dit Fernandez avec ménagement. Il voulut s'approcher et réveiller Inès.

James l'entraîna de toutes ses forces.

— Au nom de tous les saints ! dit-il hors de lui, arrêtez, Fernandez ; ne troublez pas sa paix, n'augmentez pas ma douleur ! je succomberais devant les yeux ouverts de cet ange.

Sans écouter les paroles de consolation de Fernandez, il sauta sur son cheval comme un furieux, et ses domestiques eurent de la peine à le suivre, tant il éperonna l'animal, tant il alla comme le vent... Les Abipones, placés devant leurs portes, se souvenant avec plaisir de leur antique vigueur, applaudissaient le cavalier intrépide ; mais il n'entendit pas leurs louanges, il ne revit plus les tombeaux de ses amis, il ne fit plus attention à la magnificence des champs, et, plus sauvage que les animaux de la bruyère qui fuyaient devant lui, il galopa au milieu des tourbillons de poussière, sous les nuages du ciel nocturne, en portant en croupe derrière lui la sombre et brûlante douleur.

Le nom du lieutenant-colonel sir James White fut trouvé plus tard sur la liste des officiers tués pour la cause du Prétendant à la bataille de Culloden.

FIN

VERSAILLES. — IMPRIMERIE CERF, RUE DU PLESSIS, 59.

www.ingramcontent.com/pod-product-compliance
Lightning Source LLC
Chambersburg PA
CBHW051636060726
47597CB00004B/1595